Martin Kuster (Hg.)
Entfernte Wahrheit
Von der Endlichkeit der Psychoanalyse

Entfernte Wahrheit

Von der Endlichkeit der Psychoanalyse

Herausgegeben von Martin Kuster

edition diskord

Die Deutsche Bibliothek – CIP-Einheitsaufnahme

Entfernte Wahrheit : von der Endlichkeit der Psychoanalyse /
hrsg. von Martin Kuster. – Tübingen : Ed. diskord, 1992
ISBN 3-89295-560-3
NE: Kuster, Martin (Hrsg.)

Der Text von Sarah Kofman erschien 1991 bei
Editions galilée unter dem Titel: Il n'y a que le premier pas qui coûte

1. Auflage 1992

Satz: VPA Satz-Service, Landshut
Druck: Fuldaer Verlagsanstalt
ISBN 3-89295-560-3

Inhalt

Vorwort

Wenn Psychoanalytiker denken, um Wahrheit kreisen, um die Wahrheit ihrer Arbeit, hat dies für andere wohl oft etwas Zweifelhaftes, nicht ganz Ernstzunehmendes. Gerade das Handhaben eines amateurhaften Moments macht für den Psychoanalytiker und Schriftsteller Paul Parin eine der schwer beschreibbaren Stärken der Psychoanalyse aus. Und die Philosophin Sarah Kofman, einzige Nicht-Analytikerin im vorliegenden Band, zeichnet den Verzicht Freuds nach, ein vereinheitlichendes System sehen zu wollen, ein Vorziehen des Fragmentarischen, der Dunkelheit gegenüber den Verlockungen des „blendenden Glanzes einer lückenlosen Theorie". Daß Freud diese Unfertigkeit einerseits als mangelnde intellektuelle Begabung und andererseits als Frucht einer harten Disziplin ansah, welche er seiner wissenschaftlichen Arbeit schuldete, hält wohl jenen Raum offen, in dem es sich lohnt, über Psychoanalyse noch nachzudenken.

Wenn heute Analytiker ihr spekulatives Potential verbrauchen für die Überlebenssicherung ihrer Methode (und damit ihrer Existenz), in Stellungskämpfen um den Berufsstand, über Gesetzesregelung und Krankenkassenzugänglichkeit, so gerät wohl die psychoanalytische Arbeit langsam in den Bereich des Zweifelhaften, nicht mehr ganz Ernstzunehmenden. Aber so tönt es halt: „Nur Therapiemethoden, deren Wirksamkeit unter wissenschaftlich kontrollierten Bedingungen in einer genügenden Anzahl voneinander unabhängiger Untersuchungen geprüft und erwiesen wurde, können zum Spektrum der bewährten psychotherapeutischen Methoden gezählt und als Bestandteil einer Psychotherapieausbildung für die Berufszulassung anerkannt werden" (Forschungsgutachten zu Fragen eines Psychotherapeutengesetzes, im Auftrag des Bundesministeriums für Jugend, Familie, Frauen und Gesundheit, Hamburg 1991). Ob Freud gelacht hätte?

Im Schnittpunkt dieser beiden Arten von Denkanstrengungen liegt, wie wohl so manches andere auch, das Psychoanalytische

Seminar Zürich, an dem im Wintersemester 1991/92 die hier abgedruckten acht Aufsätze als Vorträge gehalten wurden.

Gegen das Zusammenfallen einer modischen Doktrin (Vieles-hat-nebeneinander-Platz) mit einem alten Diktat (die eine gültige Wahrheit für alle) sollten Spannungsbogen sich bilden können über einer phantasierten Mitte, in der die Wahrheit psychoanalytischer Erkenntnis sich mit der Zeit kreuzt: „Abgenagt und aufgelöst. Über die Endlichkeit der Psychoanalyse" hieß der Vortragszyklus. Eingeladen, davon zu sprechen, waren aus Frankreich eine Philosophin, herausragende Freudkennerin, sowie eine philosophiekundige Analytikerin, welche – über Foucault – die Psychoanalyse auf ihren Ereignischarakter hin befragt; der Italiener zeigt aus wissenschaftstheoretischer Sicht Sackgassen auf, in welche die Psychoanalyse hineingezogen worden ist, und ein deutscher Analytiker beschäftigt sich mit dem Zerfall der Freudschen Lehre in den psychoanalytischen Institutionen. Demgegenüber könnte man die Referate der Mitglieder unseres Zürcher Seminars vielleicht am ehesten als lacanianisch, aufklärerisch, mantisch und genealogisch kennzeichnen.

Eingeladen waren sie, nicht einfach als selbstische Wesen vor sich hin, sondern auf den Platz der phantasierten Mitte hin zu artikulieren, konkretisiert in einer gemeinsamen Schlußdiskussion, die hier nicht abgedruckt ist. Und um das alles noch griechisch zu überhöhen, wurden ihnen Masken zugeschrieben: Eine Meisterin (Sarah Kofman), „der Alte", besorgt (Johannes Cremerius), unsere Doppelagentin aus Paris (Sabine Prokhoris), der Reformator (Peter Widmer), ein Seher, das Negative im Auge (Peter Passett), maskenlos, der Wahrheit verpflichtet (Pier Francesco Galli), der verratene Liebhaber (Berthold Rothschild) und der verspätete Gast (Daniel Strassberg).

Daß der Platz des Themas (psychoanalytische Wahrheit in der Zeit), auf den die Masken gerichtet sein sollten, zugleich jenes „leere Feld" repräsentieren könnte, mit welchem strukturalistische Betrachtungsweisen operieren –, so war's gedacht. „Die Spiele benötigen das leere Feld, ohne das nichts voranginge noch funktionierte" (Deleuze, 1992, Woran erkennt man den Strukturalismus?).

Und Foucault: „In unserer Zeit kann man nur noch in der Leere des verschwundenen Menschen denken. Diese Leere stellt kein Manko her, sie schreibt keine auszufüllende Lücke vor, sie ist nichts mehr und nichts weniger als die Entfaltung eines Raumes, in dem es schließlich möglich ist, zu denken" (1971, Die Ordnung der Dinge).

Als sich also nach dem Vortrag von Peter Widmer (die „leere Mitte" sitzt schon im Titel) zwei Diskutanten anschrieen, weil sie sich uneinig waren, ob es für psychoanalytische Theoriebildungen entscheidend sei, wie man deren Anfang setze: als Nicht-sein oder als Sein – da befanden sie sich, fassungslos wie sie waren, wohl etwa auf der Höhe unseres Themas. War nicht an einem wichtigen Psychoanalytischen Kongreß, an dem Kleinianer und Nicht-Kleinianer versuchten, einander ihre Begriffe näher zu bringen, durch Kernberg herausgekommen, daß die theoretischen Vorgaben bei der Konzeptualisierung des Beginns der Menschwerdung Ausgangspunkt der meisten Divergenzen von Schulen und Richtungen sind (Sandler, 1987, Projection, Identification, Projective Identification)? Was war am Anfang?

Wo der Weg vorwärts verbaut scheint (man spricht vom Verflachen, Zersplittern, Totgesprochenen der psychoanalytischen Theorie und Praxis), nimmt man Anlauf in „alten" Fragestellungen, und wo in der Mitte kein Halt mehr ist, drängt man sich an die Ränder. Als ich zur Korrektur der Manuskripte in Paris war, hörte ich frühmorgens eine Passantin um Hilfe rufen. Es war ihr allein nicht möglich, von einer Reihe parkierter Autos über den offenen Platz zur gegenüberliegenden Hausmauer zu gelangen. „J'ai peur du vide", sagte sie achselzuckend.

Das Psychoanalytische Seminar Zürich, nicht Teil einer offiziellen psychoanalytischen Organisation, versteht sich in einer Art Eigenverantwortung als Katalysator und Vermittler einer avantgardistischen Tradition. Ob mit dieser Vortragsreihe die Engpässe dialektischen Argumentierens durch französische Impulse überwunden, gar ersetzt werden sollten? Eher sollte die Einzigartigkeit des einen Beitrags einen Schatten werfen auf den anderen und damit dessen Konturen verschärfen.

Martin Kuster

Sarah Kofman

Nur der erste Schritt, der Mühen kostet. Freud und die Spekulation

I
Das Schicksal der Psychoanalyse

In einem alten französischen Film von Christian Jacque, *La loi c'est la loi [Gesetz ist Gesetz],* erfährt der für die Überwachung des Schmuggels in einem Grenzdorf an der französisch-italienischen Grenze zuständige Gendarm Fernandel plötzlich, daß er, obgleich er sich seit jeher für einen Franzosen gehalten hat, Italiener ist. Er ist folglich gezwungen, nach Italien zu gehen, um sich als Franzose naturalisieren zu lassen, damit er in Frankreich als vollwertiger Staatsbürger anerkannt werden kann. Doch die administrativen Verwicklungen sind solcher Art, daß weder Frankreich noch Italien weiterhin etwas mit ihm zu tun haben wollen und er an der Grenze auf beiden Seiten von den Zöllnern zurückgedrängt wird. Wie gelähmt kann er keinen Schritt vorwärts tun, weder in die eine Richtung noch in die andere, ohne daß er Gefahr läuft, Schläge einzustecken.

Das Schicksal der Psychoanalyse scheint dem des armen Fernandel zu ähneln: Freud selbst sagt das ... Genauer gesagt, er vergleicht dieses Schicksal mit dem von Individuen, die zwischen zwci verfeindete Nationen geraten sind, wobei sie der einen von Geburt, der anderen durch Wahl und Wohnort angehören: „... ihr *Schicksal**[1] war, daß sie zuerst von der einen, und dann, wenn sie glücklich entkommen waren, von der anderen als Feinde behandelt wurden. Solcher Art könnte auch das *Schicksal** der Psychoanalyse sein."

Das steht in einem Text aus dem Jahre 1921, geschrieben kurze Zeit nach Ende des Ersten Weltkriegs. Während des Krieges, so denkt er zurück, hatte er von diesen aufgrund ihrer, könnte man sagen, „border-line“-Stellung doppelt (der Gefahr) exponierten Personen sprechen hören. Und während sein erstgeborener Sohn an der Front kämpft und der Anlaß dafür ist, daß er schlecht träumt [2], hört er nicht auf, auch an sein anderes Kind zu denken, an die Psychoanalyse, deren Schicksal ihn mindestens genauso beschäftigt wie das seiner leiblichen Kinder. Doch während der Erste Weltkrieg eines Tages sein Ende finden wird, so ist bei dem Krieg, der sein geistiges Kind mit dem Tode bedroht, zu befürchten, daß er endlos dauern kann. Denn trotz der Streitigkeiten um Prioritätsfragen und ungeachtet dessen, daß er um seine Schuld gegenüber den Dichtern, den Mythologen oder den Philosophen weiß[3], geht Freud nicht von seinem Anspruch ab: Die Psychoanalyse ist seine Schöpfung[4]! Und mag „seine“ Entdeckung auch noch so zerbrechlich sein – ein Traum vergleicht sie mit einem Hutzylinder aus Glas, den er während einer Eisenbahnfahrt auf dem Schoß hält [5] –, so macht doch sie allein aus ihrem Urheber einen großen Mann und verwirklicht so das Schicksal, das einst eine Wahrsagerin seiner Mutter für diesen so überaus geliebten Sohn vorausgesagt hatte, und woran diese auch glaubte.[6] So wie all diejenigen an ihr Schicksal glauben, die die Zukunft vorwegnehmen, auf und über sie spekulieren wollen, Kartenlegerinnen, Medien oder Graphologen befragen, und das den Dementis zum Trotz, die das Wirkliche vorzuweisen vermag.

In eben diesem Text aus dem Jahre 1921 spekuliert Freud über drei Fälle von derartigen Voraussagen. Er bringt es darin zu einer wahrhaftigen Inflation des Wortes „Schicksal“, und um dieses dreht sich denn auch die ganze Schrift: Auf eine geradezu *„unheimliche*“* Weise kommt er acht Mal darauf zurück und ahmt so durch seine eigene Wiederholung das Unvermeidliche allen *Fatums* nach. Unter anderem so, als wolle er diesen Terminus, der in die okkulten „Wissenschaften“ gehört, in seinen eigenen Bereich einschmuggeln mit dem Ziel, ihn sich in klammheimlicher Aneignung zu assimilieren, hält Freud sich also mit dem „Schicksal“ der Psychoanalyse auf, die ihm ebenfalls ein „Unvermeidliches“ aufzuweisen scheint: in die analytische Sprache übersetzt, das eines Wiederholungszwangs seines Erfinders, der diesen zwingt (ihn oder die Psychoanalyse, doch kann man sie noch auseinanderhalten?), stets in einem Konfliktzustand, in einem unendlichen Krieg zwischen zwei feindlichen Widersachern gefangen zu sein, mal von dem einen, dann wieder von dem anderen verfolgt. Unablässig im Alarmzustand. Niemals ruhig: Wenn er mit dem einen zu einem Ende gekommen ist, geht es mit dem anderen wieder los. Ein derart diabolisches Schicksal also soll der Psychoanalyse und ihrem Vater, Freud, beschieden sein, der sich ganz und gar mit diesem Kind, das er zu „seiner" Sache gemacht, identifiziert hat. Freud ist also niemals *ruhig**. Doch, um was zu tun? Um an der Ausarbeitung „seiner" Wissenschaft arbeiten zu können, ohne auf Dauer mit diesem Kriegszustand beschäftigt zu sein, der ihn in der Defensive hält, stets gefangen zwischen zweien, wie in der Schwebe auf einer Grenze, die er mit keinem Schritt überschreiten kann, außer er nimmt es in Kauf, daß es ihm schlecht ergeht und daß er sein gesamtes Sicherheitssystem verliert.

Er würde gern ruhig arbeiten, Schritt für Schritt, in seinem Rhythmus, vorangehen können, ohne sich um Verbote kümmern zu müssen, die der Wissenschaft äußerlich sind. Doch sein Schicksal, das auf das seiner Triebe, in denen sein tiefer Dualismus sich symptomatisch niederschlägt[7], und auf seine Ambivalenz zurückverweist, hält ihn in einem Zustand des Konflikts und die Psychoanalyse, seine Schöpfung, in der unangenehmen Stellung einer Grenzdisziplin.

II
Eine Grenzdisziplin

In der Gelenkstelle zwischen den Naturwissenschaften, in denen sie ihren Ursprung hat – „die Analytiker [...] können ihre Abkunft von der exakten Wissenschaftlichkeit und ihre Zugehörigkeit zu deren Vertretern nicht verleugnen" –, und der Philosophie, der ihre Zuneigung gegolten hätte, hätte sie sich nicht unter dem Vorwand eines Mangels an „Begabung" geweigert, sich ihr hinzugeben *(s'y adonner)* oder sich ihr zu ergeben *(s'y abandonner)* – niemals wirklich der einen oder anderen Seite angehörend, sich auf die eine und die andere berufend, je nachdem, wie ihre Sache es erfordert.

Insbesondere in seinen Anfängen – damals, als das Schicksal des analytischen Hauses noch nicht festgelegt war, als es sich noch nicht als eigenes Gebäude sichtbar vorzeigen konnte und keine Bekanntheit, keine Berühmtheit genoß, als es noch keinen Ehrentitel vorzuweisen hatte – legt Freud die Maske der Wissenschaft und ihrer Autorität an, der einzigen Garantie für die Unfehlbarkeit des Erfolgs, und das um so mehr, als er bloß ein armseliger Jude ist, dessen Spekulationen niemand Glauben schenken würde, wenn er sie nicht mit dem schönen Namen der Wissenschaft bedecken könnte: „Ich weiß, die Kranken, denen ich die Versicherung gab, ich wüßte ihnen dauernde Abhilfe ihrer Leiden zu bringen, sahen sich in meiner bescheidenen Umgebung um, dachten an meinen geringen Ruf und Titel und betrachteten mich wie etwa einen Besitzer eines unfehlbaren Gewinnsystems an dem Orte einer Spielbank, gegen den man einwendet, wenn der Mensch das kann, so muß er selbst anders aussehen."[8]

Jedoch verträgt er die Autorität exakter Wissenschaft, die er braucht und die ihm als Deckung dient, in Wirklichkeit sehr schlecht, übt sie in ihrem rigiden Rationalismus doch Druck auf alles aus, was sich aus dem Umkreis des Festetablierten und Anerkannten entfernt. Sich dieser Autorität zu beugen, hat Freud sich stets geweigert, und er hat ihr niemals gehuldigt. Er hat niemals davon abgelassen, den *Wissensdünkel** der *Gebildeten**, der offiziellen Wissenschaft anzuklagen und demgegenüber der spontanen Weisheit der allgemeinen Erfahrung sowie der Erfahrung der Dichter, die auf eine unverwüstliche, wenn auch obskure Weise die psychoanalytischen Wahrheiten erraten, vorahnen und vorwegnehmen, ein höheres Recht einzuräumen.[9] Wie soll man Sympathie für diese Wissenschaft aufbringen, die seine Schöpfung allzeit verächtlich und herablassend behandelt, sie des Mystizismus und der Scharlatanerie verdächtigt, sein Unbewußtes unter jene „Dinge zwischen Himmel und Erde, von denen die *Schulweisheit** sich nichts träumen läßt" eingereiht hat? Weil sie sich mit „beunruhigenden und fremdartigen" *(„inquiétantes et étranges")* Dingen beschäftigt, ist die Psychoanalyse selbst als besonders *unheimlich* [10] angesehen, und weil sie zum Königsweg der Erkenntnis ihres Gegenstandes den Traum erwählt hat, für etwas den Träumern oder den Schwärmern Typisches gehalten worden.

Wenn besagte Wissenschaft nichts von dem Okkultismus wissen will, der die wirkliche Existenz eben der „Dinge zwischen Himmel und Erde, von denen die *Schulweisheit** sich nichts träumen läßt" behauptet, so ist das mit ein Grund dafür, daß Freud, rund zehn Jahre später, in der XXX. der Neuen Vorlesungen: *Traum und Okkultismus,* im Jahre 1933 einmal mehr diese dem Hamlet, diesem Verrückten, der darüber schon viel länger Bescheid wußte als alle Weisen, in den Mund gelegte Formulierung aufgreift. Freud ist durch und durch gewillt – durch die Unterstützung des großen Shakespeare gestärkt –, mit diesem neuen Verfolgten ein Bündnis einzugehen, ist fest entschlossen, in jedem Fall sich nicht an die schultypischen Ansichten zu halten, und eindeutig entschieden, alles das zu glauben, was ihm glaubwürdig gemacht wird. Im Krieg zwischen dem Okkultismus und der Wissenschaft ist die erste Geste Freuds, der jede begrenzende Autorität zurückweist, Partei zu ergreifen für den Okkultismus.

Doch das ist nicht so einfach, denn dieses Bündnis könnte für die Psychoanalyse gefährlich werden: Die Motive, aus denen heraus die Okkultisten die Autorität der Wissenschaft zurückweisen, sind in Wirklichkeit nicht dieselben wie die Freuds: eine *Wißbegierde**, die nichts aufzuhalten vermag; die Scham, die ihn überkommt, wenn er sieht, wie die Wissenschaft unbestreitbare Probleme vernachlässigt; das Bedürfnis, sich auf neuartigen Phänomenfeldern zu versuchen. Die Okkultisten werden nicht von einem Wunsch nach Erkenntnis angetrieben; es sind Gläubige, Überzeugte, die nach Bestätigungen suchen und die gern die Unterstützung der Psychoanalyse hätten, um ihren Glauben besser bei anderen durchsetzen zu können. Mit dem Okkultismus kehrt „der alte religiöse Glaube, der von der Wissenschaft im Laufe der Menschheitsentwicklung *zurückgedrängt wurde**, oder ein anderer, welcher den überwundenen Überzeugungen der Primitiven noch näher steht", in einer durch und durch *unheimlichen** Gestalt zurück. Nun, die Psychoanalytiker – und darin gehören sie zu den Vertretern der exakten Wissenschaften – mißtrauen all denen, die in ihren Forschungen von der Kraft ihres Glaubens, von der Kraft ihrer Wünsche bewegt werden, deren Allmacht aufzudecken die Psychoanalyse die erste gewesen ist. Nun, wenn Freud schon nicht der Autorität der Wissenschaft huldigt *(sacrifie)*, so huldigt er genausowenig den Wünschen und dem Lustprinzip; er ist im Gegenteil bereit, sie zugunsten auch nur eines Bruchstücks objektiver Gewißheit zu „opfern“ *(sacrifier)*: „Aufs Äußerste mißtrauisch gegen die Macht menschlicher Wunschregungen, gegen die Versuchungen des Lustprinzips sind sie [die Psychoanalytiker] bereit alles zu opfern, um zu einem Stückchen objektiver Sicherheit zu gelangen ...“. Alles? Jedenfalls: *den blendenden Glanz einer lückenlosen Theorie**; das über den Besitz einer wohlgerundeten Weltanschauung jubelnde Bewußtsein; die Beruhigung, die die Seele aus großmütigen Motiven, die auf ein nützliches und ethisches Handeln hinausgehen, erfährt. Von einer Lust dieser Art, wie sie in philosophischer Spekulation erfahren werden kann, ist Freud in seiner Jugend verführt worden, und ihr hat er sich und sein Schicksal verschrieben[11], bevor er vor ihr gewarnt, von ihr abgewendet wurde durch den Philosophen Brentano, der ihm vor allem die Lektüre der englischen Empiristen und die Auguste Comtes nahelegte, der ihn ermahnte, sich nicht auf die „schlüpfrigen Wege des Verstandes“ einzulassen, denn „es geht einem wie dem Irrenarzt, der anfangs wohl merkt, daß es dort toll zugeht, aber sich später daran gewöhnt und nicht selten selbst einen Span holt. Von den Neuesten empfahl er uns sodann Auguste Comte, dessen Leben er uns schilderte ...“[12]

Brentano, der selbst in seiner Jugend, als er begonnen hatte, die Philosophen zu lesen, eine solche Enttäuschung empfand, daß er gar an seiner Befähigung für die Philosophie zu zweifeln begann[13], hat Freud schließlich auch davon überzeugt, daß er intellektuell nicht sehr gut „ausgestattet“[14] sei, jedenfalls nicht ausgestattet sei für die Metaphysik, deren Abirrungen gegenüber – der Ausdruck stammt von A. Comte[15] – er eine sehr positive Verachtung an den Tag lege.[16] Es sei denn, die Zurschaustellung seines

Mangels an „Begabung“ sei geradezu eine Verleugnung, die es ihm erst ermögliche, auf den tiefen Wunsch zu verzichten, Philosophie zu betreiben, die der Phantasie[17] und der Persönlichkeit[18] zuviel Platz einräumt und sich der Gefahr eines spekulativen Wahnsinns aussetzt: in dem strikten Sinne, in dem Comte von diesem Terminus Gebrauch macht[19]: also „sich einen Span holen“, wie er selbst es nennt, den Kopf, den Verstand/das Maß *(raison)*, das Gleichgewicht verlieren. In gleicher Weise zieht er es vor, seine „Originalität“ zu verleugnen (er hat stets Vorläufer gehabt, er hat die Grundideen der Psychoanalyse auf kryptomnestische Weise in sich aufgenommen), aus Furcht, für originell im schlechten Sinne des Wortes zu gelten und ein Original, ein Eigenbrötler zu sein.[20] Er befürchtet, daß er in der philosophischen Spekulation zu sehr verführt, angezogen, gereizt wird von ihr, daß sie nicht enden wird, ihn irrezuführen, ihm die Orientierung zu rauben, ihn delirieren, vom rechten Weg der Wissenschaft, von seiner korrekten Arbeitsweise abkommen zu lassen[21], welche darin besteht, Schritt für Schritt vorzugehen[22], ohne sich zu beeilen, zu einer Schlußfolgerung zu gelangen, ohne einen übergroßen Drang zu verspüren, ein vereinheitlichendes System[23], eine umfassende Synthese bilden zu müssen, die zu Lasten der Sicherheit geht[24], indem man eben jene Macht des Denkens mißbraucht[25], die in eine vergangene Periode regredieren läßt, welche im Erwachsenenalter eigentlich „überwunden“ sein sollte.

Das ist genau das, was Comte der Metaphysik zum Vorwurf machte. Eine für ein bestimmtes Entwicklungsalter des Geistes – der Adoleszenz – normale Denkart wird abirrend und pathologisch, wenn sie sich bis ins positiv-mannhafte Alter erhält, und bringt die gute Ordnung, die gerechtfertigten Hierarchien, die mentale Gesundheit des Individuums und der Gesellschaft in Gefahr. Die Metaphysik, die „phantastische“ Philosophie schweift, irrt umher, schwankt zwischen zwei Altern und ist grundsätzlich zweideutig. Sie ist eine „befremdliche Weise“ zu philosophieren, ist *unheimlich**, weil sie auf der Stufe der Gattung die Rückkehr eines jedem Individuum Vertrauten hervorbringt, das indes in einem bestimmten Moment seiner Entwicklung verdrängt oder überwunden ist bzw. dies wenigstens im Alter männlicher Reife sein sollte. Die Metaphysik ist „unheimlich*" als ein rückwärtsgewandtes, archaisches Überleben, als ewigliches Fortdauern dessen, was eigentlich vergangen sein sollte. Aus Furcht also, in die schlimmsten Abirrungen zurückzufallen und auf das magische Stadium des Animismus zu regredieren, verzichtet Freud auf etwas, dem, ohne daß es ein Ende nehmen wird, alle seine „Schüler", ob nun Jung, Adler, Groddeck, Rank oder Ferenczi, sich ergeben: auf den Lustgewinn aus dem blendenden Licht, der systematischen Einheit einer bruchlosen und endgültigen Weltanschauung, um sich mit den *„fragmentarischen Brocken*"* an unvorhergesehenen, stets für eine Umarbeitung offenen Erkenntnissen und Grundaussagen zu begnügen. Freud, beim Gastmahl der Wissenschaft bloß ein Bettler, ist gezwungen, sich die Brocken zusammenzuklauben, ohne je die Beruhigung dessen zu verspüren, der den Bauch wohlgerundet hat und für den alles wie von selbst geht; für den es stets von alleine rollt, genauso wie über sich selbst rollend die ursprünglichen Menschengeschlechter des Mythos des Aristophanes aus dem *Gastmahl* sich vorwärtsbewegen, wahre Kugeln, bruchlos narzißtisch, von Platon/Aristophanes nach dem Vorbild der Kugel des Empedokles konzipiert. In Übereinstimmung mit dem Objekt seiner Wissenschaft und dem stets lückenhaften und dunklen Material, über das er verfügt, nimmt Freud für „seine" Theorie gegen die narzißtisch versichernde Einheit und Totalität das Recht auf das Fragmentarische und Lückenhafte in Anspruch. Gegen das spekulative, blendende, allzu blendende Licht beruft er sich auf ein Recht zur Dunkelheit – und vergleicht sein Sehen mehr mit dem eines Maulwurfs[26] als mit dem eines Luchses, dem Ideal einer philosophischen Anschauung nach Aristoteles, dem ersten großen Spekulativen.

Letzlich in Wendung gegen das Endgültige und das Absolute, das Unveränderliche, das Symptomatische des spekulativ-metaphysischen, ja magischen Charakters jener Theorien, die mit einem Schlage vollentwickelt aus dem Boden sprießen, beansprucht Freud, auch da noch ganz Comte, das Recht auf das Relative, auf die unaufhörliche, langsame und graduelle Umarbeitung einer auf immer unvollendeten Theorie, die sich allein auf die Erfahrung und auf die Beobachtung beruft. So schreibt er beispielsweise in *Meine Ansichten über die Rolle der Sexualität in der Ätiologie der Neurosen* (1905): „Ich bin der Meinung, daß man meine Theorie über die ätiologische Bedeutung des sexuellen Momentes für die Neurosen am besten würdigt, wenn man ihrer Entwicklung nachgeht. Ich habe nämlich keineswegs das Bestreben abzuleugnen, daß sie eine Entwicklung durchgemacht und sich während derselben verändert hat. Die Fachgenossen könnten in diesem Zugeständnis die Gewähr finden, daß diese Theorie nichts anderes ist als der Niederschlag fortgesetzter und vertiefter Erfahrungen. Was im Gegensatz dazu der Spekulation entsprungen ist, das kann allerdings leicht mit einem Schlage vollständig und dann unveränderlich auftreten."[27] (Das Gegenstück zu einer solchen Leichtigkeit ist das Fehlen von Konsistenz, Begründung und Fruchtbarkeit.[28]) In *Triebe und Triebschicksale* zeigt er, wie keine Wissenschaft, nicht einmal die angeblich exakteste, mit klaren und eindeutig definierten Grundbegriffen beginnt, und daß der Erkenntnisfortschritt gleichfalls keine Rigidität in den Definitionen verträgt. „Wie das Beispiel der Physik in glänzender Weise lehrt, erfahren auch die in Definitionen festgelegten „Grundbegriffe" einen stetigen Inhaltswandel."[29]

In *Zur Einführung des Narzißmus,* diesem durch und durch gegen die monistischen Spekulationen von Jung und Adler gerichteten Text (es sind immer seine Rivalen, die spekulieren, und jedesmal, wenn Freud polemisch die Beobachtung gegen die Spekulation setzt, soll damit unterstrichen werden, daß er voll und ganz bei geistiger Gesundheit ist, während die anderen delirieren und den Paranoikern ähnlich sehen, die zur „spekulativen Systembildung" neigen, vergleichbar der der Philosophen[30]), stellt Freud, als Erbe Comtes, anläßlich der notwendigen Unterscheidung zwischen sexueller Libido und Ichlibido die Beobachtung der Unfruchtbarkeit theoretischer Debatten und eine auf die Deutung der Phänomene gebaute Wissenschaft einer logisch unantastbaren, aber zu nichts führenden Spekulation gegenüber. „Gewiß sind Vorstellungen, wie die einer Ichlibido, Ichtriebenergie und so weiter, weder besonders klar faßbar noch inhaltsreich genug; eine spekulative Theorie der betreffenden Beziehungen würde vor allem einen scharf umschriebenen Begriff zur Grundlage gewinnen wollen. Allein ich meine, das ist eben der Unterschied zwischen einer spekulativen Theorie und einer auf Deutung der Empirie gebauten Wissenschaft. Die letztere wird der Spekulation das Vorrecht einer glatten, logisch unantastbaren Fundamentierung nicht neiden, sondern sich mit nebelhaft verschwindenden, kaum vorstellbaren Grundgedanken gerne begnügen, die sie im Laufe ihrer Entwicklung klarer zu erfassen hofft, eventuell auch gegen andere einzutauschen bereit ist. Diese Ideen sind nämlich nicht das Fundament der Wissenschaft, auf dem alles ruht; dies ist vielmehr allein die Beobachtung. Sie sind nicht das Unterste, sondern das Oberste des ganzen Baues und können ohne Schaden ersetzt und abgetragen werden. Wir erleben dergleichen in unseren Tagen wiederum an der Physik, deren Grundanschauungen über Materie, Kraftzentren, Anziehung und dergleichen kaum weniger bedenklich sind als die entsprechenden der Psychoanalyse. [...] Bei dem völligen Mangel einer irgendwie orientierenden Trieblehre ist es gestattet oder besser geboten, zunächst irgendeine Annahme in konsequenter Durchführung zu erproben, bis sie versagt oder sich bewährt. [...] Machen wir uns mit der Möglichkeit des Irrtums vertraut, aber lassen wir uns nicht abhalten, die ersterwähnte Annahme eines Gegensatzes von Ich- und Sexualtrieben, die sich uns durch die Analyse der Übertragungsneurosen aufgedrängt hat, konsequent fortzuführen, ob sie sich widerspruchsfrei und fruchtbringend entwickeln und auch auf andere Affektionen, z.B. die Schizophrenie, anwenden läßt.“ Im weiteren setzt sich der Text mit Jung auseinander, der zumindest übereilt und ohne ausreichende Grundlagen behauptet hatte, daß die Theorie von der Libido unfähig sei, diese Krankheit zu erklären, und wirft ihm vor, daß seine eigene Ausweitung dieses Begriffs diesem jeden sexuellen Inhalt austreibt. Und Freud beschimpft Jung, daß er es vorzieht, zu verkünden anstatt zu argumentieren, daß er die Entscheidung vorwegnimmt und sich die Diskussion erspart: kurz, daß er auf eine leere und unfruchtbare Weise spekuliert. Und das ist nicht der einzige Text, in dem er ihn derart mit Vorwürfen überhäuft, als hätte er eine der schwersten Sünden begangen.[31]

Doch im besonderen der *Briefwechsel mit Lou Salomé* weist ein sehr lebendiges Interesse aus: denn allein mit ihr scheint er seine Beziehung zur philosophischen Spekulation mit einer gewissen Gelassenheit ohne den Hintergrund von Rivalität oder Polemik darlegen zu können. Ihr allein erkennt er die Eigenschaften, die Begabungen zu, von denen er behauptet, sie nicht zu besitzen – (doch Lou läßt sich nicht täuschen) –, die der Synthese[32], der Einheit, die Gaben einer Seherin[33], die es ihr stets erlaubt, dem Maulwurf, der er ist und der nur „Bruchstücke", „disjecta membra" abliefert[34], voraus zu sein, so daß sie allein in der Lage ist, zu vervollständigen, um daraus eine Konstruktion, einen lebenden Organismus zu machen. Er selbst bleibt unbeirrbar und endlos ein Analytiker[35], richtet das ganze Licht auf einen bestimmten Punkt aus und verzichtet dabei auf den Zusammenhang des Ganzen: „Nicht immer kann ich Ihnen folgen, denn meine für das Dunkel adaptierten Augen vertragen wahrscheinlich kein starkes Licht und keinen weiten Gesichtskreis. Doch bin ich nicht Maulwurf genug geworden, um mich nicht an der Ahnung des Helleren und Umfassenderen zu erfreuen, oder gar, um dessen Existenz zu verleugnen."[36]

„Jedesmal wenn ich einen Ihrer begutachtenden Briefe lese, verwundere ich mich über Ihre Kunst, über das Gesagte hinauszugehen, es zu vollenden und bis zu einem fernen Treffpunkt konvergieren zu machen. Natürlich gehe ich nicht gleich mit. Ich verspüre oft so wenig synthetisches Bedürfnis. [...] Was mich interessiert, ist die Scheidung und Gliederung dessen, was sonst in einen Urbrei zusammenfließen würde.[37]

„Ich schlage eine – meist recht simple – Melodie an, Sie geben die höheren Oktaven dazu; ich trenne eines vom anderen und Sie vereinigen das Getrennte in einer höheren Einheit [...]. Nur, daß ich dazu neige, alle Meinungen bis auf eine auszuschließen und Sie eher, alle Meinungen mit einander einzuschließen."[38]

In ihren Antworten auf Freud oder in ihrem *Tagebuch* weist Lou die Freudsche Bescheidenheit zurück (bezüglich der *Metapsychologie* sagt sie, daß „von Bruchstückigem" nicht die Rede sein kann: „Ohnehin hängt schon alles derartig wesentlich zusammen, daß es sich kaum noch in Teilen einheimsen läßt; jedes bezieht sich stets dringender und notwendiger auf jegliches zurück ... [...] Man gesteht sich auch: mächtig viel weiter ist die Ps.A. gelangt ...“[39]) und erkennt zugleich an, daß er der Forscher in Person ist, „der ruhig weiterschreitet, rastlos arbeitend“, dessen Theorie nie endgültig festgelegt ist, sondern sich nach Maßgabe der Erfahrungen regelt und dabei diesem „rastlosen Weitergehn“ hier und da Grenzen steckt, allein zu dem Zweck, denen, die ihm in seiner Forschung folgen, zu helfen.[40] Sie gibt zu, daß die Psychoanalyse, die eigene Mittel und Methoden besitzt, das Recht hat, ihre eigene Dunkelheit geltend zu machen, statt in einer fremden Pseudo-Klarheit dahinzuschwinden (denn wenn das Psychische und das Physische einander darstellen, so bedingen sie genausowenig einander wie sie einander ausdrücken und können also auch nicht füreinander eintreten).[41] Und sie weiß Freud zu danken, daß er in seiner wissenschaftlichen Strenge der einzige gewesen ist, bei dem sie Sicherheit hat finden können („drum wußte ich mich ja fortan so wundervoll daheim und gesichert bei Ihnen allein“), der einzige, der die Psychoanalyse hat erfinden können, während „frühere Forscher gar nicht zu dieser Erforschung hätten kommen können: weil sie sich ihnen zu unwillkürlich mit allerlei vermengt hätte, was ihre heimlichen Phantasiewünsche über die wissenschaftliche Nüchternheit hinausverlockte“. Und dies, weil die Schöpfung Freuds seinen persönlichen Vorlieben zuwiderläuft, die ihn keineswegs dahin orientierten, „Funde von so tiefer Tiefe zu heben, und der das so Gefundene sich doppelt dicht und nüchtern vor die Augen hob, um es nur ja nicht zu überschätzen.“[42]

Doch gleichzeitig weiß Lou auch diejenigen wie Adler oder Groddeck zu verteidigen, die in den Augen Freuds ein wenig zuviel spekulieren, ein wenig zu hoch oder zu weit gehen, was vielleicht sehr verführerisch ist, aber die Sicherheit nimmt, der er, Freud, alles geopfert hat: die Einheit, die Einheitlichkeit, das Gefühl der aus dem Denken gewonnenen Befriedigung. In bezug auf ein Buch von Groddeck, das er ihr schickt und an dem er dessen

Neigung zur Übertreibung, zur Vereinheitlichung und zu einem gewissen Mystizismus hervorhebt, was sich in der Verkündung niederschlage, daß er „weiter“ gehe als Freud, daß sein „Es“ mehr sei als „unser Ubw, nicht klar von ihm abgegrenzt, aber es ist etwas Wirkliches dahinter“[43], setzt Lou dagegen, indem sie auf der Fruchtbarkeit der Spekulation eines kühnen Denkers besteht, dem sie listig Freud selbst angleicht: „... wenn er nun auf seinem Gebiet trotzdem ein paar Fußbreit Raum erobert, ist es für die Zukunft der Ps.A. wundervoll. [...] ... er gehört ja sichtlich zu denen, die sich der Theorien bedienen, um kühn genug weit genug forschen zu können, – worauf sie die Theorien eventuell wieder verabschieden oder ändern. Und das ist doch auch Ihr Standpunkt: für mich wenigstens lag in Ihrer Benutzung irgend einer Theorie als auch in Ihrer Abkehr vom Philosophieren über die Dinge stets diese Entschlossenheit und Resignation ...“[44]

Später, in *Die endliche und die unendliche Analyse,* schreibt Freud, der die von Lou erhaltene Lektion verstanden zu haben scheint, daß „ohne metapsychologisches Spekulieren und Theoretisieren – beinahe hätte ich gesagt: Phantasieren – man hier keinen Schritt weiter(kommt)“[45]. Und doch hat er dieses „phantastische Ich“, diesen Dämon der schöpferischen Spekulation, der einen solchen Zwang ausübt, immer weiter voranzugehen in der Forschung, wenn er sich ihm auch im Laufe der letzten zwanzig Jahre seines Daseins immer freier hingegeben hat, über die langen Jahre wissenschaftlicher Arbeit doch in Schach, im Zaum halten können. In *Zur Geschichte der psychoanalytischen Bewegung* (1914) erklärt er, seine Anfänge bedenkend, daß es trotz seiner *„splendid isolation“* eine schöne heroische Zeit war, denn, so heißt es bei ihm, „ich erlernte es, spekulative Neigungen zu bändigen“, dank einer langen und harten Disziplin, derentwegen er sich auch den Verzicht auf den Genuß der Lektüre der Philosophen, namentlich der Lektüre von Nietzsche, und überhaupt auf das Lernen aus Büchern auferlegte, um zunächst an den Dingen selbst zu studieren.[46]

Es geht also um eine bestimmte Freudsche „Resignation“, um eine bestimmte Vermeidung. Und darin hat Lou sich nicht getäuscht: Der theoretische Verzicht auf die schöne Einheit, das

Fehlen eines Bedürfnisses nach einer solchen Einheit geht mit einem an die Grundsätze des Lebens rührenden Verzicht einher; er ist symptomatisch für ein gewisses Fehlen von Euphorie, das sich hinter Rationalisierungen verbirgt: das rationale Bedürfnis nach einer endgültigen Einheit der Dinge ginge aus einer höchst anthropomorphischen Wurzel und Gewöhnung hervor, implizierte eine Regression auf kindliche Frageweisen und brächte die individuelle positive wissenschaftliche Forschung durcheinander: „Freud gab zu, daß dies Einheitsstreben schließlich aus dem Narzißtischen stamme; – von dorther aber kommt uns nach seiner eignen Vermutung ja auch unser Lebensmut. Ist der stark in seiner Freudigkeit, so ist es auch das Einheitsverlangen, und vice versa. Ist es aber so, so wäre damit gesagt, daß unser tiefstes Leben selber damit eins ist und wir es nicht bekämpfen dürften, ohne die Quelle auch aller unserer Einzelbetätigungen trübe zu verschütten. Unsern Lebensdurst und Denkerdurst stillt im tiefsten dasselbe Wasser ... [...] Um der menschlichen Euphorie willen arbeitet nämlich ja auch der gesamte wissenschaftliche Betrieb [...] – nur auf einem Umweg vom ‚Lustprinzip' über das ‚Realitätsprinzip' zur Lust zurück [...]. Also handelt es sich bei ihm höchstens um eine Verschiebung, und Mangel an Euphorie wäre mithin der einzige Grund, aus dem man nicht genug aufbringt für Philosophie (oder Kunst). Wenn man einwendet (wie Freud tat), daß es sich dabei eigentlich um Regressionen zu den infantilen Fragestellungen handelt, so ist dies doch vielleicht schon wieder ein Fall, bei dem ‚primitiv' und ‚primär' verwechselt wird. Daß uns etwas aus frühester Kindheit, in irgend einer Form, nachgeht, dürfte vielleicht zunächst doch nur auf dessen bleibende und ungeheure Berechtigung schließen lassen und der *Verzicht* darauf auf eine abnehmende Lebensfülle. Ja, mehr noch: ich habe nicht selten gefunden, daß ein solcher Verzicht, nach den philosophisch oder künstlerisch begeisterten Tagen der Jugend, manchmal nicht bloß Müdigkeit bedeutete, sondern geradezu eine Art der *Betäubung* durch die Hingabe an wissenschaftlich oder praktisch absorbierende Betätigung. *Eine Art Verdrängung von sich selber mit Hilfe einer Resignation.*"[47]

Freud beraubt sich also einer bestimmten Euphorie, der Freude an einem grenzenlosen Spekulieren, gar einer Hingabe an den Okkultismus, von dem er in einem Brief sagt, daß er, wäre er noch in seinen Anfängen, der alleinige Gegenstand seiner Forschungen sein könnte.[48] Der Okkultismus, den man als eine Pathologie der Spekulation, als die auf ihre höchste und ferne Spitze getriebene Spekulation beschreiben könnte, und der somit in fetten Lettern vorführt, was es mit der normalen Spekulation im strikteren Sinne des Wortes auf sich hat.

III
Die dämonischen Flügel der Spekulation

Das ist der Grund, weshalb er in diesem Krieg der offiziellen Wissenschaft gegen die Okkultisten weder für die eine noch für die andere Seite mehr Partei ergreifen wird. Während letztere sich den bekannten physikalischen und chemischen Gesetzen zu entziehen versuchen, hegt er die Hoffnung, daß sich die Gesetze der erweiterten Natur, der er bereit ist, sich zu unterwerfen, auch zeigen. Er bleibt ein unverbesserlicher Mechanist und Materialist. Auf das Studium des okkulten Materials läßt er sich einzig aus dem Grunde ein, weil er sich davon erwartet, die Hervorbringungen der Menschheitswünsche endgültig aus der materiellen Realität ausschließen zu können. Weit entfernt von der Schließung eines Bündnisses mit den Okkultisten muß der Analytiker diese vielmehr von einer eventuellen gemeinsamen Arbeit ausschließen, und *er soll* – und das ist eine wahrhafte Pflicht, ein Verbot, das nicht übertreten werden darf – dabei sein eigenes Arbeitsgebiet, das Unbewußte, *nicht verlassen**. Er soll in seinem *Arbeitsgebiet** bleiben und nicht dessen Grenzen überschreiten, nicht anderswo *lauern**, weiter oben, weiter in der Ferne. Lauern ist, ich erinnere daran, die erste Bedeutung des Wortes Spekulation, im Lateinischen. Wenn man auf das Verb *speculor* zurückgeht, von dem sich *Spekulation* ableitet, so findet man im *Gaffiot* für *speculor* als erste Bedeutung: beobachten, lauern, ausspähen, überwachen, ausspionieren. Die *Spekulation* ist, bevor sie zu einer Kontemplation wird, ein Ausspionieren bzw. der Bericht eines Spions, und der *speculator* ist, bevor er zum Beobachter von Phänomenen wird, ein Beobachter im Sinne eines Spions, eines Aufklärers, eines Botschafters. Die Gefahr für den Psychoanalytiker wäre die, die okkulten Phänomene zu belauern, um so gegebenenfalls deren verdächtigen Charakter zu denunzieren, denn er liefe Gefahr, nicht mehr das zu sehen, was in seiner Nähe ist, *was ihm näher liegt, zu übersehen**, und so wie Thales, der den Himmel schaute, in den Brunnen zu fallen – zur großen Freude einer thrakischen Magd. Seit einem bestimmten Traum – ich werde darauf zurückkommen – weiß Freud, daß an ihn die Vorschrift ergangen ist, die Augen zu schließen, um nicht zuviel zu erspähen ... um nicht das Auge allzusehr, zu gut, zu weit zu öffnen, daß er also unter anderem den Versuchungen[49] der Spekulation widerstehen muß und nicht um seines größeren Vergnügens willen versuchen darf, zu weit zu sehen, worauf die Strafe steht, keinen Blick mehr für das Nahe zu haben: damit gestraft zu werden, womit er gesündigt hatte – indem er blind wird für die Realität, weil er zu sehr versucht hat, es zu genießen, woanders hinzublicken, hinauf zu den untersagten, blendenden Höhen.

Zu weit und zu hoch blicken zu wollen – darin könnte er durchaus seiner Panzerung und seiner Ausrüstung als Analytiker verlustig gehen, die ihn vor der Allmacht der Wünsche und des Lustprinzips schützen. Darin liefe er Gefahr, seine Unvoreingenommenheit, seine Unparteilichkeit, seine Erwartungslosigkeit zu verlieren.

Also wird er nicht auf die okkulten Phänomene lauern, sondern warten, bis sie sich ihm aufdrängen. In diesem Falle wird er ihnen genausowenig wie den anderen *aus dem Weg gehen**, doch aus Furcht, von dieser faszinierenden Suche zum Schaden seines eigenen Gegenstandes allzusehr angezogen zu werden, wird er sich durch eine harte Selbstdisziplin davor schützen. Die wirkliche Gefahr eines Bündnisses mit dem Okkultismus liegt woanders: Sollte sich auch nur für ein einziges okkultes Phänomen dessen Tatsächlichkeit nachweisen lassen, so dürften die Okkultisten nichts Eiligeres zu tun haben, als ihren Sieg zu verkünden und die einer einzigen Beobachtung gewährte Glaubwürdigkeit auf alle anderen auszudehnen. Die Wissenschaft wird für sie nur ein Vorwand sein, um sich über die Wissenschaft zu erheben, eine einfache Schwelle, um sich in den Himmel *zu erheben** und davonzumachen. Die wirkliche Gefahr ist die Gefahr dieses grenzenlosen Aufsteigens. Schlimmer noch: Es ist ein wirkliches Unglück, denn nichts wird sie mehr *aufhalten** können: „Wehe, wenn sie so hoch gestiegen sind!“: keine Grenze, keine Bremse mehr, die ihr Vorankommen verhindern kann. Das ganze Verdrängte (das Religiöse), das ganze Überwundene (die magischen Glaubensordnungen, die auf das Stadium des Animismus zurückgehen), kehren auf einen Schlag zurück. Genauso wie die Dämonen. Doch was noch schwerer wiegt, sie treten als Befreier des Verdrängten in Erscheinung, und alle sind bereit, sie zu empfangen, denn mit ihnen erscheint es als möglich, eine Quelle verlorener Lust wiederzufinden und sich den Aufwand zu ersparen, den die mühevolle Arbeit der Psychoanalyse abverlangt. „Und keine Skepsis der Umstehenden und Zuhörenden wird sie bedenklich machen, kein Einspruch der Menge sie aufhalten. Sie werden als Befreier vom lästigen *Denkzwang** begrüßt werden, alles, was seit den Kindertagen der Menschheit und den Kinderjahren der Einzelnen an Gläubigkeit bereitliegt, wird ihnen entgegenjauchzen.“

Die Gefahr ist, daß es dabei zum Zusammenbruch des kritischen Denkens und des deterministischen Anspruchs kommt. Die analytische Arbeit wird einem solchen *Wertsturz** nicht entgehen können: Ihre *mühevolle** Arbeit wird im Vergleich mit denen, die angeblich dank ihnen vertrauter Geister über die letzten Wahrheiten verfügen, keinen Anreiz mehr bieten können. Denn wer würde noch arbeiten wollen, wenn er die Mittel besäße, auf einen Schlag per Zauberstab durch eine geglückte Spekulation reich zu werden? „Wenn die den Menschen wohlvertrauten Geister die letzten Erklärungen geben, kann für die mühevollen Annäherungen der analytischen Forschung an unbekannte Seelenmächte kein Interesse bleiben. Auch die Wege der analytischen Technik werden verlassen werden, wenn die Hoffnung winkt, sich durch okkulte Maßnahmen in unmittelbare Verbindung mit den wirkenden Geistern zu setzen, genau so wie die Gewohnheiten geduldiger Kleinarbeit aufgegeben werden, wenn die Hoffnung winkt, durch eine *gelungene Spekulation mit einem Schlage** reich zu werden."

Freud läßt sich in seinem spekulativen oder okkultistischen Wunsch nicht gehen, er ergibt sich diesem nicht, denn er weiß nur zu gut – mit dem Onkel Josef hat er ein treffliches Beispiel dafür in der eigenen Familie –, daß das Verlangen, sich der Pflicht zur Arbeit dadurch zu entledigen, daß man auf mehr oder weniger ehrenrührigen Wegen schnell reich wird, ins Gefängnis führt – zumindest, daß man auf die eine oder andere Weise dafür bestraft wird. Es muß also sein, daß er ständig am Arbeiten ist, daß es ihm stets etwas kostet/Mühe bereitet *(coûte)*, zu vermeiden, daß ihm dies nicht stets noch viel mehr kostet, daß er nicht irgendwann eines Tages dafür bezahlen muß: Schließlich hat er niemals diesem Onkel gleichen wollen, diesem „Schwachkopf", diesem „Verbrecher", der dafür verantwortlich ist, daß sein Vater Jakob über Nacht graue Haare bekam, und für den er eine eigentümliche Abneigung empfindet, wie es jener Traum zeigt, in dem er den Ehrgeiz entwickelt, ein *Professor extraordinarius* zu werden, und die Rolle eines Ministers spielt, der einen durch den Onkel Josef verkörperten jüdischen Kollegen, einfach weil er Jude ist, schlecht behandelt.[50] Doch vielleicht hatte Freud, gerade weil er Jude war, einen starken (verdrängten) Hang zur Spekulation gehabt, und des Doppelsinns dieses Wortes wegen, mit dem auch er spielt (auch darin noch wie Comte, der die spontane Weisheit der Sprache bewundert, deren Polysemie niemals zufällig ist und die instinktiv weiß, daß eine theoretische Spekulation niemals ohne irgendeinen billigen Vorteil oder Profit vorkommt[51]), mußte das Spekulieren, wenn er sich solches gestattete, ihn einfach auf die eine oder andere und nicht immer sehr angenehme Weise an den Onkel Josef und an seine jüdische Herkunft erinnern, zu der er eine unübertreffbar ambivalente Beziehung unterhielt. Es wird nun etwas besser verständlich, daß Freud in der Antwort auf einen *Brief von Jones* (der ihn mit Vorwürfen überhäuft, weil er es nicht vermocht habe, über seinen neuerlichen Glauben an den Okkultismus Stillschweigen zu bewahren, woraus der Psychoanalyse ein ebenso großer Schaden entstanden sei, als hätte er ein Glaubensbekenntnis zum Bolschewismus abgelegt[52]) ihm schreiben konnte: „Wenn Ihnen jemand meinen Sündenfall vorhält, so antworten Sie ruhig, das Bekenntnis zur Telepathie sei meine Privatsache wie mein Judentum, meine Rauchleidenschaft und anderes, und das Thema der Telepathie sei der Psychoanalyse wesensfremd." Und Jones, der diesen Brief in Band III von *Leben und Werk von Sigmund Freud* zitiert, kommentiert dies mit einem: „Dazu konnte man nichts mehr sagen."[53] Vielleicht hätte er doch etwas dazu sagen können, nämlich daß das Wohlgefallen am Okkultismus, an der Spekulation, dann die Tatsache, daß er ein Jude, und schließlich die, daß er ein leidenschaftlicher Raucher war, nicht drei voneinander völlig unabhängige „Tatsachen" waren – und alle drei mit einer mehr oder weniger akzeptierten: akzeptierten und verworfenen, Herkunft zu tun hatten –, denn es ist nicht zufällig, auch diesmal nicht, daß ihm in dem Traum, der auf den Tod seines Vaters folgt, zumindest so, wie er ihn in der *Traumdeutung** erzählt[54], die Tafel, auf der er geschrieben sieht: „Man bittet, die Augen zuzudrücken" oder „Man bittet, ein Auge zuzudrücken" ihn an die Schrifttafeln erinnert: „Rauchen verboten", die man in den Wartesälen von Bahnhöfen vorfindet. Und ebenfalls nicht zufällig, daß er in dem Augenblick, wo er nicht mehr nach seinem Belieben rauchen kann – und daß er es getan hat, wird ihm einiges gekostet haben –, nach eigener Angabe nicht mehr den Wunsch hat zu schreiben.[55]

Mit dem Ziel also, dem Schicksal dieses armseligen Juden, dieses „Schwachkopfes", über den das Unglück kam, weil er versuchte, höher zu steigen und weiter zu sehen, als ihm gestattet war, zu entgehen, wird sich Freud auf das Schicksal einstellen, das ihm vorherbestimmt ist, „indes, Schicksale muß man ertragen, wie immer sie sein mögen". Folglich wird er sich auch nicht von der Psychoanalyse als „strenger Wissenschaft" abwenden und (mehr oder weniger) auf die magische Spekulation verzichten, die in einem Augenblick Vermögen schafft und vernichtet. Er wird immer zwischen seinem Wunsch, positive Wissenschaft zu betreiben, und dem, zu spekulieren, eingeklemmt bleiben, immer zwischen zwei Feuern, zwischen zwei Feinden.

Doch wird er sich auf sein Schicksal einstellen: Er wird versuchen, Kompromißlösungen zwischen diesen zwei gegensätzlichen Trieben zu finden, aus Furcht, gelähmt auf der Grenze zu verharren und keinen Schritt mehr voranzukommen; so besteht beispielsweise im Fall des Okkultismus der Kompromiß darin, den Feind, den Fremdkörper zu assimilieren, indem er die geheimnisvollen Phänomene, die er als psychoanalytische „Tatsachen" behandelt, umformt und zeigt, daß sie nur im Lichte der Psychoanalyse gedeutet Tatsachen sind, indem er letztendlich die beiden Fälle, die er in dem Text von 1921 vorstellt, auf Phänomene von Gedankenübertragung zurückführt.[56] Indem er paradoxerweise Fälle von Vorhersagen aufgreift, die sich nicht erfüllt haben, zeigt er, daß diese trotz ihres Fehlschlagens eine beeindruckende Wirkung bei den beteiligten Personen hinterlassen haben, die sie als außergewöhnlich angesehen und sich gegenüber den fraglichen Propheten und Sehern wie die Jünger des großen Rabbiners von Krakau verhalten haben: Dieser, der bis nach Lemberg „kücken" konnte, hatte den Rabbiner dieser ausgedehnten Stadt tot „gesehen"; in der Folge stellte sich allerdings heraus, daß dem nicht so war. Doch dem Dementi des Wirklichen zum Trotz gewährten ihm seine Jünger auch weiterhin ihre bedingungslose Bewunderung und rückten, die Schwächen des Rabbiners und seiner Todeswünsche hinter einem Anschein von Logik verbergend, die Weite seines Gesichtskreises in den Vordergrund: „der Kück von Krakau bis nach Lemberg war doch großartig". Der den *Blick (Kück*)* aufwertende Ausspruch des Jüngers hält dem Wirklichen und jeder Logik zum Trotz den Phallus des Vaters intakt. In *Der Witz und seine Beziehung zum Unbewußten,* wo Freud diese jüdische Geschichte erzählt[57] – und wir sollten daran denken, daß er versucht, dieser Geschichte trotz ihres unverkennbaren jiddischen Jargons das spezifisch Jüdische zu nehmen[58], indem er sie auf eine zynische Kritik der Religion reduziert, die einen Angriff auf die Thaumaturgen und zugleich auf die Wunder darstellt. Er verallgemeinert deren Bedeutung, indem er sie mit einem Vers des lateinischen Dichters Properz in Zusammenhang bringt: *In magnis rebus voluisse sat est"* (Es genügt, hat man ein Großes gewollt). Im Text von 1921 spielt er auf diesen, eines derart mächtigen Weitblicks fähigen, „Kück des Rebben“ an, veranlaßt durch die Bewunderung, die eine seiner Patientinnen für einen berühmten Wahrsager, einen *Monsieur le Professeur* – trotz offenkundig begangener Irrtümer – hegt.

Im Anschluß an die Erzählung dieser Geschichte sowie analoger Fälle stellt Freud fest, daß das Wesentliche an den Prophezeiungen nicht die Beziehung auf die Zukunft ist, sondern daß sie stets auf sehr starke alte Wünsche zurückgehen, welche allein die Psychoanalyse aufdecken kann. Sie allein kann die okkultistischen Ausschweifungen in psychische Tatsachen umformen – die Rolle der Arbeit des „Sehers“ ist die einer Aktivität, dazu bestimmt, seine eigenen psychischen Kräfte abzulenken, indem er ihnen eine harmlose Beschäftigung gibt, so daß er, rezeptiv und durchlässig für die Gedanken anderer, die auf ihn Einfluß nehmen, zu einem wirklichen Medium zu werden vermag. Die Psychoanalyse kann nun zeigen, daß es niemals ein indifferentes Wissen ist, das sich so mitteilt, sondern stets ein extrem starker Wunsch, so daß der Inhalt der Vorhersage stets mit einer unterdrückten Wunscherfüllung zusammenfällt.

Für all die anderen vom Okkultismus proklamierten Wunder erklärt Freud, daß er zu ihnen nichts zu sagen habe. Daß, verglichen mit der weiten *Zauberwelt** des Okkulten, allein der Punkt der Gedankenübertragung ins Feld der Analyse hat eintreten können, mag sicher unbedeutsam scheinen. Und doch weicht Freud, kaum, daß er diesen ersten Schritt in Richtung dieser ganz anderen Welt getan hat, wie von zwanghafter Furcht ergriffen zurück und versucht, seinen Schritt voran auszustreichen. Er ermißt in der Tat die schwerwiegenden Konsequenzen dieses Schrittes über den gegenwärtigen Standpunkt der Psychoanalyse hinaus, allein schon, wenn diese nur die Hypothese einer Gedankenübertragung übernähme.[59] Warum eine solche Furcht? Hören Sie die Geschichte von St. Denis und Sie werden Bescheid wissen/fixiert sein *(être fixé)*: „St. Denis soll, nachdem ihm der Kopf abgeschlagen worden, diesen *aufgehoben** und mit ihm im Arm noch ein ganzes Stück gegangen sein.“ Das wird so in *La légende dorée,* der

Legenda aurea des Jacobus von Voragine berichtet. Freud fügt dem hinzu, daß dies der Kustos von St. Denis zu sagen pflegte, und daß es wahr bleibt: *„Dans des cas pareils, ce n'est que le premier pas qui coûte." [„In derlei Fällen ist es nur der erste Schritt, der Mühen kostet."]* Er zitiert diesen Ausspruch auf Französisch und hat ihn sicherlich aus einem Brief von *Madame de Deffand an Horace Walpole vom 6. Juni 1767,* worin diese sich zur Urheberin des Bonmots erklärt, das sie dem Kardinal de Polignac zur Antwort gegeben habe, der „ein Wahrsager, ein großer Geschichtenerzähler und ein Mensch von außerordentlicher Leichtgläubigkeit" war, der nicht nur erzählte, „was alle Welt weiß": daß St. Denis seinen Kopf in seinen Händen trug, sondern auch „daß er nach seiner Folterung auf dem Berg Montmartre seinen Kopf von Montmartre nach Saint-Denis trug, was die Entfernung von zwei großen Meilen macht ...", woraufhin sie ausgerufen hätte: „Ah!", sage ich zu ihm, „Monseigneur, ich möchte doch annehmen, daß in einer solchen Situation *il n'y a que le premier pas qui coûte."* Ein Bonmot, das sie offensichtlich von sich gab, um sich über eine derartige Leichtgläubigkeit zu amüsieren, aber auch, um über das Gefühl des Grauens zu triumphieren, das diese Erzählung vom Ende des Märtyrers hervorruft. „Diese Geschichte dient dazu, Grauen zu erregen", sagt sie –, und, als wäre nichts, geht sie auf den Bruch der Verlobung der Cousine Walpoles ein: den Bewerber dürfte sicherlich gleichfalls ein heiliges Grauen erfaßt haben ...

Freud seinerseits fügt zu dieser Erzählung, und dieses Mal auf Deutsch, hinzu: „Das Weitere findet sich." [*„Après cela va tout seul,"* in der französischen Übersetzung: „Danach geht es ganz von alleine" – A. d. Ü.] Eine Formulierung, die man mit der folgenden in Beziehung setzen kann: „... wenn der Teufel einmal los ist, geht er seinen Weg bis zu Ende", die er in einem *Brief an Ferenczi vom 6. September 1926*[60] gibt, in dem er sich über die Verirrungen Ranks beklagt, der wohl ebenfalls, wie es scheint, den Kopf verloren hat: „Wenn er zur Besinnung kommt, wird es natürlich an der Zeit sein, sich seiner außerordentlichen Verdienste und seiner Unersetzlichkeit zu erinnern und ihm alle Verirrungen zu verzeihen. Ich getraue mich aber nicht, daran zu glauben; erfahrungsgemäß, wenn der Teufel einmal los ist, geht er seinen Weg bis zu Ende."

Man kann den Dämon der Spekulation nicht aufhalten: Er ist da, vom ersten Schritt an, welcher immer bereits ein Schritt zuviel ist, er läßt Sie nicht los und beinhaltet durchaus die Gefahr, daß Sie den Kopf verlieren und alles andere ... Ein abgeschnittener Kopf, Beine, die sich ganz von alleine voranzubewegen scheinen, der Teufel – und schon befinden wir uns voll im Grauen und voll im Unheimlichen. „Abgetrennte Glieder, ein abgehauener Kopf, eine vom Arm gelöste Hand [...], Füße, die für sich allein tanzen [...], haben etwas ungemein Unheimliches an sich, besonders wenn ihnen wie im letzten Beispiel noch eine selbständige Tätigkeit zugestanden wird."[61] Und Freud fügt hinzu, daß dieser besondere Eindruck aus der Beziehung zum Kastrationskomplex herrührt. Und so braucht man sich auch nicht zu verwundern, daß in den *Gesammelten Werken* als Text, der unmittelbar auf den von 1921 erfolgt, sich *Das Medusenhaupt* (1922) einfindet. Wenn Freud also, nachdem er einen Schritt in Richtung Okkultismus versucht hat, wieder zurückweicht, so deshalb, weil er mit diesem ersten Schritt bereits zu weit gegangen ist und der Dämon der Spekulation ihn nicht mehr loslassen würde, hätte er nicht in sich ein gutes Double, einen schützenden Dämon, der gleich dem des Sokrates, ihn kritisieren und zurückhalten würde, sobald er Anstalten macht weiterzugehen, so daß Freud niemals seine Seele völlig an den Teufel verkauft, auch wenn er sich manchmal wie in *Jenseits des Lustprinzips* zu dessen Advokat macht: aus Furcht, dasselbe Schicksal zu erleiden wie St. Denis, denn man wird stets an dem bestraft, woran man Sünde begangen hat.[62] Liest man *La légende dorée*, die Legenda aurea, etwas genauer[63], so erfährt man in der Tat, daß St. Denis, der am Ende des Textes von Freud auf so verblüffende Weise und quasi in Art eines Apotropaion auftaucht, nicht einfach bloß ein Heiliger war, dessen Geschick, wie das vieler Heiliger, zum Anlaß für mancherlei Wundererzählungen genommen wurde. Dieser Märtyrer war, und unter diesem Titel ist er für uns beispielhaft, ein Spekulativer par excellence. Es handelt sich tatsächlich um Denys l'Aréopagite, Dionysios Areopagita. Sein Vorname hat die Bedeutung: *der mit Macht flieht*. Was? Die Welt, indem er sich ihr entsagt, um sich zur Kontemplation der geistigen Dinge zu erheben. Einer seiner Beinamen ist *Theosophos:* der, der in die göttlichen Wissenschaften eingewiesen ist. Die Weisen Griechenlands nennen ihn *„Flügel des Himmels"*, weil er auf dem Flügel geistigen Verstehens in den Himmel geflogen ist. Von Platon bis Nietzsche ist die bis an ihren äußersten Grad – wo sie am weitesten entfernt ist vom Sinnlichen und vom Praktischen und von allem, was irdisch, allzu irdisch ist – vorangetriebene Metapher der spekulativen Erkenntnis die einer geflügelten, auf die himmlischen göttlichen Urheber gerichteten Erkenntnis, die das Auge der Seele kontemplativ zu erblicken sucht. (Nicht zufällig bezeichnet man bestimmte Vögel, die auf dem Flügel einen Spiegel genannten Fleck tragen, als *Spekuliferen.*). So erklärt Nietzsche in *Die Philosophie im tragischen Zeitalter der Griechen,* daß Thales weniger ein Wissenschaftler als vielmehr der erste dieses Namens würdige Philosoph ist, weil er mit einem einzigen Flügelschlag der Intuition die Einheit des Seins dadurch zu erlangen gewußt hat, daß er direkt und mit sicherem und feinem Geschmack auf das Wesentliche zugeht, womit er das ganze Gegenteil des Wissenschaftlers ist, der Schritt für Schritt vorangeht, langsam und vorsichtig, ohne den Ergebnissen vorzugreifen: „... gerade an Thales kann man lernen, wie es die Philosophie, zu allen Zeiten, gemacht hat, wenn sie zu ihrem magisch anziehenden Ziele, über die Hecken der Erfahrung hinweg, hinüberwollte. Sie springt auf leichten Stützen voraus: die Hoffnung und die Ahnung beflügeln ihren Fuß. *Schwerfällig keucht* der rechnende Verstand hinterdrein und sucht bessere Stützen, um auch selbst jenes lockende Ziel zu erreichen, an dem der göttlichere Gefährte schon angelangt ist. Man glaubt, zwei Wanderer an einem wilden, Steine mit sich fortwälzenden Waldbach zu sehen: der Eine springt leichtfüßig hinüber, die Steine benutzend und sich auf ihnen immer weiter schwingend, ob sie auch jäh hinter ihm in die Tiefe sinken. Der Andere steht alle Augenblicke hülflos da, er muß sich erst Fundamente bauen, die seinen schweren, bedächtigen Schritt ertragen, mitunter geht dies nicht, und dann hilft ihm kein Gott über den Bach. Was bringt also das philosophische Denken so schnell an sein Ziel? Unterscheidet es sich von dem rechnenden und abmessenden Denken etwa nur durch das raschere Durchfliegen großer Räume? Nein, denn es hebt seinen Fuß eine fremde, unlogische Macht, die Phantasie. Durch sie gehoben springt es weiter von Möglichkeit zu Möglichkeit, die einstweilen als Sicherheiten genommen werden: hier und da ergreift es selbst Sicherheiten im Fluge. Ein genialisches Vorgefühl zeigt sie ihm, es erräth von ferne, daß an diesem Punkte beweisbare Sicherheiten sind. Besonders aber ist die Kraft der Phantasie mächtig im blitzartigen Erfassen und Beleuchten von Ähnlichkeiten ...“[64]

Freud hat sich den Genuß, Nietzsche zu lesen, versagt, doch immerhin führt auch er am Ende von *Jenseits des Lustprinzips*[65], um sich darüber zu trösten, daß er nach tausenden von Umwegen kaum vorangekommen ist in seinem Versuch, die spekulative Hypothese der Todestriebe zu begründen, genau dieselbe Metapher wieder ein, die des Flügels, indem er einen Dichter zitiert, Rückert, und seine *Makamen des Hariri,* der selbst die Heilige Schrift zitiert: „Was man nicht erfliegen kann, muß man erhinken. ... Die Schrift sagt, es ist keine Sünde zu hinken.“[66]

Hinken, das ist der *Ersatz**, mit dem sich diejenigen abfinden, die nicht fliegen können oder nicht wollen, aus Furcht, daß dies sie zu weit oder zu hoch hinausführt, zu einem zu großen Genuß und zu der Strafe, die diesem auf dem Fuße folgt. Freud erinnert in der *Traumdeutung**[67] daran, daß der Traum vom Fliegen ein typischer Traum ist, aber daß er selbst keinerlei persönliche Erfahrung damit habe; er hat es sich nicht einmal im Traum erlaubt, mit einem wirklichen Gefühl von Lust durch die Lüfte zu fliegen. Und er fügt hinzu, daß man allgemein diese Träume mit der Aufhebung der Schwerkraft als Erektionsträume deutet; er stützt seine Deutung dadurch ab, daß er an den geflügelten Phallus aus antiken Zeiten erinnert. Denys scheint seines Erachtens weder die Furcht gehabt zu haben, seinen Phallus, noch die, seinen Kopf zu verlieren (kann man sie noch unterscheiden?), der bei ihm besonders spekulativ entwickelt war.

Im *Littré* findet sich unter „spéculatif" nur ein einziges Beispiel angeführt: „das ist ein spekulativer Kopf". Ein kalter Kopf, der sich nur mit dem Verstandesmäßigen beschäftigt, ohne sich auf die Tatsachen oder auf das Praktische zu beziehen; der Spekulative investiert also alles in seinen Kopf. Kein Wunder, daß man ihm am Ende selbigen abschneidet, diesen Kopf, den er selbst immer schon in die Irre irgendeiner himmlischen Kontemplation getrieben hatte. Denn wie Thales war Denys ein *Spekulierer,* ein Ausdruck, dessen erste Bedeutung „derjenige, der die Sterne beobachtet" ist (die zweite ist die eines Wachestehenden, die dritte: derjenige, der sich theoretischen Spekulationen überläßt). Indem er sich der Erforschung der himmlischen Dinge überließ, wurde er in die Erkenntnis Gottes eingewiesen. *La légende dorée* berichtet, daß er ein hervorragender Philosoph war, mit dem Beinamen „der Ionier", und daß er für die vollständige Kenntnis der göttlichen Namen berühmt war.

Als an dem Tag der Passion Christi eine Sonnenfinsternis allen Teilen der Erde das Licht nahm, rief er aus: „Diese Nacht, die wir wie eine neue Verkündung bewundern, zeigt uns das Kommen des wahren Lichts, welches die ganze Welt erleuchten wird."

Man sagt ihm die Wundertat nach, einem Blinden das Augenlicht wiedergegeben und die Gabe der Prophetie besessen zu haben: *il n'y a – wahrlich – que le premier pas qui coûte*[68]: Vom Sternengucker schlägt er die Brüche zur philosophischen Spekulation; von dort aus beginnt er, an den Himmel zu glauben, wird zum Wundertäter und ist selbst der Gegenstand mehrerer Wundererzählungen.

Domitian, der seine Grausamkeit an den Christen ausließ, ergreift ihn, wirft ihn den Tieren zum Fraß vor, läßt ihn auf einem Grill verbrennen und wirft ihn in einen Ofen. Er widersteht allem, so als würde er, seine ganze Aufmerksamkeit dem göttlichen Licht zugewandt („Christus erscheine ihm", so sagt er, „in einem ungeheuren Licht"), nichts anderes spüren und sehen, so als wäre er von diesem Licht völlig geblendet. Danach werden er und seine Genossen neuen Martern ausgesetzt. Mit Beilhieben schlägt man – vor dem Götzenbild des Merkur – den drei sich zur Dreieinigkeit

Bekennenden den Kopf ab. Das weitere ist Ihnen ja bekannt, außer daß es, wie Jacobus von Voragine ausführt, unter der Führung eines Engels, und nachdem ein himmlisches Licht erschienen ist, dazu kommt, daß er sich erhebt, seinen Kopf in seinen Armen trägt und seinen Weg fortsetzt: Es geht doch nicht ganz von alleine ... Ohne die Hilfe einer göttlichen oder dämonischen Macht ginge es ganz und gar nicht ... Die Erzählung könnte es dabei belassen, doch der Autor, den der Dämon nicht mehr losläßt, glaubt, noch eine Anekdote hinzufügen zu müssen. Er berichtet, daß im Jahre 644 (der Tod des St. Denis erfolgte im Jahre 96 unter Kaiser Domitian) König Dagobert, der von Kindesbeinen an eine große Verehrung für den Heiligen hegte, sich jedesmal in dessen Kirche flüchtete, wenn er den Zorn Chlothars, seines Vaters, zu fürchten hatte. Nachdem er gestorben war, hatten ihn böse Engel in die Hölle mitnehmen wollen, doch St. Denis griff zu seinen Gunsten ein.

Ein, um das Wenigste zu sagen, so merkwürdiger Effekt wie dieses plötzliche Erscheinen des Vaters des Königs Dagobert, drohend, wer würde das noch bestreiten, nach dieser Geschichte, seinem Sohn mit der Kastration, und der bei dem enthaupteten Heiligen Schutz findet. Dem Enthaupteten, und dem, der von alleine weitergeht, geleitet vom göttlichen Licht, von ihm geblendet. Kastriert, von ihm.

IV
Den Kopf verlieren

Das Medusenhaupt, geschrieben ein Jahr später als der Text, in dem Freud die Geschichte des St. Denis berichtet, beginnt so: „Die Deutung einzelner mythologischer Gebilde ist von uns nicht oft versucht worden. Sie liegt für das abgeschnittene, Grauen erweckende Haupt der Meduse nahe.

Kopfabschneiden = Kastrieren. Der Schreck der Medusa ist also Kastrationsschreck, der an einen Anblick geknüpft ist. Aus zahlreichen Analysen kennen wir diesen Anlaß, er ergibt sich, wenn der Knabe, der bisher nicht an die Drohung glauben wollte, ein weibliches Genitale erblickt. Wahrscheinlich ein erwachsenes, von Haaren umsäumtes, im Grunde das der Mutter." Diese Deutung liegt in der Tat nahe, sie geht, ohne viel Gerede, ganz von alleine ...

Freud wußte das so gut, daß er diesen Text ebensowenig veröffentlichte wie den, in dem es um Denis geht[69]: Er sah sie als „zu" spekulativ an. Und daß sie überhaupt geschrieben wurden, hat seinen Grund sicherlich darin, daß er sich zerstreuen wollte; der Denkzwang ist so groß, daß es sich von Zeit und Zeit empfiehlt, und zwar, um ihn eben besser aushalten zu können, sich gehenzulassen, sich der Spekulation hinzugeben, das Spiel der Spekulation zu „spielen". Wie das Spiel mit der Holzspule. Denn auch, wenn er im Zaum gehalten, gebremst und verdrängt ist, besteht der spekulative Trieb nicht minder weiter und sucht nur eine Gelegenheit, von neuem zurückzukehren.[70] Wie nach Platons *Phaidros* der Schrift – und das vornehmlich während des Alters –, ist es gut, sich dem hinzugeben, um sich zu zerstreuen. Der Text über *Das Medusenhaupt* endet tatsächlich mit dem Eingeständnis einer mangelnden Ernsthaftigkeit: „Um nun diese Deutung *ernstlich* zu vertreten, müßte man der Genese dieses isolierten Symbols des Grauens in der Mythologie der Griechen und seinen Parallelen in anderen Mythologien nachgehen."[71] Eine Anmerkung aus *Die infantile Genitalorganisation* hebt hervor, daß Ferenczi sich als erster zu einer derartigen Deutung entschlossen hat, und daß der Beitrag Freuds sich darauf beschränkte, hinzuzufügen, daß das Medusenhaupt das Genitalorgan der Mutter sei.

Einmal mehr sind es die anderen, die spekulieren, dieses Mal Ferenczi, während er, Freud, zu spekulieren spielt, aber nicht das Wagnis eingeht, als Ergebnisse psychoanalytischer Wissenschaft zu veröffentlichen, freizugeben, was mehr oder weniger der persönlichen Phantasie entspringt. Genau aus diesem Grunde veröffentlicht er auch nicht den Text von 1921, aus der Befürchtung heraus, er könne mit den Okkultisten verwechselt werden, deren Gefährlichkeit er anklagt, obgleich er sich, ihn schluckend, den Fremdkörper aneignet, den die „Phänomene" darstellen, mit denen sie sich beschäftigen, um ihn zur Sache der Psychoanalyse, zu seiner Sache zu machen. Erst im Jahre 1933, als ihm die Gefahren für sein Kind weniger furchterregend erscheinen, als er ein größeres Vertrauen in seine Stärke setzt, gestattet Freud es sich, mit *Traum und Okkultismus* einen Text zu veröffentlichen, in dem er sich nicht scheut, seine „geheime Neigung zum Wunderbaren" kundzutun, die für ihn Veranlassung ist, die Hervorbringungen okkulter Phänomene mit Wohlwollen aufzunehmen und an seinem eigenen Skeptizismus zu zweifeln: „Als sie [diese okkulten Phänomene] vor länger als zehn Jahren zuerst in meinen Gesichtskreis traten, verspürte auch ich die Angst vor einer Bedrohung unserer wissenschaftlichen Weltanschauung, die im Falle, als sich Stücke des Okkultismus bewahrheiten, dem Spiritismus oder der Mystik den Platz räumen müßte. Ich denke heute anders; ich meine, es zeugt von keiner großen Zuversicht zur Wissenschaft, wenn man ihr nicht zutraut, daß sie auch aufnehmen und verarbeiten kann, was sich etwa an den okkulten Behauptungen als wahr herausstellt."[72] Indem er diesen Text veröffentlicht, bezahlt er auch seine Schuld denen gegenüber, die ihn zu hören in den Harz gekommen waren (Abraham, Eitington, Ferenczi, Rank, Sachs und Jones) und die er damals durch eine schöne Fehlhandlung um einen versprochenen „dritten Fall" von Okkultismus betrogen hatte.

Doch im Jahre 1921 ist sein „Hut" noch zu zerbrechlich, als daß er das Risiko auf sich nehmen könnte, zu sehen, wie er zerbricht, wenn er den Okkultisten Beistand leistet und wenn er sich öffentlich der Lust an der Spekulation hingibt. Zu dieser Zeit bleibt es ein beinahe einsames Vergnügen. Er veröffentlicht seinen Text nicht und gibt ihm nicht einmal einen Titel (das ist auch der Grund, warum ich bis hier stets von dem Text aus dem Jahre 1921 gesprochen habe). Erst die Ausgabe der *Gesammelten Werke* hat sich bei der Veröffentlichung im Jahre 1941 verpflichtet gesehen (jedenfalls hat sie sich das Recht dazu angemaßt), ihm einen Titel zu geben: *Psychoanalyse und Telepathie*. Dieser Text, der mit der abschreckenden Vision der Enthauptung des St. Denis endet, ist also selbst ein enthaupteter Text, *„unheaded"*, wie es in der *Standard Edition* heißt. *Sans tête*. Kopflos, ohne Kopf. *Ni queue,* *non plus*. Und auch ohne Ende/ohne Schwanz.[73] Denn es fehlt am Ende der versprochene dritte Fall. Stattdessen und an seiner Stelle, als supplementäre Hypothese, findet sich eine Geschichte aus dem Register der Graphologie. *Psychoanalyse und Telepathie:* ein Text also ohne Kopf und ohne Ende/ohne Schwanz, das genaue Gegenteil von einer guten Rede gemäß Platon. Besonders *unheimlich** also.

Ohne Kopf und ohne Ende, und von Freud nicht veröffentlicht gerade der Befürchtung wegen, daß auch er den Kopf und/oder den Schwanz[74] verliert, eine symbolische Äquivalenz, die Freud, wie es scheint, in anderen Texten begründet, die er für „ernstlicher" hält als *Das Medusenhaupt*. Zum Beispiel in *Das Tabu der Virginität,* wo die Enthauptung des Holofernes durch Judith als Kastration gedeutet wird[75], und vor allem in der *Traumdeutung**. In diesem Text, in dem Freud sich dieses Mal, wie er vorgibt, allein auf die klinische Beobachtung, auf die Träume seiner Kranken oder seine eigenen, gründet, gibt er zwei Beispiele für Kastrationsträume: Der eine ist der eines kleinen Kindes von drei Jahren und fünf Monten, dem die Rückkehr seines Vaters sichtlich zuwider ist und das eines Tages gequält und erregt mit der Frage aufwacht: „Warum hat Papi seinen Kopf auf einem Teller getragen?" Der andere ist der eines Studenten, der zum Friseur geht, um sich die Haare schneiden zu lassen. Eine Frau mit ernstem Gesicht tritt hinzu – es ist seine Mutter – und schlägt ihm den Kopf ab.[76]

Des weiteren gibt die Symbolik der Träume den Kopf, das männliche Genitalorgan und den Hut als Äquivalente an. Ein Text aus dem Jahre 1916: *Eine Beziehung zwischen einem Symbol und einem Symptom,* bestärkt diese Äquivalenz, abgestützt auf bestimmte Fälle zwangsneurotischer Natur. Diese *äußern** in bezug auf die Strafe des *Köpfens** ein Maß an Abscheu und Entrüstung wie für keine andere Todesart, was nur dadurch zu erklären sein dürfte, daß sie das *Geköpftwerden** als Ersatz für das Kastriertwerden behandeln. Die symbolische Bedeutung des Hutes ließe sich in dem Maße von der des Kopfes herleiten, wie der Hut als ein verlängerter, jedoch eigenständiger, abnehmbarer Kopf anzusehen ist: „Sie [die Zwangsneurotiker] lauern auf der Straße unausgesetzt darauf, ob sie ein Bekannter zuerst durch Hutabnehmen gegrüßt hat, oder ob er auf ihren Gruß zu warten scheint, und verzichten auf eine Anzahl von Beziehungen, indem sie die Entdeckung machen, daß der Betreffende sie nicht mehr grüßt oder ihren Gruß nicht ordentlich erwidert. Sie finden solcher Grußschwierigkeiten, die sie nach Stimmung und Belieben aufgreifen, kein Ende. Es ändert an diesem Verhalten auch nichts, wenn man ihnen vorhält, was sie ohnedies alle wissen, daß der Gruß durch Hutabnehmen eine Erniedrigung vor dem Begrüßten bedeutet [...], und daß ihre Grußempfindlichkeit also den Sinn hat, sich nicht geringer darzustellen, als der andere sich dünkt. Die [Quelle der] Resistenz ihrer Empfindlichkeit gegen solche Aufklärung [...] könnte leicht in der Beziehung zum Kastrationskomplex gefunden werden."[77]

Angesichts dieser Äquivalenzen ist es merkwürdig, daß der Traum, in dem Freud seine Schöpfung, die Psychoanalyse, mit einem hohen, aus Glas geformten Hut (einem „Glaszylinder") identifiziert, den er während einer Eisenbahnfahrt auf dem Schoß hält, von ihm nicht als ein Kastrationstraum gedeutet worden ist. Doch liest man ihn auf diese Weise, so ist nicht zu übersehen, daß die Lust am Erfinden der Psychoanalyse, die ihn zu einem großen Mann aufrichtet/erigiert, die Kastrationsangst zum Korrelat hat, so, als könne er es sich nicht völlig erlauben, dieser Held zu sein, der schon sein Vater Jakob nicht gewesen ist an dem Tag, an dem ihm, auch ihm, eine Hutgeschichte widerfuhr: Ein Christ habe ihm die Pelzmütze vom Kopf geschlagen und in den Dreck geworfen und ihn angeschrien, vom Trottoir herunterzugehen, und er habe ihm gehorcht und sei auf den Fahrweg gegangen, um die Mütze aufzuheben; er erniedrigte, er demütigte, er kastrierte sich also vor dem Christen und in Gegenwart seines Sohnes Sigmund, der, sich mit Hannibal identifizierend, schwor, sich zu rächen und seinen Vater zu rächen.[78]

Um zu vermeiden, seinerseits kastriert zu werden, kastriert Freud sich selbst in seinem Traum und findet Mittel und Wege, um aus der analytischen Spekulation eine originelle Spekulation zu machen, die niemals eine bestimmte Schwelle, bestimmte grundsätzliche Grenzen durchbricht, um daraus eine Spekulation zu machen, die keine „reine" Spekulation ist, welche ihm in der Hingabe an die Allmacht des Denkens eine reine, zwanglose Lust am Denken verschaffen würde; außer um – von Zeit zu Zeit – zu „lachen" und zu spielen, wie in *Jenseits des Lustprinzips* (1920) oder wie später noch im Alter. So läßt sich Freud beispielsweise am Ende von *Konstruktionen in der Analyse* (1937) durch eine Reihe von Analogien[79], die ihm den Bau von Brücken zwischen offenkundig verschiedenartigen Objekten gestattet, regelrecht verführen. Diese Analogien, die für das Denken und die Phantasie ein Mittel der Erfindung und der Öffnung sind, sind dadurch nicht weniger gefährlich, daß sie über die Grenzen der Erfahrung hinausführen. Am Ende des in diesem Text beschrittenen Weges läßt sich Freud, auf diesem gefährlichen und faszinierenden Weg, gehen, und ohne Mühe und Schwierigkeiten von Analogie zu Analogie voranschreitend, überläßt er sich einer weitgespannten spekulativen Konstruktion; Analogie zunächst zwischen den wahnhaften Konstruktionen der Kranken und denen, die im Verlauf der Analyse aufgebaut wurden; Analogie zwischen Neurose und Psychose, die selbst wiederum zur Halluzination in Analogie gesetzt wird, die ihrerseits eine Analogie zu einer *überdeutlichen** Erinnerung ist. Von Analogie zu Analogie erlaubt es sich Freud am Ende, die Ätiologie jeglicher Erkrankung in einer einfachen und verblüffenden Formel zusammenzufassen, die an anderer Stelle noch allein auf die Hysterie passen sollte: „der Kranke leide an seinen Reminiszenzen"[80]. Danach, in der weiteren Verfolgung seines weitgespannten analogischen Weges, nähert er die individuellen Psychosen den kollektiven Psychosen der Menschheit an, die ebenfalls wahrhafte Wahnbildungen, jeglicher Kritik unzugänglich und der Realität widersprechend, aufgebaut haben. Der ganze großartige spekulative, von Freud abgeschrittene Weg ist von der Absicht getragen, die Wahrheit der analytischen Konstruktion zu gewährleisten, die von der dabei entwickelten Überzeugungskraft bestätigt werden soll. In *Konstruktionen in der Analyse* hat sich also der alte Sigmund, die Lektion Brentanos vergessend, auf dem schlüpfrigen Abhang der Analogie gehen lassen, hat sich seinem Bedürfnis ergeben, Sicherheit gebende Brücken zu errichten und zu vereinen, er, der stets dieses Bedürfnis bei seinen Rivalen angeklagt und seinen Dualismus – als Zeichen des wissenschaftlichen Ernstes seiner Forschung und seiner mentalen Gesundheit – herausgestellt hat. Alles läuft so ab, als ob Freud am Ende seines Lebens im Angesichte der Zerstückelung, die ihn bedroht, im Angesichte der Arbeit der Todestriebe, das Bedürfnis verspürte, eine Sicherheit gebende „Konstruktion" zu errichten, in der alles vereint wäre, in der alles perfekt zusammenhielte; als ob er in dem Augenblick, wo alles in ihm zusammenbricht, das Bedürfnis verspürte, zu fühlen, daß die Psychoanalyse nicht mehr ein Hut aus zerbrechlichem Glas sei, und daß die analytische Heimstätte, sie zumindest, stets aufrecht stehen wird, auf einem gemeinsamen Boden.[81]

Eine verzeihliche Altersschwäche – die um so besser die Disziplin verdeutlicht, zu der Freud sich hat zwingen müssen, um sich nicht ständig die Lust am Delirium zu erfüllen. Die einzigartige Funktion der Psychoanalyse und ihr Schicksal als Grenzdisziplin können also nicht von Sigmunds eigenem Schicksal getrennt werden, außer einem allzu spekulativ veranlagten Onkel einen jüdischen Vater gehabt zu haben, der nicht das Zeug hatte zu einem Helden. Der Traum, den Freud in der Nacht vor der Beerdigung seines Vaters träumte: „Man bittet, die Augen zuzudrücken", bestärkt diesen „Gesichtspunkt" noch. Besonders interessant ist die Art und Weise, wie er ihn in einen Brief an Fließ vom 2. November 1896 einschaltet. Er teilt ihm den Tod seines Vaters mit und schließt an, daß dieser ihn zutiefst erschüttert habe und er sich ganz „entwurzelt" fühle. Dann eine neue Zeile, als wolle er zu etwas ganz anderem übergehen: „Sonst schreibe ich *Kinderlähmung* (Pegasus im Joche) ..."[82]. Am Ende berichtet er ihm seinen Traum und stößt dabei auf einen universalen Entstehungsgrund: das Schuldgefühl, das sich regelmäßig bei den Überlebenden einstellt.

Während er gerade dabei ist, über Kinderlähmung zu schreiben, was merkwürdig genug wäre, wenn die Umstände es nicht erklären würden, erfährt er sich selbst als gelähmt – es geht wahrlich nicht mehr ganz von alleine voran. Der Tod des Vaters hat ihm anscheinend die Arme und Beine abgeschlagen, und er wird von diesem Tag an, so scheint es, auch weiterhin Angst um seine Beine haben, die Angst haben, sie sich zu brechen, wenn er auf einem allzu schlüpfrigen Boden, auf dem es sich ja doch so leicht gehen läßt, vorangeht. In dem berühmten sogenannten Traum von *Brücke*[83], in dem er aufs Geratewohl losmarschiert, in ein Unbekanntes hinaus, in das noch niemand seinen Fuß gesetzt hat, fühlt er schließlich eine solche Müdigkeit in seinen Beinen, daß er fürchtet, daß sie ihn nicht mehr bis an sein Ziel tragen werden, und daß er also niemals die begehrte Unsterblichkeit erringen wird, die er seinen Kindern läßt. Freuds Befürchtungen um seine Beine sind so groß, daß man sich fragen kann, ob er es nicht, wie in der im *Witz*-Buch erzählten jüdischen Geschichte[84], vorgezogen hätte, immer schon behindert gewesen, niemals auch nur einen Schritt vorangekommen zu sein, denn dies wäre wenigstens eine „fertige Sache“: Er hätte nicht mehr zu fürchten brauchen, gelähmt zu werden, ein Gefühl, das, wenn man der *Traumdeutung** Glauben schenkt, ganz nahe dran ist an der Angst, wenn es in einem Traum geschieht, wo man gehen will und doch nicht den Platz verlassen kann – womit man einen Konfliktzustand, einen Widerspruch im Innern des Ichs verrät.

Aus diesem Konfliktzustand, in dem er sich nach dem Tode des Vaters befindet, kommt er durch einen Kompromiß heraus: Er wird nicht zu einem Paralytiker (wie in dem *Traum über Goethe*[85]), sondern er schneidet sich die Flügel ab und bewegt sich von nun an hinkend voran. Er wird nie mehr ein Pegasus sein (dieses aus dem Blut der Meduse, nachdem Perseus ihr den Kopf abgeschlagen hatte, entstandene, geflügelte Pferd ...); der Tod des Vaters schneidet ihm jede Schwungkraft, jedes Dichten und Trachten nach ätherischen Höhen ab: Er holt ihn auf die Erde zurück, verwandelt ihn in ein Arbeitstier, das sich vor den Pflug spannen läßt; er zwingt ihn, auf die beflügelte und leichtfüßige Spekulation zu verzichten, um sich einer harten psychoanalytischen Arbeit zu widmen, in der er sich blindlings in den tiefsten Tiefen des Psychischen voranbewegt wie ein Maulwurf.

V
Er muß „ein bißchen kosten“

Um zu vermeiden, den Kopf zu verlieren und auch den Rest, zwingt ihn der Tod des Vaters, stets bezahlen zu müssen. Ein armseliger Jude, der die Stirn hat, ein großer Mann sein zu wollen, in jedem Fall höher hinaus zu wollen als sein Vater, darf, nachdem er den ersten Schritt getan hat, nicht hoffen, sich davonmachen zu können: Alle seine Schritte werden ihn zwangsläufig (Mühen) kosten.

Und er hätte es sich doch so sehr gewünscht, nicht immer bezahlen zu müssen!

Der Traum, der Freud, in *Über den Traum** als Leitfaden dient, ist in dieser Hinsicht eine Offenbarung. Diesem Traum liegt eigentlich der Gedanken zugrunde: „Ich möchte auch einmal etwas umsonst haben“ (eine Gabe, die nichts kostet – die spekulative Gabe, Begabung, die seine Rivalen oder die Dichter besitzen?). Dieser Gedanke wird im Traum durch „Ich möchte gerne etwas genießen ohne „Kosten“ zu haben“ ersetzt. Die Traumarbeit spielt mit dem Doppelsinn des Wortes *Kosten,* kosten im Sinne von zu bezahlen haben *(coûter)* und kosten im Sinne von schmecken, genießen *(goûter)* – indem es bei einer *table d'hôte,* zu der auch Freud geladen ist, Spinat zu essen gibt, eine Speise, die er in seiner Kindheit so wenig goutierte und dennoch „ein bißchen kosten“ mußte, da seine Mutter meinte, daß andere Kinder sehr zufrieden wären, wenn sie Spinat essen könnten, und ihn eben dadurch überredete, von diesem zu *kosten**. *Coûte que coûte* – koste es, was es wolle, hatte er schon „ein bißchen kosten“ müssen! „Sei froh, daß du Spinat hast“, sagte sie, „Es gibt Kinder, die mit Spinat sehr zufrieden wären.“ Mit anderen Worten: Ich könnte dich sehr wohl, wenn du den Spinat nicht ißt, durch ein anderes Kind ersetzen. Denn mach' dir mal keine Illusionen: Du bist ersetzbar, „du wirst nicht um deiner schönen Augen willen geliebt“, wie du es gern hättest. Die Analyse des Traums enthüllt den Groll, den Freud um der ihm versagten vorbehaltlosen Liebe willen gehegt haben mag, seinen Wunsch nach einer uneigennützigen Liebe, die ihm nichts kosten würde, die Idee, die sich hinter der vom Spinat gelieferten Anspielung und einer Phase des Traums verbirgt, in der ihm jemand sagt, daß er immer so schöne Augen gehabt habe: „Ihnen haben die Leute immer alles zu Liebe getan; Sie haben alles umsonst gehabt."[86] Und Freud kommentiert: „Das Gegenteil ist natürlich wahr: Ich habe alles, was mir andere etwa Gutes erwiesen, teuer bezahlt." In Unterschied zum normalen Geschehen hatte ihm am Tag, bevor er diesen Traum hatte, ausnahmsweise einer seiner Freunde angeboten, ihn umsonst im Wagen mitzunehmen. Gewöhnlich hatte er kaum ein Taxi betreten und darin Platz genommen, so waren seine Augen bereits auf den Taxameter fixiert, stand er, wie daran zu ersehen, bereits in einer Schuld. Wie an einer Table d'hôte, wo er den Geiz und den Egoismus in sich aufzusteigen verspürt, da er an die Schuld denkt, die sich schnell ausweitet und vergrößert, und wo er befürchtet, nichts für sein Geld zu bekommen. Kaum hat er in der Welt Platz genommen, fühlt er sich stets bereits in der Schuld gegenüber seinen Eltern, die ihn an seinen Platz zurücksetzen und ihm drohen, daß er auch noch seinen Platz verliert, wenn er vergißt, seine Schulden zu bezahlen, wenn er glaubt, daß er leben kann, ohne sich die geringste Mühe zu geben, und daß man ihn in seiner Familie einfach seiner schönen Augen wegen aufgenommen habe.

Mit diesem Traum verknüpft er die Verse von Goethe, die er auch in *Das Unbehagen in der Kultur* aufgreift:

„Ihr führt ins Leben uns hinein,
Ihr laßt den Armen schuldig werden."

Genau im Kontext dieses Traumes erzählt er dann den Traum über den Hut aus Glas, den er auf den Knien hält, und den er als die Entdeckung der Psychoanalyse deutet, die ihn reich und unabhängig machen könnte, die ihm erlauben würde, „durchs ganze Land" zu kommen[87], vielleicht sogar endlich seine Schulden gegenüber seinen Eltern zu regeln. Die Reihe der Assoziationen des Traums, in der die kostenlose Fahrt im Wagen vom Vortag ihn an andere kostspieligere in Begleitung einer Person seiner Familie erinnert, für die er kurze Zeit vor dem Traum eine hohe Geldsumme ausgegeben hatte, zwingt Freud zu dem Eingeständnis, daß er diese Ausgabe bedauert. Demnach hatte er eine Liebe haben wollen, die keine Ausgaben nach sich zieht. Eine uneigennützige Liebe: daß man ihn allein um seiner schönen Augen willen liebt. Was nunmal nicht sein Los, sondern das Goethes, dieses vom Schicksal verwöhnten Glückskindes, gewesen zu sein scheint: Das Geschick hatte ihn am Leben erhalten, obwohl er für tot gehalten zur Welt gekommen war, während es seinen Bruder beseitigt hatte, was ihm die ungeteilte Liebe seiner Mutter einbrachte.

In *Eine Kindheitserinnerung aus „Dichtung und Wahrheit"* schließt Freud daraus: „Wenn man der unbestrittene Liebling der Mutter gewesen ist, so behält man fürs Leben jenes Eroberergefühl, jene Zuversicht des Erfolges, welche nicht selten wirklich den Erfolg nach sich zieht."[88]

Bekanntlich hatte sich bei ihm unter dem Einfluß Goethes in seiner Jugend gegen Ende seiner Gymnasialzeit ein Wissensdurst entwickelt, bei dem er indes fürchtete, sich von abstrakten Spekulationen dominieren zu lassen, zu denen er sich sehr hingezogen fühlte[89], und so nahm er all seinen Mut zusammen, um sich davon abzuwenden und sich in Medizin einzuschreiben. Genauer, er konvertiert im Anschluß an einen öffentlichen Vortrag „von Goethes schönem Aufsatz „Die Natur"" durch Dr. Carl Brüll, den er gegen Ende seiner Gymnasialzeit hörte, zu den Naturwissenschaften.[90] Goethe legt darin ein Bild der Natur als einer großzügigen Mutter vor, die ihren „Lieblingen" das Privileg gewährt, nach ihren Geheimnissen zu suchen.[91] Sehr schnell ist es dann gekommen, daß Freud seine Neugier eher den Geheimnissen der menschlichen Natur zugewandt hat – ein Kompromiß zwischen seiner Vorliebe *(goût)* für die philosophische Spekulation und dem Zwang einer harten wissenschaftlichen Disziplin, den er sich auferlegt. Als ob er glaubte, auf der Ebene des Psychischen besser mit Goethe rivalisieren zu können (im *Traum über Goethe* behandelt Goethe ihn und seinen Freund (Fließ) als Verrückte; die Traumgedanken indes besagen: „Natürlich, er ist der Narr, der Verrückte, und Ihr seid die genialen Leute, die es besser verstehen. Vielleicht aber doch umgekehrt?" Als ob er fürchtete, daß die Mutter, die Natur ihn nicht genug lieben würde, um ihm ihre

Geheimnisse zu entdecken, ohne daß es ihm etwas kostete. Denn das, was seine Mutter ihm eben in dem Traum von den *drei Parzen* offen, *ad oculos,* darlegt, indem sie ihm wie beim Knödelmachen die Handballen aneinanderreibt, ist seine unabänderliche Sterblichkeit. Eine Lektion, die Freud in *Das Motiv der Kästchenwahl* als Notwendigkeit übersetzt, die für jeden Menschen besteht, seine Schuld der Natur zu erstatten, indem er ihr das Leben wiedergibt, das sie ihm gewährt hat.

Die Mutter hätte nicht einwilligen können, ihre Geheimnisse preiszugeben, ohne daß dies eine Todesdrohung für sie und für den Sohn zum Ergebnis gehabt hätte, für den Sohn als dem, der die Inzestscheu überwunden hätte. Weil das Erkennen der Geheimnisse der Natur/der Mutter im Aufdecken derselben das Begehen des Inzests impliziert hätte, wird Freud auf die Naturwissenschaften – und auf die Mutter – verzichtet und, so wie es ihm sein Vater befohlen hatte, es vorgezogen haben, „die Augen zu schließen“[92]. Und wenn er dann spät in seinem Werk das Rätsel der Frau zu lösen versucht – seine Hingabe an die reine Spekulation findet erst in dem Moment ein Ende, und zwar auf polemischere und dogmatischere Weise als je zuvor, wo er Spekulation und Beobachtung gegenüberstellt[93], wiewohl er andererseits in Übereinstimmung mit dem härtesten Positivismus stets anerkennt, daß es ohne eine minimale Spekulation gar keine Beobachtung geben könnte.[94] Das ist auch der Grund, warum, als er das Geheimnis des Rätsels der Weiblichkeit preisgeben will, der von ihm als Lösung vorgelegte berühmte „Penisneid“ nur dazu dient, das Geschlecht der Frau mit einem dichten Schleier wieder zuzudecken[95]; wie die Kinder, die „falsche“ Sexual„theorien“ erfinden, die eine frühere Erkenntnis, die besser der Wahrheit entsprach, damit wieder zudecken, hat Freud es scheinbar dem Denken als seine einzige Aufgabe zuerkannt, einer fürchterlichen Gefahr für das männliche Geschlecht zuvorzukommen, und, von einer fixen Idee gelenkt, hat er ihn als eine für die Männer erfreuliche Lösung durchgesetzt.

Freud hielt sich bekanntlich für den Gynäkologen des Psychischen: Er wollte der Retter der Frauen sein, unter der Bedingung, daß diese, im Unterschied zu den Türkinnen, ihn nicht nur am durch ein Loch im Trennvorhang herausgestreckten Arm den Puls zu fühlen gestatteten, sondern ihn durch sein *Spekulum* ins tiefste Innere sehen lassen.[96]

Doch wird dieses *Spekulum* nicht zu sehr vernebelt sein durch eine bestimmte Anzahl von phantasmatischen Abirrungen – männlichen, allzu männlichen, als daß der Gynäkologe sich wirklich unparteiischen Beobachtungen überlassen haben könnte? Wird dieses *Spekulum,* allen Verneinungen zum Trotz, es Freud ermöglicht haben, sich anderem als reinen Spekulationen hinzugeben? Reicht es denn aus, daß die Frauen ihnen Glauben schenken, damit sie gewahrt werden können?

Auf sie zu rechnen, könnte sie (die Frauen) vielleicht mehr kosten als der erste Schritt.

(Übersetzt aus dem Französischen
von Hans-Dieter Gondek)

Anmerkungen

1 Das Sternchen besagt, daß die vorstehend hervorgehobenen Worte im Original auf Deutsch angeführt werden. (A. d. Ü.)

2 Er erzählt einen dieser Träume in *Traum und Telepathie* (1922), um damit einen „telepathischen" Traum zu illustrieren, der später von der Wirklichkeit dementiert wird: „Ich habe z.B. einmal während des Krieges geträumt, daß einer meiner an der Front befindlichen Söhne gefallen sei. Der Traum sagte dies nicht direkt, aber doch unverkennbar, er drückte es mit den Mitteln der bekannten [...] Todessymbolik aus. [...] Mein Sohn aber, den jener Traum totsagte, ist heil aus den Gefahren des Krieges zurückgekehrt." (in: *G. W.* XIII, S. 166)

3 Vgl. zu diesem Sujet L'*enfance de l'art*, Paris: Payot 1970, Galilée 1986, und *Pourquoi rit-on?,* Paris: Galilée 1987; deutsch: *Die lachenden Dritten. Freud und der Witz.* München/Wien 1990 (Verlag Internationale Psychoanalyse).

4 Vgl. *Zur Geschichte der psychoanalytischen Bewegung* (in: *G. W.* X, S. 44): „Wenn ich im Nachstehenden Beiträge zur Geschichte der psychoanalytischen Bewegung bringe, so wird sich über deren subjektiven

Charakter und über die Rolle, die meiner Person darin zufällt, niemand verwundern dürfen. Denn die Psychoanalyse ist meine Schöpfung ..."

5 S. Freud, Über den Traum, in: *G. W.* II/III, S. 665. Freuds Assoziationen nehmen folgenden Gang: „Die Situation läßt mir sofort das Sprichwort einfallen: Mit dem Hute in der Hand kommt man durchs ganze Land. Der Glaszylinder erinnert auf kurzen Umwegen an das Auersche Licht, und ich weiß bald, daß ich eine Erfindung machen möchte, die mich so reich und unabhängig werden läßt wie meinen Landsmann, den Dr. Auer von Welsbach, die seinige, und daß ich dann Reisen machen will, anstatt in Wien zu bleiben. Im Traume reise ich mit meiner Erfindung – dem allerdings noch nicht gebräuchlichen Hutzylinder aus Glas."

6 Bezüglich des Traumes, in dem er den Ehrgeiz zeigt, den Titel eines Professor extraordinarius zu erwerben, schreibt Freud: „Woher dann also der Ehrgeiz, der mir den Traum eingegeben hat? Da fällt mir ein, was ich so oft in der Kindheit erzählen gehört habe, daß bei meiner Geburt eine alte Bäuerin der über den Erstgeborenen glücklichen Mutter prophezeit, daß sie der Welt einen großen Mann geschenkt habe. Solche Prophezeiungen müssen sehr häufig vorfallen; es gibt so viel erwartungsfrohe Mütter und so viel alte Bäuerinnen oder andere alte Weiber, deren Macht auf Erden vergangen ist, und die sich darum der Zukunft zugewendet haben." (in: *G. W.* II/III, S. 198)

7 Vgl. besonders *Zur Einführung des Narzißmus,* in: G. W. X, und Lou Andreas-Salomé, *In der Schule bei Freud. Tagebuch eines Jahres (1912/13),* Frankfurt am Main/Berlin/Wien: Ullstein 1983, Eintrag vom 11. Dezember 1912.

8 S. Freud, *Die zukünftigen Chancen der psychoanalytischen Therapie* (1910), in: *G. W.* VIII, *S. 110.*

9 Was diese aristotelische Geste Freuds angeht, siehe unsere *Quatre romans analytiques,* Paris: Galilée 1974.

10 Vgl. S. Freud, *Das Unheimliche,* in: *G. W.* XII (die französische Übersetzung/Umschreibung für „Das Unheimliche" heißt „L'inquiétant étrange", wörtlich übersetzt „Das fremd(artig)e Beunruhigende" – A. d. Ü.).

11 *Brief an Silberstein vom 8. November 1874.* Er, der „gottlose Mediziner und Empiriker", schreibt ihm, daß er sich für zwei Kurse in Philosophie eingeschrieben habe und Feuerbach lese.
In einem Brief an denselben vom *13. März 1875* teilt er mit, daß er an eine Doktoratsprüfung in Philosophie denke und Brentano um Rat fragen werde.

In einem Brief an denselben vom *11. April 1875* erklärt er, daß er zwischen den Naturwissenschaften und der Philosophie schwanke und fürs erste die Entscheidung vertagen werde.
Um den *9. September 1875* herum scheint es dann zu einem Umschwung gekommen zu sein. Er schreibt, daß die englischen wissenschaftlichen Werke ihn eher günstig für die Engländer einnehmen, und fügt hinzu: „Gegen Philosophie bin ich mißtrauischer als je". Vgl. auch den *Brief an Fließ vom 2. April 1896:* „Ich habe als junger Mensch keine andere Sehnsucht gekannt als die nach philosophischer Erkenntnis, und ich bin jetzt im Begriffe, sie zu erfüllen, indem ich von der Medizin zur Psychologie hinüberlenke. Therapeut bin ich wider Willen geworden ..."

12 *Brief an Silberstein vom 15. März 1875.*

13 Ebd.

14 Vgl. den *Brief an Putman vom 8. Juli 1915.* Nachdem er ihm mitgeteilt hatte, daß er Gott vorwerfen könne, „warum er mich nicht intellektuell besser ausgestattet" habe, fährt er fort: „Sie müssen nämlich von mir wissen, daß ich mit meiner Begabung immer unzufrieden war ..."

15 Vgl. Sarah Kofman, *Aberrations, le devenir-femme d'Auguste Comte,* Paris: Flammarion-Aubier 1978.

16 Vgl. den *Brief an Werner Achelis vom 30. Januar 1927:* „Die sonstigen Defekte meiner Anlage haben mich gewiß gekränkt und bescheiden gemacht, mit der Metaphysik stehe ich anders, ich habe nicht nur kein Organ (‚Vermögen') für sie, sondern auch keinen Respekt vor ihr. Im geheimen – laut darf man es ja nicht sagen – glaube ich daran, daß die Metaphysik einmal als ‚a nuisance', als Mißbrauch des Denkens, als ‚survival' aus der Periode der religiösen Weltanschauung verurteilt werden wird. Ich weiß genau, wie sehr mich solche Denkart dem deutschen Kulturkreis fremd macht. [... als wäre er davon durch eine „unüberbrückbare Kluft getrennt" ...] Wie immer dem sein mag, es ist gewiß einfacher, sich im Diesseits der Tatsachen als im Jenseits der Philosophie zurechtzufinden."

17 *Brief an Marie Bonaparte vom 12. November 1938.* „Eine gewisse Scheu vor meiner subjektiven Neigung, in der wissenschaftlichen Forschung der Phantasie zuviel einzuräumen, hat mich immer abgehalten [die Leute über meine Ideen auf dem laufenden zu halten]."

18 „Die philosophischen Lehren und Systeme sind das Werk einer geringen Anzahl von Personen von hervorragender individueller Ausprägung; in keiner anderen Wissenschaft fällt auch der Persönlichkeit des wissenschaftlichen Arbeiters eine annähernd so große Rolle zu wie gerade bei

der Philosophie.“ (*Das Interesse an der Psychoanalyse*, in: *G. W.* VIII, S. 406-407)

19 Für Comte besteht die spekulative Funktion des Gehirns darin, ein Spiegel zu sein. Das letzte Ziel der Spekulation ist es, zu einer getreuen Repräsentation des Draußen zu gelangen, „das menschliche Gehirn in einen exakten Spiegel der äußeren Ordnung umzubilden“ (*Système de philosophie positive II,* S. 381-383). Das Ziel der positiven Wissenschaft ist es, den wahrhaften Zustand der Dinge unbehindert zu sehen und in der Theorie zu reproduzieren. Die Abirrung ist das Ergebnis eines schlechten Sehens, eines phantastischen, mehr oder weniger halluzinierten Sehens, die Folge einer schlechten Qualität des Spiegels. Die spekulative Abirrung ist das Ergebnis eines unexakten Sehens der Welt, gebrochen durch einen entstellenden Spiegel, vernebelt durch die Illusionen, die Projektionen und die Phantasmen des Menschen, welche die direkte Beobachtung der natürlichen Erscheinungen verfälschen. Anstatt zu sehen, was ist, sieht der Mensch nur das, was zu sehen er gestimmt ist. Das Gehirn ist nicht von Beginn an ein exakter Spiegel. Die gesamte Geschichte des menschlichen Geistes ist eine lange Arbeit fortschreitender Umbildung mit dem Ziel, am Ende die Illusionen und Projektionen ausgeschaltet zu haben und das Wirkliche getreu zu reproduzieren.
Der Normalzustand kann nur durch Unterordnung des Inneren unter das Äußere, des Drinnen unter das Draußen, des Subjekts unter das Objekt erreicht werden. Der Wahnsinn ist stets eine exzessive und illegitime Vorherrschaft des Subjektiven und der Idealität. Der zerebrale Spiegel ist deshalb untreu, weil sich zwischen ihn und die Welt ein Zusammenhang subjektiver Phänomene schiebt. Allein das Überwiegen des äußeren Schauspiels gegenüber der inneren Kontemplation kann durch die davon herbeigeführte Regulierung des Subjekts dem pathologischen Umherirren und Herumschweifen ein Ende bereiten: „Unsere spekulativen Erfolge hängen stets von einer würdevollen Unterwerfung der subjektiven Eingebungen unter die äußeren Eindrücke ab.“ „Davon entfernt, sich der Wirklichkeit zu unterwerfen, drängt uns die Idealität dem Wahnsinn entgegen, indem sie einen Überschuß [...] an Subjektivität entwickelt.“ (*Système de philosophie positive III,* S. 225, 226)

20 Vgl. den *Brief an Groddeck vom 5. Juni 1917.* Er hält ihm vor, daß es ihm nicht gelungen sei, den Ehrgeiz zu überwinden, der ihn nach Originalität und Priorität streben läßt, und fährt mit der „Erfahrung“ fort, „daß ein ungebändigter Ehrgeiziger doch irgendeinmal ausspringt und zum Schaden der Wissenschaft wie seiner eigenen Entwicklung Eigenbrötler *(un originel au mauvais sens du mot)* wird. [...] Warum stürzen

Sie sich von ihrer schönen Basis aus in die Mystik [...], legen sich auf philosophische Theorien fest, die nicht an der Reihe sind?"

In *Zur Geschichte der psychoanalytischen Bewegung (1914)* teilt er mit, daß er sich den „hohen Genuß" versagt habe, den die Lektüre der Philosophen verschafft, namentlich die Nietzsches, um sich jedem äußeren Einfluß auf die Ausarbeitung der Psychoanalyse zu entziehen: „Dafür mußte ich bereit sein [...], auf alle Prioritätsansprüche in jenen häufigen Fällen zu verzichten, in denen die mühselige psychoanalytische Forschung die intuitiv gewonnenen Einsichten des Philosophen nur bestätigen kann." (in: *G. W.* X, S. 53)

21 Vgl. den *Brief an Lou Andreas-Salomé vom 13. Juli 1917.*

22 Ebd. Mit dieser „Gangart" langsam-behutsamen Fortschreitens zollt Freud noch der positivistischen Tradition Tribut, doch unter anderem auch dem Ideologen *Destutt de Tracy* (dessen „Fortschreiten in Richtung Positivismus", wiewohl auf halbem Wege stehengeblieben, Comte durchaus wahrgenommen hat), der in seiner *Introduction aux éléments de l'idéologie* folgendes schreibt: „Der menschliche Geist bewegt sich stets Schritt für Schritt; seine Fortschritte sind graduell, so daß keine Wahrheit schwieriger zu verstehen ist als eine andere, wenn man eben weiß, was dem vorangeht [...]. Es gibt also keine Wissenschaft, die von sich aus dunkler sei als irgendeine andere; alles hängt von der Ordnung ab, die man darin herzurichten vermag, um die zu großen Schritte zu vermeiden." Comte gebraucht die gleichen Metaphern, er spricht von einer „grundsätzlichen Gradierung", einem für die allgemeine Erziehung unerläßlichen „Gang". Doch das ist nicht nur eine einfache Metapher. Der richtige Gang des Geistes oder umgekehrt, sein Umherirren hängen wesentlich vom Körper ab. Comtes gesamte Proletarierpolitik, die das Wohnen der Proletarier verbessern will, hat zum Ziel, sie an ein Domizil, ein Häuschen, einen Boden, ein Vaterland zu binden – um sie aus ihrem Zustand des „Kampierens", des Nomadentums, des Vagebundierens herauszuholen. Denn das Fehlen eines festen Herdes hindert Körper und Geist, sich zu festigen, sich zu binden, und ohne Bindung kann der Wunsch nach einer dauerhaften Ordnung erst gar nicht entstehen. Wenn der Körper umherirrt und vagabundiert, dann schweift der Geist ab und findet sich den schlimmsten Abirrungen unterworfen. Comte versucht sich seinerseits gegen die jeder instabilen und schwankenden Stellung anhängigen Gefahren zu schützen, aus Furcht, sein Gleichgewicht zu verlieren.

23 Vgl. den *Brief an Groddeck vom 5. Juni 1917.* „Ich fürchte, Sie sind auch ein Philosoph und haben die monistische Neigung, alle die schönen

Differenzen in der Natur gegen die Lockung der Einheit geringzuschätzen. Werden wir damit die Differenzen los?"

24 Vgl. den *Brief an Putnam vom 8. Juli 1915:* „Vorläufig verträgt sich die Psychoanalyse wirklich mit verschiedenen Weltanschauungen. Ob sie aber ihr letztes Wort schon gesprochen hat? Mir ist es bisher nie um die umfassende Synthese zu tun gewesen, sondern stets nur um die Sicherheit. Diese verdient, daß man ihr alles opfert."

25 Vgl. den bereits zitierten *Brief an Werner Achelis vom 30. Januar 1927.*

26 Mit einem Maulwurf vergleicht sich auch Nietzsche in der *Morgenröthe,* Vorrede, 1, seiner Arbeit eines „Unterirdischen" wegen, der in den Licht und Luft entbehrenden Tiefen bohrt, gräbt, untergräbt. (*Sämtliche Werke. Kritische Studienausgabe,* München 1980, Band 3, S. 11)

27 In: *G. W.* V, S. 149.

28 Vgl. *Bemerkungen zur Theorie und Praxis der Traumdeutung*, in: *G. W.* XIII.

29 G. W. X, S. 211.

30 *Zur Einführung des Narzißmus*, in: *G. W.* X, S. 164. „Dieselbe psychische Tätigkeit, welche die Funktion des Gewissens übernommen hat, hat sich also auch in den Dienst der *Innenforschung** gestellt, welche der Philosophie das Material für ihre Gedankenoperationen liefert. Das mag für den Antrieb zur spekulativen Systembildung, welcher die Paranoia auszeichnet, nicht gleichgültig sein." Und präzisierend fügt Freud hinzu, daß er „den Anteil der Selbstbeobachtung – im Sinne des paranoischen Beobachtungswahns – an der Traumbildung" wohl deshalb „übersehen" habe, „weil er in meinen Träumen keine große Rolle spielt; bei philosophisch begabten, an Introspektion gewöhnten Personen mag er sehr deutlich werden" (ebd.).
In *Totem und Tabu* behauptet Freud, daß „ein paranoischer Wahn ein Zerrbild eines philosophischen Systems" sei (*G. W.* IX, S. 91).
Vgl. auch die *Vorrede* zu *Probleme der Religionspsychologie* von Theodor Reik (1919): „... selbst die Wahnbildungen der Paranoiker zeigen eine unerwünschte äußere Ähnlichkeit und innere Verwandtschaft mit den Systemen unserer Philosophen" (in: *G. W.* XII, S. 327).

31 In: *G. W.* X, S. 142-145. Vgl. zum Beispiel *Zur Geschichte der psychoanalytischen Bewegung,* wo Freud zeigt, daß die Entdeckung der Wichtigkeit der infantilen Sexualität nur auf dem „Weg der Analyse", dem Rückstieg von den Symptomen der Neurosen bis zu ihren letzten Quellen, zu gewinnen war. Jung selbst war zu anderen Ergebnissen gekommen, eben weil er damit begonnen hatte, sich eine theoretische Vorstel-

lung von der Natur des Sexualtriebs zu bilden, um alsdann das Leben des Kindes im Lichte dieser Idee zu begreifen: „Eine solche Vorstellung kann nicht anders als willkürlich oder mit Rücksicht auf abseits liegende Erwägungen gewählt sein ... [...] Gewiß führt auch der analytische Weg zu gewissen letzten Schwierigkeiten und Dunkelheiten in betreff der Sexualität [...], aber diese können nicht durch Spekulationen beseitigt werden, sondern müssen bleiben, bis sie Lösungen durch andere Beobachtungen oder Beobachtungen auf anderen Gebieten finden." (S. 57) Im selben Text stellt er die Gemeinsamkeit zwischen Jung und Adler, „eines bedeutenden, insbesondere spekulativ veranlagten Kopfes" (S. 94) fest: Sie setzen gewisse Betrachtungen höhergestellter Ordnung in den Vordergrund und sind bemüht, die Dinge *sub specie aeternitatis* zu sehen. Alle beide – und nichts ist gefährlicher – wollen die persönliche Willkür in die wissenschaftlichen Angelegenheiten einführen. Adler proklamiert das Recht der Persönlichkeit, als Künstler die von der Wissenschaft beigebrachten Materialien zu formen, und Jung beharrt auf dem Recht der Jugend, die Ketten abzuschütteln, die ihm das tyrannische, in seinen rigiden Konzeptionen unbewegliche Alter hat auferlegen wollen: eine Willkür, die die Psychoanalyse als Wissenschaft nur um ihren Kredit bringen kann. Adler, dessen Theorie von Anfang an ein System gewesen ist, hat dieses System nur durch vollständige Abwendung von der Beobachtung und der psychoanalytischen Technik aufrechterhalten können. Die Beobachtung hat ihm bloß als Sprungbrett gedient, um sich auf ein höheres Niveau zu erheben: Indem er sich ernstlich von der durch die Beobachtung enthüllten Wirklichkeit absetzte, hat er sich der größten mentalen Konfusion schuldig gemacht und in seiner Theorie des „männlichen Protests" den biologischen, den sozialen und den psychologischen Sinn der Worte „männlich" und „weiblich" durcheinandergeworfen.

Und Freud beendet seinen Text damit, daß er denen, die den Aufenthalt in der „Unterwelt der Psychoanalyse" nicht ertragen konnten, „eine glückliche Auffahrt" wünscht (ebd., S. 113).

Vgl. auch den *Brief an Romain Rolland vom 20. Juli 1929 und den vom 19. Januar 1930,* wo Freud, nachdem er im ersten daran erinnert hatte, daß ihm die Mystik genauso verschlossen sei wie die Musik, im zweiten präzisiert, daß er sich bis jetzt durch eine gewisse Mischung hellenischer Maßliebe – *sophrosyne* –, jüdischer Nüchternheit und philiströser Ängstlichkeit von der hinduistischen Mystik ferngehalten habe, und dann anschließt, daß es nicht leicht sei, seine eigenen Grenzen zu überschreiten. Und das, heißt es weiter bei ihm, im Gegensatz zu „C. G. Jung [...], der ja selbst ein Stück Mystiker ist und seit langen Jahren nicht mehr zu uns gehört".

32 Vgl. die *Briefe an Lou Andreas-Salomé vom 22. November 1917 und vom 9. Mai 1931.*

33 Vgl. den *Brief an Lou Andreas-Salomé vom 13. Juli 1917.*

34 *Briefe an Lou Andreas-Salomé vom 13. Juli 1917, vom 22. November 1917 und vom 2. April 1919.*

35 *Brief an Lou Andreas-Salomé vom 30. Juli 1915.*

36 *Brief an Lou Andreas-Salomé vom 25. Mai 1916.*

37 *Brief an Lou Andreas-Salomé vom 30. Juli 1915.*

38 *Brief an Lou Andreas-Salomé vom 23. März 1930.*

39 *Brief von Lou an Freud vom 20. Juni 1918.*

40 Lou Andreas-Salomé, *In der Schule bei Freud. Tagebuch eines Jahres (1912/1913),* a. a. O., S. 19 (Eintragung vom 30. Oktober 1912), wo sie diese Überlegung, daran anschließend, daß Freud bezüglich der Neurosen den Ausdruck: „meine *letzte* Formulierung" gebrauchte, niederschreibt. Vgl. auch den *Brief von Freud an Lou Andreas-Salomé vom 13. Mai 1926:* „... daß wir noch nicht das Recht zur dogmatischen Erstarrung haben, und daß wir bereit sein müssen, den Weinberg immer wieder umzuackern".

41 Vgl. *In der Schule bei Freud ...,* a. a. O., S. 115 (5. März 1913): womit sie sich gegen Adlers Organbegriff wendet.

42 *Brief von Lou Andreas-Salomé vom 14. Juli 1929.* Dies, um ihm ihre Mißbilligung des Portraits mitzuteilen, das Thomas Mann von Freud gezeichnet und worin er ihn als einen heimlich und von Natur aus dem Mystizismus und allem Dunklen und Tiefgründigen zuneigenden Denker geschildert hatte, an dem er vor allem die Tatsache bewunderte, daß er sich dennoch entschieden und offen allem Rückständigen widersetzt und allein dem Fortschritt verschrieben habe: „Er weiß nicht, daß, wie Sie es selbst schilderten, Sie nicht nur ursprünglich ganz andere Pläne hatten als nach den „Dunkelheiten" zu fahnden, sondern daß auch dauernd Ihnen die Befassung mit dergleichen oft genug fatal war und Sie nichts ehrlicher verabscheuten als die Gefahr, die Sache könnte womöglich den mystisch Interessierten Wasser auf ihre Mühle treiben."

43 *Brief an Lou Andreas-Salomé vom 7. Oktober 1917.*

44 *Brief von Lou Andreas-Salomé an Freud vom 15. Oktober 1917.*

45 In: *G. W.* XVI, S. 69.

46 In: *G. W.* X, S. 60.

47 *In der Schule bei Freud ...*, a. a. O., S. 107-108 (23. Februar 1913).

48 Vgl. den *Brief an H. L. Carrington vom 24.7.1921.*

49 In einem *Brief an Eitington (vom 4. Februar 1921),* der ihm Bücher über Okkultismus hatte zukommen lassen, schreibt er: „Mir graut auch vor dem sauern Apfel, aber es wird sich nicht vermeiden lassen, hineinzubeißen." (zitiert nach Ernest Jones) *Das Leben und Werk von Sigmund Freud,* Band III, Bern/Stuttgart 1962, S. 455)

50 *Die Traumdeutung*, in: *G. W.* II/III, S. 143-144: „Mit dem war's allerdings eine traurige Geschichte. Er hatte sich einmal, es sind mehr als dreißig Jahre her, in gewinnsüchtiger Absicht zu einer Handlung verleiten lassen, welche das Gesetz schwer bestraft, und wurde dann auch von der Strafe getroffen. Mein Vater, der damals aus Kummer in wenigen Tagen grau wurde, pflegte immer zu sagen, Onkel Josef sei nie ein schlechter Mensch gewesen, wohl aber ein Schwachkopf; so drückte er sich aus."

Vgl. auch *den Brief an Martha vom 10. Februar 1886:* „Von dem Onkel in Breslau habe ich Dir nie erzählt, weil ich nie an ihn denke. Ich habe ihn dreimal im Leben auf je eine Viertelstunde gesehen. Er ist ein etwas jüngerer Bruder des Vaters, ziemlich gewöhnlicher Mensch, Kaufmann, und seine Familie ist sehr traurig. Von vier Kindern ist nur eine Tochter gesund und in Polen verheiratet. Ein Sohn ist ein sogenannter Wasserkopf und schwachsinnig, ein anderer, der als junger Mensch etwas versprach, ist mit neunzehn Jahren wahnsinnig geworden, und eine Tochter mit zwanzig und einigen Jahren. Ich hatte an diese Persönlichkeit so völlig vergessen, daß ich mir die eigene Familie immer als eine nervös unschuldige vorgestellt habe. [...] Zum Glück ist von uns sieben Geschwistern bis jetzt wenig der Art zu vermelden, außer daß wir – nebst Emanuel – Rosa und ich schönste Neigung zur Neurasthenie haben."

51 Vgl. zum Beispiel den *Brief an Valat vom 28. September 1819,* worin er ihm die verschiedenen Motive aufzeigt, um derentwillen er schreibt. Nachdem er die ersten drei genannt hat, schreibt er: „Ich vergaß ein viertes, das noch eine Spekulation ist, denn ich bin zum Teufel daran interessiert. Ich spüre, daß die wissenschaftliche Reputation, die ich erwerben könnte, meinen politischen Reden einen größeren Wert, ein größeres Gewicht, einen größeren nützlichen Einfluß verleihen würde." Generell macht Comte deutlich, daß die spekulative Forschung von praktischen und affektiven Triebfedern beherrscht wird. Erst am Ende einer sehr langen Entwicklung, im positiven Zeitalter, wird eine nicht von Interessen beherrschte spekulative Forschung möglich. Doch habe ich in *Aberrations, le devenir-femme D'Auguste Comte* zeigen können,

daß das positive System Comtes, das sich als der Endpunkt des gesamten Fortschritts des endlich zu seiner Reife gelangten menschlichen Geistes ausgibt, in Wirklichkeit voll und ganz von den regressivsten, fetischistischsten und narzißtischsten Triebfedern beherrscht wird, die sich an der Quelle seiner gesamten spekulativen Operation finden lassen. Für Comte würde das indessen die Wahrheit seines Systems in nichts schwächen, denn wenn die spekulativen Vermögen es auch nötig haben, um aus ihrer Dumpfheit herauszukommen, von den affektiven und praktischen Vermögen angeregt zu werden, so verfügen sie doch über eigene Kraft und Energie. Die Theorie beginnt mit dem Praktischen und dem Affektiven, doch sie leitet sich nicht davon ab.
In gleicher Weise erkennt auch Freud in *Das Interesse an der Psychoanalyse* an, daß „die Psychoanalyse auch die subjektive und individuelle Motivierung von philosophischen Lehren aufzeigen (kann), welche vorgeblich unparteiischer logischer Arbeit entsprungen sind, und der Kritik selbst die schwachen Punkte des Systems anzeigen. Diese Kritik selbst zu besorgen, ist nicht Sache der Psychoanalyse, denn, wie begreiflich, schließt die psychologische Determinierung einer Lehre ihre wissenschaftliche Korrektheit keineswegs aus." (in: *G. W.* VIII, S. 407)

52 *Brief vom 25. Februar 1926;* in: Ernest Jones, *Das Leben und Werk von Sigmund Freud,* Band III, a. a. O., S. 459.

53 *Ebd.,* S. 460.

54 In: *G. W.* II/III, S. 322.

55 *Brief an Arnold Zweig vom 2. Mai 1935:* „Seitdem ich nicht mehr frei rauchen kann, will ich auch nichts mehr schreiben, oder vielleicht bediene ich mich nur dieses Vorwands, um die vom Alter gebrachte Unfähigkeit zu verschleiern."

56 Der dritte Fall wird Gegenstand eines Lapsus werden, der den Widerstand offenbart, den Freud gegenüber dem Okkultismus hegt; er vergißt, das Material mitzunehmen, und greift an dessen Stelle einen anderen Fall auf.

57 In: *G. W.* VI, S. 66-67.

58 Vgl. dazu unser: *Pourquoi rit-on? Freud et le mot d' esprit,* Paris: Galilée 1987; dt.: *Die lachenden Dritten. Freud und der Witz*, München/Wien 1990.

59 Vgl. *Die Zukunft einer Illusion:* „Wenn es gelänge, nur ein einzelnes Stück des religiösen Systems solcher Art dem Zweifel zu entziehen, so würde dadurch das Ganze außerordentlich an Glaubhaftigkeit gewinnen." (in: *G. W.* XIV, S. 350)

Vgl. auch *„Traum und Okkultismus"*, in: *Neue Folge der Vorlesungen zur Einführung in die Psychoanalyse* (1933): „... daß in der Welt des Okkultismus eigentlich nichts Neues vorgeht, daß aber in ihr alle die Zeichen, Wunder, Prophezeiungen und Geistererscheinungen neuerdings auftreten, die [...] wir längst als Ausgeburten ungezügelter Phantasie oder tendenziösen Trugs erledigt zu haben glaubten ... [...] Wenn wir als wahr annehmen, was sich nach den Mitteilungen der Okkultisten noch heute ereignet, so müssen wir auch jene Nachrichten aus dem Altertum als glaubwürdig anerkennen. Und nun besinnen wir uns, daß die Traditionen und heiligen Bücher der Völker von solchen Wundergeschichten übervoll sind und daß die Religionen ihren Anspruch auf Glaubwürdigkeit gerade auf solche außerordentliche und wunderbare Begebenheiten stützen und in ihnen die Beweise für das Wirken übermenschlicher Mächte finden. Dann wird es uns schwer, den Verdacht zu vermeiden, daß das okkultistische Interesse eigentlich ein religiöses ist, daß es zu den geheimen Motiven der okkultistischen Bewegung gehört, der durch den Fortschritt des wissenschaftlichen Denkens bedrohten Religion zu Hilfe zu kommen. Und mit der Erkenntnis eines solchen Motivs muß unser Mißtrauen wachsen und unsere Abneigung, uns in die Untersuchung der angeblichen okkulten Phänomene einzulassen." (in: *G. W.* XV, S. 35)

60 In: Ernest Jones, *Das Leben und Werk von Sigmund Freud,* Band III, a. a. O., S. 90.

61 *Das Unheimliche*, in: *G. W.* XII, S. 257.

62 „Weil du dein Sehorgan zu böser Sinneslust mußbrauchen wolltest, geschieht es dir ganz recht, wenn du überhaupt nichts mehr siehst" (Die psychogene Sehstörung in psychoanalytischer Auffassung, in: *G. W.* VIII, S. 100).

63 Jacques de Voragine, *La légende dorée,* Band II, S. 278ff. [dt. *Die Legenda aurea* des Jacobus von Voragine, Heidelberg^9 1979, S. 787 ff.]

64 In: *Sämtliche Werke. Kritische Studienausgabe,* München 1980, Band I, S. 813-814.

65 Was die Freudsche Spekulation in *Jenseits des Lustprinzips* betrifft, verweise ich auf Derridas „Spécular – sur „Freud"", in: *La carte postale* ... Paris: Flammarion 1980; dt. „Spekulieren – über/auf „Freud"", in: *Die Postkarte ...,* 2. Lieferung, Berlin: Brinkmann und Bose 1987; auf S. Kofman, „Freud et Empédocle", in: *Quatre romans analytiques,* a. a. O., und auf Rodolphe Gasché, „La sorcière métapsychologique", in: *Digraphe,* Nr. 3/1974.

66 In: *G. W.* XIII, S. 69.

67 In: *G. W.* II/III, S. 278-279.

68 Gegenüber Jones, der Freud fragte, wo man denn einem derartigen Glauben an okkulte Phänomene Einhalt gebieten könnte („wenn man an seelische Vorgänge in der Luft glaube, könne man auch weitergehen und an Engel glauben“), beschloß er die Erörterung mit der Bemerkung: „Ganz richtig, sogar an den lieben Gott.“ (zitiert nach: Ernest Jones, *Das Leben und Werk von Sigmund Freud,* Band III, a. a. O., S. 443-444. (Vierzehntes Kapitel: Okkultismus)

69 Der erste ist 1940, der zweite 1941 in der Ausgabe der *Gesammelten Werke* veröffentlicht worden.

70 „Von allem Anfang an, wenn das Leben uns in seine strenge Zucht nimmt, regt sich in uns ein Widerstand gegen die Unerbittlichkeit und Monotonie der Denkgesetze und gegen die Anforderungen der Realitätsprüfung. Die Vernunft wird zur Feindin, die uns soviel Lustmöglichkeit vorenthält. Man entdeckt, welche Lust es bereitet, sich ihr wenigstens zeitweilig zu entziehen und sich den Verlockungen des Unsinns hinzugeben. Der Schulknabe ergötzt sich an Wortverdrehungen, der Fachgelehrte verulkt seine Tätigkeit nach einem wissenschaftlichen Kongreß, selbst der ernsthafte Mann genießt die Spiele des Witzes. Ernsthaftere Feindseligkeit gegen „Vernunft und Wissenschaft, des Menschen allerbeste Kraft“ wartet ihre Gelegenheit ab, sie beeilt sich, dem Wunderdoktor oder Naturheilkünstler den Vorzug zu geben vor dem „studierten“Arzt, sie kommt den Behauptungen des Okkultismus entgegen, solange dessen angebliche Tatsachen als Durchbrechungen von Gesetz und Regel genommen werden, sie schläfert die Kritik ein, verfälscht die Wahrnehmungen, erzwingt Bestätigungen und Zustimmungen, die nicht zu rechtfertigen sind. Wer diese Neigungen der Menschen in Betracht zieht, hat allen Grund, viele Mitteilungen der okkultistischen Literatur zu entwerten.“ (*„Traum und Okkultismus“*, in: *Neue Folge der Vorlesungen zur Einführung in die Psychoanalyse, a. a. O.,* S. 34-35)

71 In: *G. W.* XVII, S. 48 (Hervorhebung von mir – S. K.).

72 In: *G. W.* XV, S. 58-59.

73 „Sans tête ni queue“ wird in der Regel mit „ohne Hand und Fuß“ übertragen. *(A. d. Üb.)*

74 Lou Salomé wendet in ihrem *Tagebuch (vom 21. August bis 5. September 1913)* dieselbe Äquivalenz auf Tausk an: „... nur so verstehe ich es, wie Tausk, ein von Haus aus philosophischer Kopf, ihn sich sozusagen abgeschlagen hat, anstatt ihn wenigstens feiertags zu benutzen. Wo er

synthetisch denkt, „überdenkt“ er sich sofort mit schlechtem Gewissen, denn im Grunde denkt er immer nur seine eigne praktische Analyse und darum nie synthetisch, darum aber auch der Psychoanalyse gegenüber sowohl zu kritiklos wie (per Widerstand) allzu kritisch ... [...] Wie durch Gedankenübertragung wird ihn stets dasselbe beschäftigen wie Freud, er wird nie den einen Schritt zur Seite gehn, der ihm Raum schaffen würde. [...] ... eine gewisse Lücke im Schöpferischen wird gefüllt durch Identifikation mit dem Andern („Sohnschaft“) und erzeugt stets das Gefühl der schon vorweggenommenen Stelle.“ (*In der Schule bei Freud ...*, a. a. O., S. 187-188)

75 Vgl. unsere *„Judith“*, in: *Quatre romans analytiques*, a. a. O.

76 In: *G. W.* II/III, S. 371.

77 In: *G. W.* X, S. 395.

78 *Die Traumdeutung*, in: *G. W.* II/III, S. 203.

79 Für den Weg der Analogie und der Verführung durch sie vgl. auch einen seiner letzten Texte: *„Die endliche und die unendliche Analyse“*, in dem er sich von der Analogie zwischen dem Eros und der Liebe, den Todestrieben und dem Haß verführen läßt, so wie Empedokles sie dichterisch darstellt: „Umsomehr mußte es mich erfreuen, als ich unlängst unsere Theorie bei einem der großen Denker der griechischen Frühzeit wiederfand.“ (in: *G. W.* XVI, S. 90) Vgl. dazu auch unser *„Freud et Empédocle“*, in: *Quatre romans analytiques*, a. a. O.

80 In: *G. W.* XVI, S. 56.

81 Vgl. S. Kofman, *Un métier impossible, Lecture de „Constructions en analyse“*, Paris: Galilée 1983, letztes Kapitel.

82 Hervorhebung von Sarah Kofman.

83 *Die Traumdeutung*, in: *G. W.* II/III, S. 455.

84 Es geht um die Geschichte, in der der Heiratsvermittler die Braut, die ein zu kurzes Bein hat und hinkt, mit Hilfe des Scheinarguments an den Mann zu bringen versucht, daß es doch besser sei, eine verkrüppelte Frau zu nehmen, denn dies wäre wenigstens eine „fertige Sache“ (in: *G. W.* VI, S. 117). Ich habe diese Geschichte und Freuds Lektüre derselben kommentiert in: *Pourquoi rit-on?*, a. a. O., dt.: Die lachenden Dritten. Freud und der Witz.

85 *Die Traumdeutung*, in: *G. W.* II/III, S. 440-443.

86 *Über den Traum*, in: *G. W.* II/III, S. 651.

87 *G. W.* II/III, S. 665.

88 In: *G. W.* XII, S. 26.

89 Vgl. S. Freud, „Selbstdarstellung", in: *G. W.* XIV, S. 34.

90 Ebd. Vgl. bezüglich des *Traums über Goethe* auch *Die Traumdeutung, G. W.* II/III, S. 441, wo es um die Geschichte eines achtzehnjährigen Kranken und die verschiedenen Deutungen seines Ausrufs „Natur" geht, und wo Goethe seinen Freund (Fließ), das heißt ihn selbst, als Verrückten behandelt und auf diese Weise auf den Konflikt anspielt, in dem er mit der Mehrheit der Ärzte wegen seiner Theorie über die sexuelle Ätiologie der Psychoneurosen steht. Er bestätigt, daß verborgen unter den Zügen seines Freundes es – der Erwähnung der Studie Goethes wegen – um ihn geht, und setzt fort: „... der Vortrag dieses Aufsatzes in einer populären Vorlesung war es, der mich schwankenden Abiturienten zum Studium der Naturwissenschaft drängte" (ebd., S. 443).

91 Auch Rousseau nimmt an – in seinem *Discours sur les Sciences et les Arts* –, daß die Natur es den Menschen auf immer verwehrt hat, ihnen ihre Geheimnisse zu eröffnen, und sie nur an die Ränder des Schachtes heranläßt, in den die Wahrheit sich zurückgezogen hat.

92 „fermer les yeux", was auch die Übersetzung für jenes geträumte Gebot ist, „die Augen zuzudrücken" *(A. d. Ü.)*.

93 Vgl. unser *Enigme de la femme*, wo ich den Nachweis geführt habe, daß Freud hinter einem pseudo-wissenschaftlichen, sich allein auf die Beobachtung berufenden Vorgehen phallogozentristische Ziele verfolgte.

94 Comte nannte dies den Zirkel der Methode: Um zu beobachten, braucht man eine Hypothese; damit es sich um eine positive Hypothese handelt, muß sie auf Beobachtung beruhen. Für Comte besteht die Normalität nicht darin, die Subjektivität zu eliminieren: erst deren Exzeß ist Wahnsinn. Der Exzeß der Objektivität ist wiederum Idiotie. Die Exaktheit des Spiegels impliziert nicht die Passivität des Subjekts. Eine normale Ratio ist zugleich unterworfen und aktiv, und der Positivismus ist weder ein Realismus noch ein „Fatalismus". Der vernünftige und positive Geist schneidet selektiv sein Beobachtungsfeld aus, wobei er die Nützlichkeit für den Menschen zum Kriterium nimmt. Eine schlicht den Tatsachen unterworfene Beobachtung ist eine chimärische Vorstellung. Die Exaktheit, die Präzision des Spiegels bemißt sich an den Erfordernissen menschlicher Bedürfnisse, die als unerläßliche Disziplin dienen, damit man sich nicht in den vagen Meinungen der alten Philosophie verirrt. Das dem Chimärischen gegenübergestellte „Wirkliche" ist auf das dem Feld des Verstandesdenkens Zugängliche reduziert und wird damit relativ zu den menschlichen Bedürfnissen bestimmt. Es schließt die undurchdringlichen Mysterien als das Feld infantiler, aus Sicht der Reife als unnütz und schädlich bedauerter Forschung aus. Das „Wirkliche" impli-

ziert also die innerliche Vereinigung des Subjektiven und des Objektiven. Darüber hinaus ist – damit das positive Zeitalter sich überhaupt entfalten kann – zunächst ein kontinuierliches spekulatives Fortschreiten vonnöten gewesen, wozu die Bildung einer rein geistigen, vom Praktischen abgeschnittenen Klasse beigetragen hat, deren Forschung keiner praktischen Zweckmäßigkeit untergeordnet war noch in dieser ihre Grenze hatte. Allein eine *schrankenlose* Spekulation hat das Heraufkommen des positiven Geistes ermöglicht. Man muß nur zunächst den ersten Schritt, der (Mühen) kostet, getan haben, um in der Folge dann innehalten und dabeibleiben zu können.

95 Ich habe das ausführlich in *L'énigme de la femme* (1980) und in *„Ca cloche"* (1982), in: *Lectures de Derrida,* Paris: Galilée 1984; dt. *Derrida lesen,* Wien: Passagen 1988, entwickelt.

96 Vgl. S. Freud, *Die zukünftigen Chancen der psychoanalytischen Therapie*, in: *G. W.* VIII, S. 110.

Johannes Cremerius

Die Zukunft der Psychoanalyse

I
Die Psychoanalyse, „ein Klima der Denkungsart"

Als ich den Vortrag zu schreiben begann, merkte ich, daß ich kein besorgter, sondern ein zorniger alter Mann bin. Wieso besorgt? Um die Sache der Psychoanalyse, die Psychoanalyse selbst, brauchte ich nicht besorgt zu sein. Sie hat in diesem Jahrhundert einen Siegeszug sondergleichen in der geistigen Welt Europas und Nordamerikas vollzogen, „ein Klima der Denkungsart", wie Stefan Zweig am Grabe Freuds sagte, geschaffen, das, so glaube ich, noch weit in die Zukunft hineinreichen wird. Aber Laudatio ist nicht mein Thema. MeinThema ist die Zukunft der Psychoanalyse in der IPV. Wenn ich an sie denke, quälen mich keine Besorgnisse, sondern Zorn und Trauer. Nach einem Leben in der psychoanalytischen Gemeinschaft, zeitweise Funktionen in ihr ausübend, muß ich feststellen, daß in ihr die Sache der Psychoanalyse schlecht aufgehoben ist. In den letzten Jahren mußte ich öffentlich sagen, daß man die Psychoanalyse vor der Institution schützen müsse. Das erfüllt mich mit Trauer (Cremerius, 1986, 1987, 1989). Zorn empfinde ich darüber, daß alle Kritik an ihr abprallt, daß reformerische Impulse sie anscheinend nicht mehr verändern können. Wie ergebnislos ist z.B. Anna Freuds Kritik der Lehranalyse, 1937 im Einvernehmen mit dem Vater verfaßt, verweht (1937), wie Balints bewegender Aufruf „semper reformari debet" von 1947 (1947), wie Bernfelds Kritik an der psychoanalytischen Ausbildung von 1952 (1962). In diesem Zustand von Trauer und Zorn, verbunden auch mit der Distanzierungsarbeit von einem Stück meines Lebens, begriff ich, daß man immer wieder den Ast absägen muß, auf dem man sitzt, und die blauen Flecken vom Sturz wie von den Prügeln derer, die Astbeschützer sind, in Kauf nehmen muß. Um nicht kühner zu erscheinen, als ich bin, füge ich gleich hinzu, daß der aufrechte Gang zu viele Verbeugungen ermöglicht.

Im Gegensatz zu der glorreichen Entwicklung der Analyse als einer die Welt verändernde Denkungsart, teilt die institutionalisierte Psychoanalyse das Schicksal aller großen Organisationen, die Ideen in der Welt vertreten: aus Religionen werden Kirchen, aus politischen Programmen werden Parteien und aus Freuds Maximen wurde die IPV. D.h., die radikalen kritischen Funktionen, welche die Institutionen anfänglich schützen und fördern wollten, gehen in endlosen Anpassungsprozessen und Kompromissen unter. Schließlich ist von der Radikalität der Idee, die einmal die Welt verändern wollte, nur noch der Name übrig. Die Institution überlebt ihre Idee, wird damit anachron (Erdheim, 1986).

Davon soll nun zunächst die Rede sein, nur schlaglichtartig, weil dieser Prozeß des Verlustes der sozialen Funktion der Psychoanalyse in der IPV schon oft dargestellt worden ist. Die Merkmale sind:

- Die Verflüchtigung des Sexuellen.
  In einem, wie Parin sagt, „Bereinigungsverfahren" (1986) treten an die Stelle von Triebhaftigkeit, Leidenschaft, Inzestwunsch etc. Idiome wie Selbst, Selbstobjekt, Identität, Reifung der Persönlichkeit, Sinn des Lebens etc.;
- Das Aufgeben der Gesellschaftskritik.
  Freuds kritische Analyse von Heer, Kirche und religiösen Bedürfnissen, seine Anklage gegen Gewalt und Krieg, wo liest man so etwas noch? Psychoanalytiker als Stabsärzte finden sich im Ersten wie im Zweiten Weltkrieg auf allen Seiten, wie auch im Vietnamkrieg. Die psychoanalytische Institution hat als solche nicht gegen die Greuel des letzteren protestiert. Auch ist es nicht sie, die gegen Kindesmißhandlung, Kinderpornographie und gesellschaftliche Benachteiligung der Frau protestiert.[1] Freuds Aufruf, Psychoanalyse als aufklärerische, emanzipatorische Wissenschaft zu praktizieren, in der Opposition „gegen

alles konventionell Eingeschränkte, Festgelegte, allgemein Anerkannte“ (1941d, S. 28) zu stehen, ist ungehört verweht;

- Die Verschleierung der die Neurosen verursachenden und fördernden Funktion der Gesellschaft.
  An ihre Stelle treten Faktoren wie angeborene Qualitäten (Melanie Klein) oder die Zufälligkeiten frühkindlicher Konstellationen in den ersten Lebensmonaten (Kohut). Jetzt ist die Gesellschaft entlastet. Denn, wenn das Schicksal des Kindes in den ersten beiden Jahren bereits festgeschrieben ist, dann verlieren die Sexualentwicklung (Parin, 1990) und die Störungen, die sie nach dem zweiten Lebensjahr, aber vor allem in der Adoleszenz durch gesellschaftliche Einwirkungen erfährt, an Bedeutung;
- Die Vernachlässigung des aufklärerischen, emanzipatorischen Auftrages der Psychoanalyse.
  Das, so Freud, sollte ihre Hauptaufgabe, vor allem auch in der psychoanalytischen Ausbildung sein. „Nicht als Therapie,“ sagt er 1933, „empfehle ich die Psychoanalyse, sondern wegen ihres Wahrheitsgehaltes, wegen der Aufschlüsse, die sie uns gibt über das, was dem Menschen am nächsten geht, sein eigenes Wesen –“ (1933a, S. 169). Was ist daraus geworden? Die Ausbildungsinstitute vernachlässigen aufs ärgste das Studium der psychoanalytischen Theorie, vor allem der emanzipatorisch-aufklärerischen Texte (vgl. die Curricula der Ausbildungsinstitute der DPV) zu Gunsten der Ausbildung von praktischen Analytikern. Das Erkenntnisinteresse weicht vor dem therapeutischen Interesse immer mehr zurück;
- Die Verdrängung von Freuds Theorie der Objektbeziehung.
  Seine ungeheuer erschreckende Feststellung, daß der menschliche Trieb nicht ein spezielles Liebesobjekt, ein „Du“, sucht, sondern ein „Sexualziel“ beliebiger Art, das nur die sexuelle Spannung lösen soll, ist mit jenen Idealen verkleistert, die Freud als verlogen erkannt hatte;
- Die Bindung der Psychoanalyse an Medizin, Psychiatrie und Psychologie, d.h., den Ausschluß von Laien aus der Psychoanalytischen Vereinigung.

Damit ist eine Monopolstellung dieser Fächer hergestellt, die Freud unbedingt vermeiden wollte. „Der Kampf um die Laienanalyse muß irgendwann ausgefochten werden“, schreibt er 1926 an Federn (E. Federn, 1967f, S. 269 f.). Er verlor ihn damals. Und die IPV denkt nicht daran, den Kampf aufzunehmen;

- Die Pathologisierung der Homosexualität und der daraus abgeleiteten Folgerung, Homosexuelle nicht zur psychoanalytischen Ausbildung zuzulassen.
  Freud war der festen Überzeugung, daß Homosexuelle nicht als Kranke behandelt werden dürfen (Freud, zitiert nach Marmor, 1980) und durchaus Analytiker sein könnten (Cremerius, 1992).

Hatte Freud 1910 nach der Nürnberger Gründung der IPV glücklich und voller Hoffnung an Jones geschrieben, er prophezeihe ihr „eine reiche und schöne Jugendzeit“ (Jones, 1955, S. 92f.), so hatte er insofern recht, als die „reiche und schöne Zeit“ nur kurz dauerte. Schon 10 Jahre später heißt es in einem Brief an Pfister, daß ihm die Art, wie die Menschen (damit sind die Psychoanalytiker gemeint) die Psychoanalyse annehmen und verarbeiten, ihm kein Vergnügen bereite (Freud/Pfister, 1963, S. 81ff.). Was Freud nicht sah, auch später nicht, als sich die Zeichen der Anachronie der Psychoanalyse häuften, war sein eigener Anteil daran. Ich denke an die destruktiven Akte gegen seine eigenen Maximen, wie z.B. seinen Mißbrauch der Lehranalyse zur Indoktrination (Cremerius, 1986), seinen Teufelspakt mit der Militärpsychiatrie 1918 (Brecht et al., 1985) und schließlich seine Bereitschaft, sich mit dem NS-System zu arrangieren, um die Psychoanalyse in Deutschland zu retten.

Die IPV tut sich bis heute noch schwer, diesen Freud zu sehen, vielmehr durchweht sie immer noch die Illusion: Ubi Freud, ibi Psychoanalyse, ibi bene. Auch den anderen Freud, der die Psychoanalyse als eine subversive Wissenschaft empfahl, der davon sprach, sie sei so etwas wie die Pest, schätzt sie nicht. Er behindert sie in ihren Anpassungswünschen an gerade diese von Freud so kritisch beurteilte Gesellschaft.

Das alles ist nicht Vergangenheit, nicht Geschichte. Es bewahrheitet sich vielmehr, daß, wenn die IPV sich nicht ihrer Geschichte stellt, sie verurteilt ist, sie zu wiederholen. Dies tut sie gründlich und unbekümmert im Wiederholungszwang. Immer noch geht es ihr mehr um Macht als um die Sache der Psychoanalyse. So läßt die Amerikanische Psychoanalytische Vereinigung Psychologen erst zur Psychoanalytischen Ausbildung zu, nachdem sie aufgrund eines Gerichtsbeschlusses und einer Verurteilung zu einer hohen Geldstrafe dazu gezwungen wurde. Da schreckt sie nicht vor dem Gebrauch von Mitteln zurück, wie z.B. dem des Aufnahmeinterviews, dessen Unzweckmäßigkeit und Wirkungslosigkeit seit Jahrzehnten erwiesen ist (Sachs, 1947, S. 157; Bernfeld, 1962; Bird, 1968; Cremerius, 1986 und 87). Was sie heute noch als Prinzip erklärt, z.B. es dürften keine schweren Charakterneurosen, Borderline-Störungen zur analytischen Ausbildung zugelassen werden, hebt sie morgen auf, wenn sich zuwenig Bewerber zur Ausbildung melden (Kernberg, 1984, S. 26). Ebensowenig schreckt sie vor der unerläßlichen Zwangsmitgliedschaft zurück, wie vor der Einführung einer Unvereinbarkeitsklausel: „Die Mitwirkung an gesonderten Weiterbildungsgängen zum Erwerb der Zusatzbezeichnung Psychoanalyse ist mit den Vereinszwecken der DPV nicht vereinbar“ (Beschluß der Generalversammlung der DPV 1986), wie vor dem Aufruf zur Denunziation von Abweichlern: Lehranalytiker, die Anzeichen bedeutsamer Abweichungen von der psychoanalytischen Theorie und Praxis zeigen, müssen dies selber melden oder sollen von anderer Seite gemeldet werden, damit sie von ihrer Tätigkeit entbunden werden (Altenberger Papier der DPV von 1985).

II

Mit der Aufgabe ihrer sozialen Funktion, ihrer kritischen Position, tut die IPV das, was Institutionen nach Aufgabe ihres ursprünglichen Auftrages zu tun pflegen, sie macht sich zur Verwalterin der Psychoanalyse. Ihr Ziel ist es, die internationale Organisation zu erhalten, was am besten durch eine feste Ausbildungsstruktur geschieht. Dabei schließt sie nicht an die beste Tradition der Humboldtschen Universität an, sondern an die Tradition des katholischen Priesterseminars. Mit ihm vergleichen auch Kernberg wie Wallerstein und Weinshel die analytischen Ausbildungsinstitute der IPV (Kernberg, 1984 und Wallerstein u. Weinshel, 1989).

Mit ihnen gemeinsam haben sie eine Reihe von Unterwerfungsritualen:

- In den Aufnahmeinterviews muß sich der Bewerber einer Befragung aussetzen, in der er vor Taktlosigkeit und Willkür nicht geschützt ist. Diese Situation solle ihm die Macht der Herrschaft und seine Ohnmacht zeigen, sagte Balint 1947 und verwies auf die Initiationsriten der Primitiven (Balint, 1947). Wie dort passieren nur die das Selektionsfilter, die den Kriterien der Prüfer entsprechen. Dazu zählen brave Mittelmäßigkeit und gefügige Anerkennung des Verfahrens. „Dull normals" sagt Kernberg, werden bevorzugt vor mutig fragenden, kritischen Köpfen (Kernberg, 1984, S. 20), die nicht glauben, sondern wissen wollen;
- In der Lehranalyse setzt sich diese Tendenz fort, wie die Ergebnisse zeigen: Die Analysanden der jeweiligen Lehranalytiker treten der Schule bei, die er vertritt, und isolieren sich als „Abstammungsgruppe" (Balint, 1947) um ihn. Das hat ihr den Ruf eingebracht, aus „unabhängigen Kandidaten begeisterte Proselyten" (Balint, 1947), „gläubige Analytiker" (Widlöcher, 1983) zu machen. Da Freud beides wollte, nämlich, daß die Lehranalyse eine wirkliche gute Analyse sein, und zum anderen aber der Stabilität und Macht der Vereinigung dienen sollte, entstand eine Konfusion, bei der die Interessen der Organisation siegten. An der Stelle, an der Freud diese Absicht kundtut, heißt es 1926: Die Lehranalyse solle eine weitgehende Egalisierung der „persönlichen Gleichung" des Analysanden herbeiführen, so daß eines Tages befriedigende Übereinstimmungen unter den Analytikern erreicht sein würden (1926e, S. 250). Zu derselben Zeit, als er dies schrieb, ist er bereits seit Jahren dabei, diese Übereinstimmung auch konkret herzustellen, in-

dem er verlangt, daß die zukünftigen „Ortsgruppenleiter" von ihm persönlich analysiert sein müßten, damit sie seine Ideen rein weitergeben. Der getreue Hanns Sachs radikalisiert Freuds Absicht im Sinne des Priesterseminars, wenn er vier Jahre später, als Berufslehranalytiker in Berlin tätig, schreibt: „Wie man sieht, braucht die Analyse etwas, was dem Noviziat der Kirche entspricht" (1930, S. 53);

- Eine weitere Analogie zur Theologie ist die auf dem 9. Internationalen Psychoanalytischen Kongreß in Bad Homburg 1925 beschlossene Zwangsmitgliedschaft. Danach wird man nicht Analytiker durch eine psychoanalytische Ausbildung, sondern durch die Mitgliedschaft in der IPV, die man automatisch mit dem bestandenen Kolloquium erhält. Was man jedoch nicht erhält, ist eine Bescheinigung über die abgeschlossene Ausbildung. Diese Regelung gilt noch heute in der IPV. Loch sieht das völlig problemlos, wenn er sagt, daß ein Analytiker die Identität als Analytiker nur durch die äußere Sanktionierung, respektive durch den Eintritt in die Psychoanalytische Gesellschaft erhält. Die Analogie zur Kirche ist offenkundig: Christ wird man nur durch die Taufe. Hier wird der Monopolanspruch auf Psychoanalyse wirksam: Psychoanalyse gibt es nur in der IPV. „Ein Psychoanalytiker ist jemand", sagt Sandler 1989, „der durch unsere Ausbildungsinstitutionen ausgebildet wurde" (1989, S. 4). Die Analogie dazu heißt: Katholik ist, wer durch die Institution der Katholischen Kirche gegangen ist. Auf der Kirchenfahne steht „regem habemus", auf der der IPV steht „Freud habemus". Auf dem rivalisierenden Markt herrscht nun totale Verwirrung, weil viele Gruppen dieselbe Fahne haben;
- Auch die Doppelfunktion der Lehranalyse, persönliche Analyse und Ausbildungsanalyse in einem zu sein, erfordert Unterwerfung. Der Analysand muß akzeptieren, daß sein Lehranalytiker zugleich Funktionsträger der Institution ist, z.B. im Ausbildungsausschuß sitzt, wo über Fortgang und Abschluß von Ausbildungsgängen entschieden wird. Seiner Besorgnis vor Indiskretion hält man entgegen, der Lehranalytiker sei zur Diskretion verpflichtet. Beruhigt das den Analysanden nicht,

erklärt man seine Angst als infantile Angst, die analysiert werden müsse. D.h., die IPV verlangt Vertrauen an einer Stelle, wo Bedenken und Vorsorglichkeit am Platze sind, wo Sicherheit durch Richtlinien gefragt ist. Worauf, frage ich, begründet die Institution ihren Anspruch auf Vertrauen? Ist nicht ihre Geschichte eine Skandalgeschichte, wie die jeder anderen Vereinigung auch? Da gibt es Intrigen, Verrat, Korruption, bösartige Rivalitäten, destruktive Feindschaften, Machtmißbrauch, sexuellen Mißbrauch undsofort. Hat nicht Freud selbst mit jenem schlimmen Brief an Paul Federn im Oktober 1924 das Mißtrauen aller zukünftigen Lehranalysanden gerechtfertigt? Da heißt es: Falls der Lehranalytiker in der Analyse erfährt, daß der Kandidat einen „unheilbaren Fehler“ hat, „welcher gerade seine Aufnahme in die Vereinigung unratsam erscheinen läßt, dann hat die Pflicht der Diskretion (dem Kandidaten gegenüber) gegen die Verpflichtung, die Sache (das ist die Vereinigung) nicht zu schädigen, zurückzutreten“ (E. Federn, 1972g, S. 29). Und muß es ihn nicht beunruhigen, daß es de facto Institute gibt, wie z.B. das Londoner, an dem es zum System gehört, daß der Lehranalytiker regelmäßig über seinen Lehranalysanden berichtet?

Nach Jahrzehnten, die ich dabei bin, weiß ich, wovon ich rede.

Die Beibehaltung dieses Systems verrät, daß es der Institution so paßt. Anders ist es nicht zu verstehen, daß sie jedwede Kritik unberücksichtigt läßt, ja sie sogar unterdrückt. Ich denke z.B. an Anna Freuds Kritik an der Lehranalyse aus dem Jahre 1937, in der sie nachweist, daß sie ein nichtanalytisches Verfahren sei, daß sie das, was eine Analyse bewirken solle, prinzipiell nicht erreichen könne (1937/1950). Das veranlaßt sie 30 Jahre später von der Lehranalyse als von einer „wilden Analyse“ zu sprechen (1976, S. 2805). Das Schicksal dieses Texts zeigt, daß er den machtpolitischen Interessen der IPV entgegenlief. Er erscheint erst 12 Jahre nach Abfassung in einer Israelischen psychoanalytischen Zeitschrift, die im Jahre 1949 außerhalb Israels kaum gelesen wurde.

Erst 1970 wurde sie z.B. in Deutschland durch die Publikation in der Psyche bekannt. Da die IPV ihre Geschichte nicht reflektiert, wird sie auch an dieser Stelle von ihr wieder eingeholt. Als der Bernfeldkreis in der DPV versuchte, die Lehranalyse durch eine persönliche Analyse und den Lehranalytikerstatus durch die Lehranalytikerfunktion zu ersetzen, blieb er erfolglos. Keiner von uns wußte damals, daß wir überhaupt keine Chance hatten, weil die IPV darüber bereits 1978 ablehnend entschieden hatte.[2]

Die Zukunft, die sich aus dieser Struktur der IPV ergibt, hat bereits begonnen. Es sind keine Kräfte erkennbar, die die beschriebenen Tendenzen verändern könnten:

1. Die unaufgelösten Übertragungsbeziehungen zwischen Lehranalytiker und Lehranalysand mit der nachfolgenden Clanbildung erzeugen Schüler und Proselyten, keine unabhängigen, an Wissenschaft interessierten kritischen Köpfe. Proselyten gründen Kirchen, aber keine Forschungsinstitute. Wallerstein stellt, ohne den Zusammenhang mit dem Ausbildungssystem herzustellen, resignierend fest, daß nach 40-jährigem Bemühen vieler namhafter amerikanischer Analytiker keine Bewegung auf wissenschaftliche Entwicklung hin in Nordamerika eingetreten sei (Wallerstein, 1991). Wenn das die Zukunft ist, werden sich zukünftige Generationen von Analytikern aus den überalterten Paradigma-Konserven versorgen müssen;
2. Wie antiwissenschaftlich, antiemanzipatorisch und antiaufklärerisch sich die Folgen der unaufgelösten Übertragungsbeziehungen auswirken, demonstriert der Zustand des Ausbildungssystems im Spiegel seiner Lehrpläne. Was sich zwischen Lehranalytiker und Lehranalysand folgenschwer ereignet, ereignet sich auch, und immer noch, zwischen den meisten Ausbildungsinstituten der IPV und dem Gründervater Freud. Es ist die unaufgelöste Übertragungsbeziehung zu Freud, die nicht gestattet, die Psychoanalyse als „Wissenschaft von der Seele zu betrachten, und nicht als Doktrin von Freud“ (Knight, 1953, S. 211).

   Die unaufgelöste Beziehung zu Freud läßt die Lehrpläne weiterlaufen wie eh und je. Die Curricula sind um den Korpus der

Freudschen Schriften aufgebaut und werden gewöhnlich chronologisch gelehrt, nicht kritisch vom heutigen Standpunkt aus (Wallerstein, 1989, S. 356). Sandler bemerkt spöttisch, daß an vielen Instituten die „Schicksale der Besetzung und die Akrobatik der Energieumwandlungen“, die „Metapsychologie als Selbstzweck“ gelehrt würden (1983, S. 582).3 Jones rühmt noch 1955, daß Freuds erste Krankengeschichte, die Dora-Analyse, jahrelang als Modell für Kandidaten gedient habe (1955, II, S. 306). 22 Jahre später argumentiert Lipton im selben Sinne, indem er feststellt, daß die Technik, die Freud bei der Analyse des Rattenmannes angewandt habe, durchaus als klassische, d.h. heute noch gültige Technik, angesehen werden darf (Lipton, 1977). Denselben Standpunkt vertritt Greenson, dessen „Lehrbuch der Technik und Praxis der Psychoanalyse“ seit 1967 die Grundlage der Ausbildung an allen psychoanalytischen Instituten der IPV ist, die noch Freudianisch orientiert sind. Da heißt es: Die Hauptzüge der psychoanalytischen Technik, die Freud – vor 50 Jahren (1910-1960) – niedergelegt hat, dienen noch immer als Basis der psychoanalytischen Praxis. In der allgemein praktizierten psychoanalytischen Technik haben sich keine anerkannten größeren Veränderungen oder Fortschritte durchgesetzt“ (Greenson, 1967, S. 17).[4]

3. Die Tendenz, den Gründervater zu bewahren, macht aus den Ausbildungsinstituten Paradigma-Konserven und zwingt sie zur Selbstghettoisierung. Öffnung nach außen wäre gefährlich, weil sie sehr bald zur Götterdämmerung führen könnte. Dann würden Paradigmata neugierig und unbefangen hinterfragt werden und bald würde manches als tradiertes Geröll abgeräumt werden, was heute noch wie Gold glänzt. Davor fürchtet sich die Institution. So hält man sich in besorgter Berührungsangst sowohl von Kontakten mit den anderen Wissenschaften, wie aber auch von der heutigen Vielfalt psychoanalytischer Theorien zurück. Kaum an einem Ort bestehen fruchtbare wechselseitige Beziehungen zwischen den psychoanalytischen Instituten und ihr nahestehenden Humanwissenschaften. Dasselbe gilt, seitdem es nicht mehr nur einen Gründervater gibt,

auch für die Beziehungen zwischen den psychoanalytischen Instituten selbst. Demzufolge existieren in den USA IPV Institute, die rein ichpsychologisch orientiert sind und in Lateinamerika solche, in denen ausschließlich die Theorien Melanie Kleins und/oder Bions gelehrt werden (Wallerstein u. Weinshel 1989, S. 357). Cooper beobachtet, daß die Isolation soweit geht, daß z.B. in den Instituten der Amerikanischen Psychoanalytischen Vereinigung (APA) die Kleinschen Theorien bis vor wenigen Jahren überhaupt nicht rezipiert waren, daß ein Terminus wie „object relations" im Vokabular derselben nicht vorkam (Cooper, 1990, S. 187).

Diese Selbstghettoisierung führt in den Instituten zu einem Zustand, der dem landwirtschaftlichen Prinzip der Monokultur entspricht. Daran ändert die gelegentliche hauseigene Rezeption von Forschungsergebnissen nichts. Gelegentliche Referate von Mitgliedern des eigenen Institutes über Forschung und Forschungsergebnisse außerhalb der Psychoanalyse wie in anderen psychoanalytischen Schulen können die Gruppe nicht in einen kritischen Diskurs bringen, weil Öffentlichkeit fehlt. Nur da, wo sie existiert, eine „räsonnierende Öffentlichkeit" (Kant), ist der Boden des wissenschaftlichen Gesprächs. Diese Entwicklung hat dazu geführt, daß von den psychoanalytischen Ausbildungsinstituten als von Berufsschulen gesprochen wird (Kernberg, 1984; Wallerstein und Weinshel, 1989).

Wir sehen, es geht wie in Glaubensgemeinschaften um die feste Einbindung des Gläubigen in die Gemeinschaft, um die Bewahrung der Lehre des Gründervaters in reiner Form und um Abgrenzung nach außen.

Um Abgrenzung geht es auch in der Definition von psychoanalytischer Praxis. Hier wird etwas festgeschrieben, dogmatisiert, was eigentlich in den Bereich der Technikdiskussion gehört. Ich meine die Frequenzfrage. Dogmatisch heißt: nur wer hochfrequent, d.h. mit fünf bis vier Stunden pro Woche analysiert, macht Analyse, alles andere sei Psychotherapie. Das, so behaupten Nedelmann und Reiche, sei der Identitätskern der Psychoanalyse. So sieht es auch der derzeitige Präsident der IPV, Sandler, und verknüpft die Frequenzfrage mit der Existenzfrage der IPV: Von der Aufrechterhaltung der Grenze zwischen Psychoanalyse und Psychotherapie hängt der Fortbestand der Psychoanalytischen Bewegung ab, stellt er 1991 fest (1991, S. 1). Vielleicht gelingt es ihm, mit diesem Merkmal die IPV-Analyse von der zu unterscheiden, die in den zahlreichen Gruppen und Schulen gemacht wird, die sich auch analytisch oder sogar freudianisch nennen. Aber nicht einmal das ist mehr sicher, weil der Unterschied nicht mehr kategorialer Natur ist. Was ihm nicht gelingt, ist, für diese Idee einen Konsensus in der eigenen Gruppe zu finden. Sie wird vielmehr durch die Frequenzfrage in zwei Lager gespalten, von denen das derjenigen, die niederfrequent arbeiten, zahlenmäßig weit größer ist, als das der Fundamentalisten. Ich schätze, daß die Relation in Europa und Nordamerika 70 zu 30 ist. Z.B. machen die Mitglieder der DPV, der 1981 zweitgrößten Zweigvereinigung in der IPV, bis auf die Prominenz, keine Analysen im Sinne der IPV (Cremerius, 1992).

Was bedeutet diese Entwicklung für die Zukunft? Ein Zweiklassensystem oder zur Vermeidung desselben die Einführung der Identitätsklausel? Diese besagt, daß ein Analytiker, der in der IPV ausgebildet ist, so Sandler, immer Psychoanalyse macht, gleich welches therapeutische Verfahren er anwendet. Diese Klausel hat zwei Nachteile. Der erste ist, daß sie gerade das verhindert, was sie leisten soll, nämlich die Abgrenzung gegen die Nicht-IPV-Analytiker. Wenn der Unterschied zwischen zwei Analytikern, die dasselbe tun, nur darin besteht, daß der eine von beiden ein „Geweihter" ist, dann schlägt das im Publikum nicht zu Buche. Da hilft dann schlußendlich auch der Zusatz IPV hinter dem Titel Psychoanalytiker nicht mehr. Mit der Aufgabe der sozialen Funktion der Psychoanalyse in der IPV hat sie in der Öffentlichkeit stark an Ansehen und Prestige verloren. Dafür spricht u.a. auch die Tatsache, daß IPV-Analytiker kaum noch Patienten für hochfrequente Langzeitanalysen finden. Gruyter spricht von einer zunehmenden Proletarisierung des Psychologenstandes (1990). – Der zweite Nachteil der Klausel ist der, daß sie nicht stimmt, denn das, was wir in der Praxis täglich tun, bestimmt unsere Identität, nicht die Ausbildung. Es gibt keine Erfahrung, aus der wir unverändert hervorgehen. Es sei denn, man argumentiert theologisch: einmal getauft, Christ auf Lebenszeit.

Wie schnell sich die sogenannte analytische Identität verliert und an ihre Stelle neue Perspektiven treten, sehe ich als Gutachter der deutschen Krankenkassenpsychotherapie. Meine Erfahrung stützt sich auf mehrere tausend Gutachten in etwa 18 Jahren. Die KollegenInnen, die an ihr teilnehmen, etwa 97 % aller DPV-Mitglieder, müssen Anträge einreichen, in denen sie u.a. den dynamischen Konflikt, den Behandlungsplan, die Diagnose und Prognose ausführlich darstellen müssen. Der Bericht umfaßt etwa 6 Seiten eines Vordruckes. Hier meine Beobachtung: Nach wenigen Jahren vorwiegender Arbeit mit nicht-analytischen Verfahren kommt es zu einem unmerklich gleitenden Übergang zu anderen Techniken, aber auch zu anderen Theoriestücken. Am auffallendsten ist, wie der kurative Impuls das Erkenntnisinteresse, das psychoanalytische Prinzip Aufklärung und Wissen, einschränkt, wie sich der Gegenstand der Arbeit verschiebt: an die Stelle der Phantasien treten Realfaktoren. Es wird nicht mehr scharf unterschieden zwischen den beiden Konzepten: Psychoanalyse beschäftigt sich mit dem, was das Ich getan hat, und mit dem, was ihm angetan wurde. Und schließlich lockert sich das Setting auf und die konsequente Arbeit im Feld von Übertragung und Widerstand vermischt sich unreflektiert mit Konzepten von Zuwendung und korrigierender emotionaler Erfahrung. Diese meine Erfahrung hat auch Wallerstein in den USA gemacht. Er beobachtet wie allmählich unterstützende Manöver klassische Analysen unreflektiert infiltrieren (1989, S. 36ff.).

Was ich hier beobachte, hatte Eissler schon 1965 vorausgesagt, als starke Veränderungen der psychoanalytischen Technik einsetzten. Er sei überzeugt, sagte er, daß die künftigen Analytiker bald nicht mehr in der Lage sein würden, die psychoanalytische Therapie so zu betreiben, wie Freud sie gelehrt habe (1965 und 1969). Die Arbeitsweise jener Analytiker, die im Rahmen des „widening scope" arbeiteten, gab im bald recht. Hier schien nach veränderter Indikationsstellung fast alles möglich. Deshalb sprach Anna Freud

7 Jahre später von einer „revolutionären, ja anarchischen Phase der Psychoanalyse“ (1972, S. 152).

Ich glaube, die Dogmatisierung eines einzigen Aspektes der psychoanalytischen Technik, der hohen Frequenz, dient nicht nur der Abgrenzung, sondern auch der Selbstaufwertung. Nach der Aufgabe der sozialen Funktion mußte ein Symbol gefunden werden, das der sinnentleerten Gemeinschaft einen elitären Status verlieh. (Nachdem die katholische Kirche durch den Pakt mit Hitler die „Religion der Liebe“ aufgegeben hatte, wählte sie einen Papst, der die Klapperstorchtheologie von der unbefleckten Empfängnis Mariä neu belebte.) Ich sollte noch hinzufügen, daß dieses elitäre Symbol der hochfrequenten Langzeitanalyse von vielen Analytikern zusätzlich durch eine Haltung hochstilisiert wird, die an christliche Opferhaltungen im Dienste der Nächstenliebe erinnert. Professionalität wird aufgegeben zugunsten grenzenloser Zuwendung. Man ist jederzeit und zu vielem bereit: bei Nacht, am Wochenende, bereit, die Ferien zu verschieben, bereit, unendliche Frustrationen auf sich zu nehmen, die archaische Destruktivität monatelang zu ertragen, den Patienten bis auf den psychotischen Kern zu begleiten, sich selber der Fusion auszusetzen etc.

Die beschriebene Entwicklung in der IPV in Richtung auf Psychotherapie bekommt jetzt Rückenwind, indem die bis dahin externalisierte und tabuisierte Psychotherapie in die IPV „heimgeholt“ werden soll. Unter dem Druck der Realität erkennt man, daß die alte Auffassung, ein Analytiker mache immer Analyse, auch wenn er Psychotherapie mache und brauche daher natürlich keine zusätzliche spezialisierte Ausbildung, nicht mehr haltbar ist. So fordert Sandler mit einer Gruppe deutscher Analytiker 1989 in Frankfurt eine zusätzliche spezialisierte Ausbildung in Psychotherapie in den Ausbildungsgang der psychoanalytischen Institute aufzunehmen, eine Technik, die den von Eissler gegebenen parametrischen Umfang von Modifikation erweitern soll (Sandler, 1989, S. 4). Sie soll nicht nur bei einer erweiterten Indikationsstellung, wie sie seit Jahrzehnten im Rahmen des „widening scope“ üblich war, angewandt werden, sondern immer dann, wenn der Analytiker durch „externe“ oder durch „interne“ Faktoren dazu gezwungen sei. Was hier gemeint ist, ist die Wendung von der theoriebezogenen Technik, wie sie bisher üblich war, – man wählte nur Fälle aus, die für das Verfahren geeignet waren – zur patientenorientierten Technik. Mario Mug beschließt die Frankfurter Diskussion über die Arbeit mit Sandler an dem Projekt mit dem kennzeichnenden Satz: „Ist es nicht verleugnend, wenn wir zwar in praktischer Arbeit durch Psychotherapien Geld verdienen, Psychotherapie aber aus Identitätsgründen nicht vermitteln wollen" (1989, S. 7)? Ich begrüße diese Entwicklung, weil sie Wahrheit herstellt und erhoffe mir von ihr, daß sie dazu führt, daß man Psychotherapie nicht nur lehrt, sondern auch zum Gegenstgand der Forschung macht. Ich bin überzeugt, daß in den Jahrzehnten, seit denen Analytiker, auch solche mit großer Kompetenz, Psychotherapie ausgeübt haben, Entdeckungen gemacht und Erkenntnisse gewonnen wurden, die bis jetzt der theoretischen Aufarbeitung nicht zugängig geworden sind. Natürlich sehe ich auch die Gefahr, daß Modifikationen der Technik bald in den Bereich gelangen, wo keine Kriterien mehr vorliegen, die sie kontrollieren. Meine Gutachtertätigkeit hat mir gezeigt, wie schnell Technik zu jener Libertinage entarten kann, die sich nur noch auf subjektive Kriterien beruft. Da ist bald der Stand von „everything goes" erreicht. Nun, Ausbildung in Psychotherapie sollte ja vielleicht gerade diese Gefahr bannen.

Daß hier ein neuer Geist in die analytischen Institute einziehen soll, machte Sandler an anderer Stelle in einem Vortrag aus demselben Jahr, auch in Deutschland, deutlich. Da spricht er davon, daß wir „bestenfalls" hoffen können, daß es eines Tages eine Partnerschaft zwischen Psychoanalyse und Psychiatrie geben wird. Sie würde auch beinhalten, daß Psychoanalytiker die physischen, chemischen und biologischen Aspekte des Verhaltens und solcher Wissensgebiete, wie die der erblichen Faktoren in der normalen und pathologischen Entwicklung in Betracht ziehen. Darüber hinaus glaubt er, daß sich der Kenntnisstand über die Kombination von Psychoanalyse und Medikation erweitern wird (1990, S. 49). Was er zukünftig für wünschenswert hält, muß ja auch heute da, wo sich Psychoanalyse und Psychiatrie berühren, gültig sein. Und natürlich auch in dem anderen Gebiet, dem der psychosomatischen Medizin, wo derartige naturwissenschaftliche Kenntnisse vom Psychoanalytiker gefordert werden. Auch hier wird ein Tabu gebrochen: Der perfekte Analytiker sollte eigentlich nur in Kategorien von Phantasien, Selbstrepräsentanzen, Konversion, Symbolisierung etc. denken. So schreibt es Freud 1932 an Victor v. Weizsäcker: Er habe seine Schüler aus erzieherischen Gründen von Innervationen, Gefäßerweiterung, Nervenbahnen etc. ferngehalten. „Sie hatten zu lernen, sich auf psychologische Denkweisen zu beschränken" (V. v. Weizsäcker, 1947).

Wir sehen, hier soll die Selbstghettoisierung der Psychoanalyse aufgehoben werden, sollen Analytiker ohne Berührungsängste naturwissenschaftliche Kenntnisse erwerben und wie ein praktizierender Arzt ein breites Spektrum von Therapieangeboten für Patienten bereithalten. Das ist nicht mehr der Analytiker, der nur Patienten für eine hochfrequente Langzeitanalyse auswählt. Der hier vorgestellte Analytiker reiht sich in die psychotherapeutische Versorgung der Bevölkerung ein, ja, er denkt sogar daran, Patienten während der Analyse, zwar durch einen Kollegen, medikamentös versorgen zu lassen. „Wir können die analytische Couch nicht länger als ein Prokrustes-Bett sehen, auf das die Technik rigide angewandt wird, ohne Rücksicht auf die besonderen Eigenschaften des Kranken", konstatiert Sandler (1989, S. 5).

Die Vertreter dieses liberalen „widening scope", so Sandler, ihr Promotor, glauben, gleichzeitig die alte, enge Position der Fundamentalisten verteidigen zu können. Da schreibt Sandler z.B. zwei Jahre nach diesem Frankfurter Vortrag: Die Integrität der Psychoanalytischen Bewegung ist bedroht, weil immer mehr Mitglieder der IPV niederfrequente Therapien machen. Die größte Gefahr liegt jedoch in der Tendenz, die Qualität der Ausbildung zu vermindern, z.B. wenn man die Stundenzahl der Lehranalysen und der Kontrollfälle auf weniger als vier Stunden pro Woche reduziert. „Unser Beruf steht und fällt mit der Qualität der Ausbildung" (1991, S. 1). Was Sandler hier nicht sieht, ist, daß diese Entwicklung ganz eindeutig gegen das gerichtet ist, was er erhalten will. Wenn nämlich Psychotherapie jetzt aus dem Untergrund der Verleugnung herausgeholt wird, wenn sie obligater Gegenstand des

Curriculums psychoanalytischer Institute wird, wird sie sich als Bumerang erweisen. Denn: In dem Maße, wie Analytiker Psychotherapien machen, in dem Maße wird sich, wie es meine Gutachtererfahrung gezeigt hat, der Identitätskern auflösen. Wenn wir daran denken, wieviele Mitglieder der IPV bereits nur noch irgendeine Form von Psychotherapie machen, dann taucht die Frage auf, wer soll den Identitätskern tradieren? Wer von diesen wird in einigen Jahren, wenn eine neue Generation zu Lehranalytikern und Dozenten ernannt werden muß, noch in der Lage sein, die Technik der hochfrequenten Langzeitanalyse weiterzugeben? Ohne Zweifel niemand, weil sie eine tägliche, langjährige Einübung und eine Haltung erfordert, die in der Regel in der Psychotherapie nicht eingenommen wird. Selbst in den Analysen des „widening scope", wo Analytiker mit Borderline-Patienten, Psychosen und schweren Charakterneurosen, wie sie betonen, analytisch arbeiten, gelingt es nicht, jene analytische Haltung zu bewahren, die Freud gemeint hat, die Eissler so formuliert: „Ich glaube jedoch, daß ... die bloße Tatsache des Wunsches des Therapeuten, den Patienten zu heilen statt Einsicht zu vermitteln, einen schlechten Dienst für ihn darstellt ... für die Patienten ist offensichtlich die beständige Haltung eines ‚Was sind die Gründe für?' ... therapeutisch wirksamer als eine Haltung, die von der Frage geleitet ist ‚wie sollte ich ... behandeln?'" (1965, S. 71).

Nehmen wir den Bericht von Little, einer Analytikerin, über ihre Analyse bei Winnicott im Jahre 1957 als Beispiel (Little, 1991). Als sie nach vierjähriger Analyse in eine Krise geraten sei, habe Winnicott sich ganz darauf eingestellt, ihr zu helfen, sie in die Klinik eingewiesen, mit den Ärzten konferiert, sie angerufen, ihr geschrieben. Wir erfahren ferner, daß Winnicott, der in den Stunden ihre Hand hielt, damit auch jenes Berufsmerkmal des Analytikers außer Kraft setzte, das ihn, so wurde bisher gelehrt, von allen anderen therapeutischen Berufen unterscheiden solle: Der Analytiker ist jemand, der nie Hand anlegt (Hoffmann, 1983).

Dieses Beispiel steht zugleich prototypisch dafür, daß Analytiker immer schon innerhalb analytischer Prozesse, wie außerhalb derselben, Psychotherapie gemacht und sich dabei wenig um

Eisslers Parameter geschert haben. Von Deutschland und von Frankreich wissen wir, daß die Analytiker vor dem Zweiten Weltkrieg nie vierstündig gearbeitet haben. Das belegt meinen Verdacht, daß die Dogmatisierung der hochfrequenten Langzeitanalyse eine kompensatorische Selbstaufwertung der IPV ist.

Wenn ich prognostizieren darf, so würde ich sagen, daß der Trend immer mehr zu psychotherapeutischen Verfahren gehen wird, zur Teilnahme an Gesundheitsdiensten, die für ihre Leistungen natürlich Einfluß nehmen wollen, zur Veränderung des Ausbildungssystems in Richtung auf Vorbereitung zur psychotherapeutischen Versorgung der Bevölkerung. Letzteres prognostiziert auch Cooper für Nordamerika (1990). D.h., daß bald kein Unterschied mehr zwischen IPV-Analyse und der Analyse der vielen Gruppen und Schulen existieren wird, die irgendeine Art von Psychotherapie machen. Den Namen Freud dürfen alle führen. Die IPV vergaß, ihn sich patentieren zu lassen. Sie war zu sicher in ihrem „Freud habemus".

Besorgt mich das? Nein. Dem Niedergang der psychoanalytischen Institution zu einem reinen Berufsverband kann ich gelassen zusehen. Er war nach der Aufgabe ihrer sozialen Funktion voraussagbar, so voraussagbar, wie der Niedergang der anderen Internationale, die denselben Weg gegangen ist. Die psychoanalytische Gesinnung, welche die IPV vertritt, deckt sich nicht mehr mit dem Gedanken der Aufklärung, die im Namen vorbehaltlosen, kritischen Forschens und von Gedankenfreiheit die Aufhebung von Willkür und das Ende von Glaubenshaltungen fordert und Vorurteile und Heuchelei unterbinden will. In ihr haben sich fast alle Freudschen Ideale ins Gegenteil verkehrt.

Wo steht der Alte, zornig, heute? Ich bin für die Sache der Psychoanalyse voller Zuversicht, ganz unbesorgt. Sie hat in diesem Jahrhundert als bloße Idee, unabhängig von den organisatorischen Machtapperaten der IPV, genau das geschaffen, was Stefan Zweig ihr 1939 voraussagte: „Ein Klima der Denkungsart", das die geistige Welt Europas und Nordamerikas tief beeinflußt hat. Daß es noch weit in das neue Jahrhundert hineinreichen wird, dessen bin ich sicher.

Anmerkungen

* Vortrag gehalten im Psychoanalytischen Seminar Zürich am 15.10.1991 im Rahmen des Zyklus „Die Endlichkeit der Psychoanalyse"

1 Nicht einmal innerhalb der eigenen Vereinigung haben die weiblichen Mitglieder gegen die offensichtliche Benachteiligung der Frau protestiert: Nur einmal in der Geschichte der Psychoanalyse war eine Frau, Phyllis Greenacer, 1965, und das nur kurze Zeit und stellvertretend, Präsidentin der IPV. Das Mann-Frau-Verhältnis verschiebt sich in der aufsteigenden Hierarchie der DPV zu Gunsten der Männer. In der Klasse der Lehranalytiker sind Frauen deutlich unterrepräsentiert.

2 Damals hatte die Pariser Psychoanalytische Vereinigung die Einführung eines B-Kurses beantragt. Das Neue gegenüber dem bestehenden A-Kurs war der Ersatz der Lehranalyse durch eine persönliche Analyse vor Ausbildungsbeginn, wie die Abschaffung des Titels „Lehranalytiker". Die IPV ließ diesen Kursus nicht zu (Barande, 1987).

3 Und Holt fordert, die Psychoanalyse müsse die Wracks der Freudschen Metatheorie wegräumen, die immer noch die Ausbildung behindern, damit ein epistomologisch klares Feld entstehen könne, von dem aus Theoriebildung neu beginnen kann (1990).

4 In welch konfuser Situation psychoanalytische Ausbildung stattfindet, demonstrieren diese Festlegungen von Jones, Lipton und Greenson: Würde ein Ausbildungskandidat im Kolloquium eine Patientin behandeln, wie Freud die Dora, würde einer irgendeine der Manipulationen Freuds nachvollziehen, etwa einem Patienten ein Frühstück servieren zu lassen, oder einen Blütenzweig während der Sitzung zu überreichen, wäre es um das Kolloquium geschehen.

Literatur

Balint, M. (1947): *Über das psychoanalytische Ausbildungssystem.* In: Ders. (1966): *Die Urformen der Liebe und die Technik der Psychoanalyse.* Bern, Stuttgart (Huber).

Barande, J. (1987): *Erfahrungen und Gedanken zur psychoanalytischen Ausbildung.* Arbeitstagung der DPV in Essen. Mai 1987, 11-22.

Bernfeld, S. (1952): *Über die psychoanalytische Ausbildung.* Psyche, *38* (1984), 437-459.

Bird, B. (1968): *On candidate selection and its relation to analysis.* Int. J. Psycho-Anal., *49*, 513-526.

Brecht, K. et al. (1985): *„Hier geht das Leben auf eine sehr merkwürdige Weise weiter ..."* Zur Geschichte der Psychoanalyse in Deutschland. Hamburg (Kellner).

Cooper, A.M. (1990): *The future of Psychoanalysis.* Psa. Quart., *59*, 177-196.

Ders. (1986): *Die „Psychoanalytische Bewegung" und das Elend der psychoanalytischen Institution.* Psyche, *40*, 1063-1091.

Cremerius, J. (1987): *Wenn wir als Psychoanalytiker die Psychoanalytische Ausbildung organisieren, müssen wir sie psychoanalytisch organisieren.* Psyche, *41*, 1067-1096.

Ders. (1989): *Lehranalyse und Macht.* Forum der Psychoanalyse, *5*, 190-209.

Ders. (1992): *Die Auswirkungen der Verflüchtigung des Sexuellen in der Psychoanalyse auf die Beurteilung von Homosexualität*, Psychoanalyse im Widerspruch, *7*, 7-20.

Ders. (1992): *„Der Lehranalytiker begeht jeden einzelnen dieser Fehler"*, in: U. Streeck und H. V. Werthmann (Hg.): *Lehranalyse und analytische Ausbildung.* Göttingen (Vandenhoeck u. Ruprecht), 52-70.

Eissler, K.R. (1965): *Medical Orthodoxy and the future of Psychoanalysis.* New York (Int. Univ. Press).

Erdheim, M. (1986): *Wenn Institutionen ver-enden.* In: *Between the devil and the deep blue Sea.* Psa im Netz. Freiburg 1987 (Kore), 245-258.

Federn, E. (1967): *How Freudian are the Freudians?* Some remarks of an unpublished letter. J. history behavorial sciences, III, Nr. 3, 269-281.

Federn, E. (1972): *A cooperation through life.* In: Ders. (Hg.): *Thirty-five years with Freud.* In honour of the hundredth anniversary of Paul Federn, M.D.J. Clinical Psychology, Monogr. Supplem., *32*, 18-34.

Freud, A. (1937, 1950): *Probleme der Lehranalyse.* Psyche, *24*, (1970), 565-576.

Dies. (1972): *Child analysis as a subspeciality.* Int. J. Psycho-Anal., *53*, 151-156.

Dies. (1976): *Bemerkungen über Probleme der psychoanalytischen Ausbildung.* In: Dies. (Hg.) *Die Schriften der Anna Freud*, 10 Bde., München 1980 (Kindler) Bd. 10, 2805-2810.

Freud, S. (1926e): *Zur Frage der Laienanalyse.* G.W. XIV, 207-307.

Ders. (1933a): *Neue Folge der Vorlesungen zur Einführung in die Psychoanalyse.* G.W. XV.

Ders. (1941d): *Psychoanalyse und Telepathie*. G.W. XVII, 27-44.

Ders. (1967f): *Brief an Paul Federn* (27.03.1926). s. E. Federn 1967.

Freud, S. und O. Pfister (1963): *Briefe 1929-1939*. Hg. von E.L. Freud und H. Meng. Frankfurt a.M. (Fischer).

Greenson, R.R. (1967): *Technik und Praxis der Psychoanalyse*. Stuttgart 1973 (Klett).

Grütter, E. (1990): *Ketzerisches zur Psychoanalyse und zum Psychoanalytischen Seminar Zürich*. Journal, *23*, 18-28.

Hoffmann, S.O. (1983): *Die niederfrequente psychoanalytische Langzeittherapie*. Konzeption, Technik und Versuch einer Abgrenzung gegenüber den klassischen Verfahren. In: Ders. (Hg.) *Deutung und Beziehung*. Frankfurt (Fischer), 183-193.

Holt, R.R. (1990): *A Peristroika for Psychoanalysis: Crisis and Renewal*. Unveröffentl. Vortrag am 12. Januar 1990 in New York. Zit. Richards. A.D. 1990.

Jones, E. (1953-1957): *Das Leben und Werk von Sigmund Freud*. 3 Bde. Bern (Huber) 1960-1962.

Kernberg, O.F. (1984): *Changes in the nature of psa. training and standards of the training*. In: R.S. Wallerstein (Hg.): *Changes in Analysts and in their training*. The Int. Psychoanal. Ass. Monograph Serie, *4*, 56-62.

Knight, R. (1953): *The present status of organized psychoanalysis in the United States*. J. Am. Psychoanal. Ass., *1*, 197-221.

Lipton, S.D. (1977): *Freuds technique and the Rat Man*. Int. J. Psycho-Anal., *58*, 255-273.

Little, M. (1991): *Regression und Abhängigkeit*. Psyche, *45*, 914-930.

Marmor, J. (1980): Homosexual Behavior. New York (Basic Books).

Parin, P. (1986): *Die Verflüchtigung des Sexuellen in der Psychoanalyse*. In: Sexualität. Hrsg.: Psa. Seminar Zürich. Frankfurt a.M. (Syndikat).

Parin, P. (1990): *Die Beschädigung der Psychoanalyse in der angelsächsischen Emigration und ihre Rückkehr nach Europa*. Psyche, *44*, 1991-202.

Richards, A.D. (1990): *The future of Psychoanalysis: the past, present and future of psychoanalytic theory*. Psa. Quart., *59*, 347-369.

Sachs, H. (1930): *Die Lehranalyse*. In: *Zehn Jahre Berliner Psychoanalytisches Institut*. Wien (Int. Psychoanal. Verlag) 53f.

Ders. (1947): *Beobachtungen eines Lehranalytikers*. Psa. Quart., *16*, 157-168.

Sandler, J. (1983): *Die Beziehung zwischen psychoanalytischen Konzepten und psychoanalytischer Praxis*. Psyche, *37*, 577-595.

Ders. (1989): *Psychoanalyse und psychoanalytische Psychotherapie; Das Problem der Abgrenzung*. DPV-Information Nr. 5, April 1989, 1-5.

Ders. (1990): *Die Zukunft der Psychoanalyse. In: Herausforderungen für die Psychoanalyse*. Hg.: U. Streeck und H.-V. Werthmann. München (Pfeiffer), 37-50.

Ders. (1991): *Mitteilungen des Präsidenten: Prof. Joseph Sandler*, IPA-Newsletter, *XXII*, Nr. 2, Januar 1991.

Wallerstein, R.S. (1991): *Psychoanalytic education and research: a transformative proposal*. Psa. Inquiry, *11*, 196-225.

Wallerstein, R.S. und E.M. Weinshel (1989): *The future of Psychoanalysis*. Psa. Quart., *58*, 341-373.

Weizsäcker, V. von (1947): *Körpergeschehen und Neurose*. Stuttgart (Klett).

Widlöcher, D. (1983): *The professional career of the psychoanalist and problems of training*. In: *Psychoanalytic training in Europe*. Bull. Monographs, 37-43.

Sabine Prokhoris

Die Psychoanalyse, eine Pragmatik des Wahren? Einige Fragen, ausgehend von Michel Foucault.

Hat es noch einen sachlichen Sinn, wenn sich ein Psychoanalytiker, der – im umfassendsten Sinne dieses Ausdrucks – voll in seiner Disziplin steht, der Versuchung aussetzt, sich durch Foucaults Aussagen über die Psychoanalyse in Frage stellen und in einem gewissen Sinne gar mißhandeln zu lassen, oder bezeigt er damit nur seine Bereitschaft zum Masochismus?

Denn bekanntlich hat Foucault, nachdem er früher einmal der Psychoanalyse eingeräumt hatte, eine Erfahrung der Befreiung und sogar der Überschreitung zu sein, seitdem mit großer Heftigkeit gegen sie Stellung bezogen und sie dabei schonungslos als eine in der reinsten Tradition des Geständnisses stehende Prozedur der Normalisierung des Individuums denunziert. So jedenfalls sein Argument, soweit es sich auf ihre Praxis bezieht. Was nun die diese Praxis gewährleistende Theorie anbetrifft, wie sie sich um die Vorstellung des Unbewußten herum artikuliert – wodurch eine unabhängig von den Wechselfällen der Geschichte in einer Begrifflichkeit von Wunsch und Verdrängung gedachte Konzeption der Sexualität begründet wird –, so stellt der Denker einer Geschichte der Weisen der Subjektivierung, einer Geschichte der Wahrheit radikal die Haltbarkeit ihrer Grundlagen in Frage – zum Beispiel mit dem Projekt einer Geschichte der Sexualität.

Folglich gilt Foucault bei den Psychoanalytikern als jemand, der nichts begriffen hat von dem, was in der Freudschen Entdekkung und ihrer Um-Wertung durch Lacan wirklich auf dem Spiel steht. Warum also überhaupt auf ihn hören, wenn es doch nur dazu dienen kann, seine Kritik als einen Widerstand oder gar als ein Symptom zu deuten und so bloß zusätzliche, aber nicht notwendige „Beweise" für die psychoanalytische Wahrheit zu liefern? Und die getreuen „Foucauldianer“ wiederum, in deren Augen die Frage der Psychoanalyse von Foucault voll und ganz geregelt worden ist, haben dafür, daß die Psychoanalytiker auf die Idee kommen könnten, in den Texten Foucaults auf Beutesuche zu gehen, in aller Regel nur Mißtrauen und Skepsis übrig.

Und doch ist es vielleicht nicht ganz so nutzlos, wie uns die gekräuselten Lippen auf beiden Seiten weismachen wollen, wenn man die „Wette“, es handle sich hier um eine „verfehlte Begegnung“, erst einmal hält und sieht, was sich daraus für die Psychoanalyse herausholen läßt. Das ist wenigstens meine Hypothese. Nicht, daß es nun darum gehen soll, auf Teufel komm ’raus Punkte der Übereinstimmung oder gar noch der Rückversicherung in einem seiner Dialektik halber angeblich stimulierenden Widerstreit herauszukitzeln. Es interessiert mich mehr die Frage, ob die Einsätze, in deren Namen eine gewisse Anzahl von Logiken und Strategien bei Foucault der Psychoanalyse gegenüber entwickelt werden, nicht letztere auf eine neuartige und möglicherweise fruchtbare Weise in Frage stellen. Die Psychoanalyse als eine ganz und gar besondere Spielart einer Praktik des Selbst und einer Praktik des Anderen. Eine Befragung, die vielleicht noch dadurch an Aktualität gewinnt, daß das Lacansche Erbe mit dem Seminar VII „L’éthique de la psychanalyse“ [„Die Ehtik der Psychoanalyse“] im Hinblick auf eine „psychoanalytische Ethik“ eine sehr dezidierte Konzeption vorgelegt hat, deren Auswirkungen noch im Politischen im direktesten Sinne zu spüren sind. Im Politischen, das heißt in genau dem Feld, auf das hin Foucault das Wesentliche seiner Befragungen artikuliert – so auch in ihrer letzten Version, sozusagen durch das an die Ethik der Selbstsorge rührende Fragen getragenen Version.

Also gerade als jemand, der die Psychoanalyse praktiziert – zunächst als Analysantin, dann als Analytikerin –, ist es für mich von Interesse, ausgehend vom Fragen Foucaults in seinen Bewegungen und Verschiebungen über diese Praxis oder Praktik, die – im starken Sinne dieses Wortes – an erster Stelle eine Erfahrung ist, nachzudenken. Dabei motiviert mich selbst besonders die Sorge, in dem, was das Eigentümliche dieser Erfahrung ausmacht, in den subjektiven Gefahren, die sie mit sich bringt, in nichts nachzugeben. Eine Erfahrung, die einhergeht mit einem prinzipiellen Verdacht, mit einer Pflicht zur Respektlosigkeit gegenüber allem, was die Frömmler aller Ränder der „Cause Psychanalytique“, der „Sache der Psychoanalyse“ auch immer zur psychoanalytischen „Wahrheit“ befördern wollen könnten. Die Versuchung einer Weltanschauung – mit der damit einherschreitenden Gleichschaltung des Subjekts – ist in der Tat nicht weit entfernt, wenn der psychoanalytische Diskurs sich anmaßt, das Gesetz zu sein. Eine Versuchung, in der sogar das Lebendige jener der Psychoanalyse immanenten Prüfung, die das Subjekt der Unvollständigkeit aussetzt, in die es durch die Alterität geworfen wird, seine Kraft verliert und sich auflöst; alles läuft nunmehr so ab, als ob man es bloß noch mit einem Psychoanalyse-*Ersatz**[1] in Gestalt einer angewandten Psychoanalyse zu tun hätte, wobei die Kur eben auch nur eine dieser Anwendungen wäre. Angewandt als eine Lehre, und genau darin vollzieht sich der Verrat an dem Risiko, mit dem für die Psychoanalyse der theoretische Versuch verbunden war. Denn für das psychoanalytische Wissen ist es meines Erachtens wichtig, daß man es eben nicht nur im Hinblick auf die darin erarbeiteten Inhalte unter die Lupe nehmen muß, sondern gleichermaßen auch in bezug auf die Ordnung und auf das Statut, die für dieses gelten müssen und die derart mit der eigentümlichen Erfahrung der Kur verknüpft sind, daß sie sich, ohne ihre Trefflichkeit zu verlieren, auf keinerlei Weise in andere Felder exportieren lassen und noch weniger zur Grundlage für irgendeine Erklärung oder Vorschrift eignen, was es auch sei. Das gleiche gilt übrigens auch für den eigenen Bereich der Psychoanalyse; man muß es halt anerkennen, daß sich aus dem theoretischen Diskurs, beispielsweise dem Freudschen, als Vorschrift nur eine „Anti-Gebrauchsanleitung“ herleiten läßt. Die Fremdartigkeit der Texte Freuds, im Buchstaben und im Stil seines Schreibens, bezeugt dies auf bemerkenswerte Weise; Freud, der auf den ersten Seiten der *Traumdeutung* für sich ein „Recht auf Inkonsequenz“ im Denken beansprucht, wie es meinem Eindruck nach Foucault, der folgendes schrieb: „Es gibt im Leben Augenblicke, da die Frage, ob man anders denken kann, als man denkt, und anders wahrnehmen kann, als man sieht, zum Weiterschauen oder Weiterdenken unentbehrlich ist“[2], seinerseits mit großer Intensität als Risiko und Bedingung des Denkens praktiziert hat.

Das ist darüber hinaus eine der Perspektiven bei Foucault, an denen er in seinem Werk stets festgehalten hat und die mir gut geeignet scheint, um zu einer Sache, die im Hinblick auf die Psychoanalyse wesentlich ist, einen Zugang herzustellen: die Perspektive nämlich, die eine bestimmte Anzahl von Fragen in Begriffen einer Pragmatik, sagen wir, einer Pragmatik des Selbst, stellt.

Wenn Foucault schreibt: „Was macht man aus sich selbst? Welche Arbeit vollzieht man an sich? Wie beherrscht man sich in der Ausübung von Handlungen, bei denen man selbst das Ziel dieser Handlungen ist, der Bereich ihrer Anwendung, das Instrument, auf das sie zurückgreifen, und das Subjekt, welches handelt?“ und so – im Rahmen der Vorlesung, der diese Fragestellung entnommen ist – das Wissen über sich an ein *Tun* bindet, welches das Sich als Subjekt dieses demiurgischen „Wissens“ oder dieser wissenden Demiurgie hervorbringt, wenn er folglich die Bezüge zu sich selbst zu einer mit Wisseneffekten verknüpften technischen Armatur aufgliedert, wenn er diese Form der Aktivität, diese „Askese“ überprüft, in der sich die Selbstsorge durch ihre konstitutive Verbindung mit „wahren“ Diskursen bestimmt, dann kann ein psychoanalytisches Ohr gar nicht anders als hellwach werden. Die psychoanalytische Erfahrung ist in der Tat eine Erfahrung, die in den Dispositiven einer sehr strikt bestimmten Art von Sprachpraktik und unter recht spezifischen Regeln Form und Konsistenz gewinnt. Die psychoanalytische Situation und die daraus folgenden Effekte, die von den Psychoanalytikern in der Begrifflichkeit der Übertragung gedacht werden, werden zuerst in der Freudschen Formulierung der *talking cure* definiert – einer Sprech-Kur –, und dies in einer ganz und gar einzigartigen Ordnung des Sprechens und des Gesprächs. Es ist also überhaupt nicht absurd, sie als eine der Formen der „Selbstsorge“, als einen Modus der Subjektivierung anzusehen, der seine eigene Logik hat. Unterstellen wir also die Richtigkeit der folgenden Behauptung: daß die Psychoanalyse als Praxis oder Praktik sich mit den von ihr hervorgebrachten Wissenseffekten je spezifisch in jedem der beiden von Foucault artikulierten Themen unterbringen läßt – in dem der Geschichte der Subjektivität und in dem der Analyse der Formen der Regierungskunst *(gouvernementalité)*, insbesondere, was die Regierung seiner selbst in seinen Bezügen zum Anderen angeht; daß sie sogar hervorragend darin unterzubringen ist, wenn man dieser conditio sine qua non, dieser notwendigen, wenn auch nicht hinreichenden Bedingung ihr ganzes Gewicht verleiht, die es jedem Analytiker abverlangt, sich selbst vorweg dem Prozeß der Analyse unterzogen zu haben.

Was ergibt sich daraus an Fragen, die man sich, die man der Psychoanalyse zu stellen hat?

Die man der Psychoanalyse, doch vielleicht auch den Positionen zu stellen hat, von denen man weiß, daß Foucault sie ihr gegenüber eingenommen hat. Denn bemerkenswerterweise haben die Foucaultschen Widerrufe, was dieses Kapitel betrifft, sehr direkt mit den Verschiebungen seiner eigenen Einsätze bzw. ihrer Formulierung oder den sich im Verlauf seiner Arbeit einander ablösenden spezifischen Angriffswinkeln zu tun. Auf eine Problematik der Überschreitung, die recht bald aufhören sollte, eine organisierende Rolle in seinem Denken zu spielen, entsprach der Moment eines idyllischen Miteinanders zwischen Foucault und der Psychoanalyse. Als dann mit *Überwachen und Strafen* und *Der Wille zum Wissen* die Frage des Geständnisses und seiner Prozeduren an die erste Stelle rückte, hatte das für die Psychoanalyse ihre Ächtung zur Folge. Doch welches Schicksal dürfte nunmehr der Psychoanalyse beschieden sein – von genau dem Moment an, wo – in den letzten Versuchen, die einen radikalen Wechsel in der Perspektive verzeichnen – die Fragen, die eine Zeitlang um das Gesetz, dann um die Mächte und die Subjektivierungsweisen der Erziehungssysteme gekreist waren, sich zu einer Problematik eben der Regierungskunst – man könnte sogar von Regierungskünsten sprechen – hin verschieben bzw. in dieser auflösen? Wenn der Versuch als „modifizierende Selbstprüfung im Spiel der Wahrheit“

eine der, in Foucaults eigenen Worten, fruchtbaren Formen dessen ist, was er die Regierungskunst nennt, würde da nicht die Psychoanalyse in einem bestimmten Sinne unterzubringen sein? Sie wäre dann allerdings nicht mehr als romantische Erfahrung der Überschreitung und auch nicht – nicht zwangsläufig jedenfalls – als tyrannische normalisierende Unterwerfung *(assujettissement)* zu begreifen, sondern als ein bestimmter Typ von *Spiel*. Ein Wort, das ich nicht nur seines quasi methodologischen Wertes bei Foucault, sondern auch seines an Wittgenstein erinnernden Beiklangs wegen für wichtig halte: Das Spiel setzt Regeln voraus, durch die es definiert wird und die sein Funktionieren erfinden; es hat also nichts von einem Absoluten, einem Imperativ an sich, genausowenig wie es ein natürliches Objekt ist. Von „Spiel" zu sprechen, macht es mir jedenfalls möglich, so mein Eindruck, die Spiegelbeziehung der Sprache und der Wahrheit zu durchbrechen, die jeden Moment die Psychoanalyse einzuschließen droht – was nicht ohne schwerwiegende Konsequenzen wäre –, um so in eine Pragmatik des Wahren einzuführen, die deren Grenzen zeichnet und im selben Zug zieht. In eine Pragmatik des Wahren – und die Psychoanalyse könnte durchaus eine ihrer Gestalten sein.

Wenn also der Psychoanalyse in einer Perspektive dieses Typs eine Frage zu stellen wäre, so könnte es die folgende sein: Um genau welches Spielgenre handelt es sich, wenn man die konkreten Dispositive – eben die der psychoanalytischen Sitzung – als gegeben unterstellt? Aber auch: Auf welche Vorstellungen(en) von sich muß die Psychoanalyse verzichten, sobald ihre Einsätze in der Begrifflichkeit einer Pragmatik definiert werden? Eine Befragung, von der aus die Frage nach den Effekten des Sprechens in der Analyse neue Nahrung finden könnte.

Ich würde gern, um einige elementare Überlegungen zu diesen Fragen herauszuarbeiten, von einer in meinen Augen fundamentalen Aussage Foucaults ausgehen, deren Effekte im Feld der Psychoanalyse es, wie ich glaube, verdienen, daß man es zuläßt, daß sie sich darin entfalten. Es geht um das, was Foucault in der Antrittsvorlesung am Collège de France für sich als den zukünftigen Haupteinsatz seiner Arbeit festlegt und was er mit folgenden

Worten formuliert: „Man muß unseren Willen zur Wahrheit in Frage stellen; man muß dem Diskurs seinen Ereignischarakter zurückerstatten; endlich muß man die Oberhoheit des Signifikanten aufheben."[3]

Wie kann die Psychoanalyse – wie kann der Psychoanalytiker in der Arbeit mit seinen Analysanten – dies begreifen? Und überhaupt, warum sollten sie es begreifen?

Befragungen, die heikler sind als die Fragen der Wahrheit und des Signifikanten – des „Signifikanten in actu", von dem her sich, jedenfalls für Lacan, die Psychoanalyse in ihrem Akt definiert, die Psychoanalyse, deren Ziel, wie es bei ihm heißt, „eine bestimmte Realisierung der Operation Wahrheit voraussetzt", wonach diese Fragen also genau die zu sein scheinen, um die die Psychoanalyse kreist, jene Psychoanalyse zumindest, wie sie in der Perspektive der von Lacan propagierten „Rückkehr zu Freud" begriffen wird. Die Hervorhebung dieser Punkte, die innerhalb des französischen Kontextes – und das ist der, auf den Foucault sich bezieht, wenn er von Psychoanalyse spricht – die absolut bestimmenden sind, ist deshalb nichts zu Vernachlässigendes.

Wenn also die „psychoanalytische Realisierung des Subjekts" – um einen Ausdruck Lacans aufzunehmen – das heißt eben auch seine Hervorbringung in dem von der Analyse eingerichteten Gesprächsdispositiv direkt an das gebunden ist, was Lacan für sich „die Heraufkunft eines wahren Sprechens" nennt, so ist die Frage durchaus angebracht, ob die Foucaultsche Behauptung, die ich gerade eben referiert habe, ein derartiges Vorhaben potentiell betrifft, und wenn ja, worin.

Die Hypothese, die ich in einer vielleicht später neu zu bewertenden Form formulieren werde, ist grob umrissen die folgende: Wenn man sich nicht vor einer allzu „gläubigen" Anbindung an eine Montage hütet, die Akt, Sprechen und Wahrheit derart artikuliert und aus der Psychoanalyse alles in allem einen „Wahrheitsakt" macht – in dem Sinne, in dem die Religion von einem Glaubensakt oder einem Reueakt spricht, von einem zutiefst performativen Sprechen also, welches das wahr-sprechende bzw. das gläubige oder das reuige Subjekt hervorbringt –, so ist eine derartige Anbindung nicht frei von einer Versuchung der Tyrannei: die Oberhoheit des Signifikanten und die Evidenz der Wahrheit als Begehren sind genau die Elemente einer „Zurichtung" des Subjekts in einem quasi nietzscheanischen Sinne, in einer niemals reinen Strategie von Einsätzen, unter denen der, „das Verhalten anderer zu bestimmen", um einen Ausdruck Foucaults zum Thema der Ethik der Selbstsorge aufzunehmen, mit Sicherheit nicht fehlen wird. Wir haben es hier mit einer Art Regierungskunst zu tun, wo etwas, das der Strategie des Geständnisses zugehört, in einer gewiß subtileren Form als in der Version vom Typ „Bekenntnis", worin das Subjekt der Aussage und das Subjekt des Aussagens mit Sicherheit zusammenfallen – was in der Situation des psychoanalytischen Sprechens eigentlich nicht so ist –, das aber auch zugleich dem Subjekt Möglichkeiten bietet zu entwischen, deutlich hervorzutreten droht. Möglichkeiten zu entwischen, die im analytischen Dispositiv gewissermaßen außer Funktion gesetzt sind, und zwar genau aufgrund des Nicht-Zusammenfallens des Subjekts der Aussage und des Subjekts des Aussagens und der darauf Bezug nehmenden Funktion der Deutung.

Nun, das Foucaultsche Fragen erlaubt es uns, glaube ich, nicht aus dem Blick zu verlieren, daß eine solche Montage schlichtweg ein besonderes Dispositiv einer Pragmatik des Wahren ist. Und daß es deshalb auch keinen „Wahrheitsakt" gibt, der nicht – als eine seiner möglichen Figuren – in einem „Wahrheitsspiel" einbegriffen ist, das heißt, der nicht Einsätze enthielte, bei denen selbst die Frage der Wahrheit alles in allem nur ein strategisches Element ausmacht. Was für Strategien beispielsweise in der Lacanschen Montage am Werk sind, und zu welchen Zwecken, ist eine Frage, die mit großer Leidenschaft im – wie man sagen muß – ziemlich grellen Lichte zu prüfen wäre, welches Foucault auf die Praktiken der Regierungskunst wirft und das vor allem den Glauben betrifft. Ich werde mich damit jetzt nicht befassen, denn dazu wären Ausarbeitungen und Nuancierungen vonnöten, die über die uns zugestandene Zeit hinausgehen. Stattdessen möchte ich gern deutlich herausstellen, daß von dem Moment an, wo das analytische Sprechen, das als Wahrheitsakt definiert war, unter dem Blickwinkel der Ausübung eines bestimmten Wahrheitsspiels betrachtet wird, als etwas ganz und gar Zentrales eine Dimension des Ereignisses wiederentdeckt wird. Eine Dimension nämlich, die in der Tat dazu führt, die Frage des Signifikanten anders zu artikulieren und folgerichtig den Glauben aufzulösen an die Selbstreferentialität der Wahrheit, den angeblichen „index sui" im Sprechen in der Analyse, und auch, wenn dieses „sui" das Unbewußte war.

Was an dem besonderen Modus des Gesprächs, den die Sitzung unterhält, macht indes den Versuch möglich, das analytische Dispositiv von dem besonderen Ereignis aus zu denken, in dem es den Diskurs seine Konsistenz gewinnen läßt?

Sehen wir uns also die Freudsche Erfindung an, nicht so sehr unter dem Blickwinkel der theoretischen Inhalte, die sie erarbeitet – die im übrigen stets in sich gespalten und auf erstaunliche Weise an einen in Bewegung befindlichen Text gebunden sind, in dem eine modifizierende Selbstprüfung beständig das Denken transformiert und dessen Verfassung unermüdlich wieder in Frage stellt – das extravagante Beispiel der *Traumdeutung* stellt dafür noch in ihrem Schreibstil ein mächtiges Zeugnis dar! –, sondern bezogen auf die Sprechsituation, auf das Sprachspiel, welches Freud inauguriert und welches sich von der normalen Konversation, vom Bekenntnis und von jeder anderen schon bekannten Situation unterscheidet. Etwas Noch-nie-Dagewesenes entsteht darin und bestimmt sich in der Imagination dieser neuen Regeln, sich an den Anderen zu wenden, als ein neues Spiel. Welcher Platz und welche Bestimmungen werden dabei dem Ereignis – das etwas anderes ist als die Heraufkunft –, dem Ereignis, insofern es mit der Möglichkeit des Neuen zu tun hat, übertragen?

Das Freudsche Dispositiv – das auf abrupte, fast aphoristische Weise in der berühmten „Grundregel" zusammengefaßt wird – zielt darauf hin, daß assoziiert wird. Mit anderen Worten, daß durch eine bestimmte diskursive Praktik des Selbst in seiner Wendung an den Anderen etwas vom Gesagten in seinen ungewußten Verbindungen zum Erscheinen gebracht oder, mehr noch, *hervorgebracht* wird. Daß dies ausgehend von einem besonderen Modus des Hörens geschieht, rückt die Begegnung als Quelle oder

Matrix des Sagens in den Vordergrund. Die Begegnung, und zwar mehr als eine Prüfung der Enteignung als der einer Beherrschung. Wenn der Analytiker sich für einen Sokrates hält, so erliegt er damit zweifelsohne einer Täuschung, außer er macht aus Sokrates einen Barbaren ... Wenn das Sprechen nach dem schönen Wort Montaignes „zur Hälfte dem gehört, der spricht, und zur Hälfte dem, der zuhört", so kommt, wie es scheint, in der radikalen Dissymmetrie des analytischen Spiels eine gewisse nackte Erfahrung dieses Spiels zustande. Wenn die hervorgebrachten Verbindungen, die ihr Erscheinen den Assoziationen verdanken, als „überdeterminiert" bezeichnet werden, so geschieht das gemäß einer „Logik", welche Freud als die der Primärvorgänge thematisiert hat und welche beispielhaft in der Erfindung innerhalb des Traums am Werk ist und worin *das Ereignis einen Vorrang hat gegenüber dem Signifikanten* und ihn als solchen konstituiert: Zwar hat Freud sich des Bildes des Rebus bedient, um den Traum zu denken, doch allein von einer Thematik der (Wunsch)*Erfüllung* her nimmt ein solches Bild Sinn an. Alles in allem ist die jedem assoziativen Sprechen unterliegende Logik der Primärvorgänge vor allem eine Logik der Hervorbringung des Nie-Dagewesenen. „An das, was niemals gewesen ist, daran erinnert sich die Couch": dieser Ausspruch von Maria Torok dürfte ein sehr treffliches Resümee dieser so schwierig zu denkenden und in das Bekannte unseres Diskurses zu integrierenden Tatsache sein. So schwierig zu denken – aus Gründen, die zweifellos am Funktionieren der Psyche in ihrem, man könnte sagen, traumatischen Bezug zur Andersheit hängen –, daß ein ganzes, nachträglich produziertes, theoretisches Arsenal gerade recht kommt, um den Skandal zu verdecken. Ein theoretisches Arsenal, dem eine psychische Notwendigkeit möglicherweise nicht abzusprechen ist, wie man zum Beispiel an der Bewegung ersehen kann, die zur Erfindung der infantilen Sexualtheorien führt. In diesem Arsenal wäre sicher auch eine Thematik wie die der Sehnsucht nach dem verlorenen Objekt unterzubringen, aber auch, in einem bestimmten Sinne, die Berufung auf eine unterstellte Heraufkunft des Wahren im Sprechen.

Folglich würde ich die These vertreten, daß Freud, wenn er zu uns vom Traum spricht, genauso wie wenn er sich mit dem Witz, dem Diskurs-Ereignis par excellence befaßt, das die Verbindung mit dem Anderen genau von dieser Ereignishaftigkeit her artikuliert, die der signifikanten Markierung – als Quelle des Lachens – vorausgeht –, in einem bestimmten Sinne ein Modell für die psychoanalytische Sitzung vorlegt. Die Sitzung in ihrem merkwürdigen Dispositiv hätte demnach den Effekt, den Diskurs genau als Ereignis hervorzubringen, was sich durch eine Reflexion auf die Übertragung deutlich machen ließe. Der Einfall*, die ein-fallende Vorstellung wäre denn schlicht das aus diesem Einbegriffensein des Selbst ins Spiel des Anderen/mit dem Anderen entstandene Ereignis. Daß ein derartiges „Wahrheits"spiel modifizierende Selbstprüfung/Prüfung des Anderen sein kann, scheint mir der Effekt und die Gefahr des Dispositivs der freien Assoziation zu sein, als ein ohne Abwehrmöglichkeiten dem Hören – und den Taubheiten – ausgeliefertes. Der Analytiker ist dabei nicht so sehr Herr der Wahrheit als vielmehr Ort, Gelegenheit dieser Prüfung, dieses Ereignisses, dem man durch das Sprechen ausgesetzt wird: daß es den Anderen gibt, daß er zugleich das Subjekt konstituiert und ihm entwischt. „Dem Diskurs seinen *Ereignis*charakter zurückerstatten", vielleicht könnte man diese Formulierung auch so übersetzen: Das Sagen, adressiert als Prüfung der Andersheit in einem selbst und des Ungedachten des *Noch-nicht-Geborenen,* aufs neue ergreifen. Zu einem anderen werden im Spiel des Diskurses, das ist genau das, glaube ich, was ihn als Ereignis konstituiert. Und so etwas findet meines Erachtens auch im psychoanalytischen Spiel statt, in den Gefahren und Unsicherheiten derer, die sich dem ausliefern.

Daß ein pragmatischer Einsatz in einer bestimmen Version der „Selbstsorge" in der Psychoanalyse am Werk sei, ist innerhalb dieser Perspektive unbestreitbar. Und man hat es, glaube ich, Foucault zu verdanken, daß man die Momente dieses Einsatzes denken kann, und zwar nicht nur von dem her, was er hier oder da über die Psychoanalyse gesagt hat. Wie sicherzustellen sei, daß diese Praktik des Selbst/des Anderen, in die das psychoanalytische

Spiel aufgelöst wird, eine Praktik der Freiheit sei und nicht der Gleichschaltung des Subjekts im Namen des Signifikanten oder der Wahrheit, begriffen als etwas diesen Einsätzen Äußerliches, bleibt selbstverständlich als eine Frage, die an die Wachsamkeit jedes Psychoanalytikers appelliert. Es bleibt, daß die Hervorbringung der Diskursivität als Ereignis (in dem Sinne, wie ich etwas davon in größer Knappheit zu beschreiben versucht habe), die, wie es mir scheint, das Dispositiv des psychoanalytischen Gesprächs, so wie Freud es sich vorgestellt hat, ohne wahrscheinlich auf eine wirklich adäquate Weise deren Bedeutung in der Kultur erkannt zu haben, ins Werk setzt, es bleibt, daß dies mit Sicherheit lebendiger ist als alle Manöver und alle Montagen, die sogar in so manchem psychoanalytischen Diskurs uns die Beunruhigung vergessen lassen oder wieder zudecken wollen.

(Aus dem Französischen übersetzt
von Hans-Dieter Gondek)

Anmerkungen des Übersetzers

1 Mit Sternchen (*) bezeichnete Ausdrücke sind bereits im Original auf Deutsch angeführt.

2 Michel Foucault, *Sexualität und Wahrheit*, Band 2: *Der Gebrauch der Lüste*, Frankfurt am Main 1986, S. 15 (*Histoire de la sexualité* 2: *L'usage des plaisirs*, Paris 1986, S. 14).

3 Michel Foucault, *Die Ordnung des Diskurses*, Frankfurt am Main – Berlin – Wien 1982, S. 35 (*L'ordre du discours*, Paris, 1971, S. 53).

Peter Widmer

Vom verlorenen Objekt, von der leeren Mitte und dem Genießen

In der in diesem Band enthaltenen Vortragsreihe wurde mir der Platz eines *Reformators* eingeräumt. In einem Seminar, in dem sich nicht wenige Teilnehmer, vor allem in der Gründungszeit, einem revolutionären Anspruch verschrieben haben und diesen politisch verstehen, erinnert sie der Term „Reform" an die Sozialdemokratie und ihren Verzicht auf die revolutionären Ziele des Marxismus; ausgehend von solchen Erfahrungen wird ein Reformer leicht des Verrats und der Anpassung an die bürgerlichen Ideale verdächtigt. Der Gegensatz zwischen Revolution und Reform zeigt sich anders, wenn man an die Kirchengeschichte denkt. Luthers und Zwinglis Reformationen waren gewiß revolutionäre Akte; Kleinmütigkeit läßt sich da nicht ausmachen. Noch einmal anders stellt sich der Sachverhalt dar, wenn man an die Etymologie der beiden Terme denkt: Dann zeigt sich, daß Revolution nicht nur nicht Evolution ist, einen Sprung beinhaltet, sondern auch, daß die erste Bewegung eine nach *rückwärts* ist. Ein Neubeginn setzt voraus, daß er am richtigen Ort ansetzt. Dasselbe läßt sich von der Reform sagen: Ihre Manifestation setzt voraus, daß etwas außer Form geraten oder sogar zerbrochen ist. Um es wiederherzustellen, bedarf es des ursprünglichen Plans. In beiden Termen ist vorausgesetzt, daß das Erste das Maß abgibt für das, was nachher kommt.

Die Psychoanalyse nach Freud bis zu Lacan ist, summarisch gesagt, Verfallsgeschichte; keiner der Schüler Freuds vermochte auf der Höhe der Erfahrungen des Meisters zu bleiben, geschweige denn die Theorie der Psychoanalyse weiterzubringen. Stattdessen wurden Widersprüche entschärft und Konflikte harmonisiert. Davon zeugt auch die institutionelle Entwicklung der Psychoanalyse auf internationaler Ebene. Prestigeangelegenheiten gewannen an

Bedeutung, die alltägliche Erfahrung des Mohren, der im privaten Kabinett seine Pflicht tut, läßt sich auf dem Parkett internationaler Kongresse kompensieren.

In der Theorie zeigt sich das Anpasserische der Psychoanalyse in der Ich-Psychologie, wie sie von Hartmann, Kris und Löwenstein konzipiert wurde. Faßte Freud das Ich als Ort der Verkennung, der Vorurteile, des Narzißmus und des Widerstandes auf, erhält es unter der Federführung der amerikanisierten Psychoanalyse eine ganz andere Dignität, deren Wurzeln im Organismus gesehen werden, womit der Bruch zwischen Natur und Kultur als gekittet erscheint. Diese Theorie, später modifiziert in Kohuts Narzißmus-Konzept, kann sich zwar auf Aussagen des späten Freud berufen, der z.B. im Ich den Sitz der Vernunft und der Besonnenheit sah.[1] Aber die auf der selben Seite stehende Aussage, die vom Ich als Projektion einer Oberfläche[2] spricht, paßt überhaupt nicht in dieses Bild. Will man Freud nicht der gröbsten Widersprüchlichkeit bezichtigen, kann man nicht anders, als zu differenzieren, was jeweils gemeint ist, wenn er vom Ich spricht.

Erst mit Lacan hat diese Verfallsgeschichte ein Ende gefunden. Der Neubeginn erfolgte unter dem revolutionären Motto: *Zurück zu Freud*. Lacan las Freud, wie ihn noch keiner zuvor gelesen hatte. Im Lesen sah er nicht nur das Auge am Werk, sondern auch das Gehör, das bewirkt, daß das Gesehene dem Leser etwas sagt. Das Imaginäre erweist sich Lacan zufolge als strukturiert von der Sprache. Ihre Trag- und Reichweite zu denken, ist Lacans erstes Anliegen. Mit seinem Vorgehen hat Lacan einen neuen Zugang zu Freud erschlossen. Auch bei Freud ist die Sprache eine das Psychische strukturierende Instanz; er hat deren Bedeutung erkannt, konnte aber deren theoretische Ausarbeitung nicht leisten, weil ihm die strukturale Linguistik noch nicht zur Verfügung stand. Aber seine Arbeiten, angefangen von der frühen, 1891 verfaßten, die sich mit *Aphasie*[3] beschäftigt, über *die Psychopathologie des Alltagslebens*[4], den *Witz und seine Beziehung zum Unbewußten*[5], die *Traumdeutung*[6], bis zur späten über die *Verneinung*[7], um nur die auffälligsten zu nennen, zeigen, daß Freud wesentliche Einsichten der strukturalen Linguistik vorwegnahm oder zu gleicher

Zeit wie Ferdinand de Saussure in Genf niederschrieb, ohne dies zu wissen. Witze, Träume, Fehlleistungen, auch Symptome erweisen sich als Signifikantenspiele, die auf der Trennung der Ebene der verbalen Signifikanten von derjenigen der Signifikate basieren.

Wenn vom Ich die Rede ist, muß die Instanz, die spricht von derjenigen unterschieden werden, die an Imagines gebunden ist. Die französische Sprache kennt dafür die Unterscheidung von *je* und *moi;* weil sie in der deutschen Sprache fehlt, muß jeweils untersucht werden, ob Freud das sprachliche oder das imaginäre Ich meint. Dieser Unterschied ist für Theorie und Praxis der Psychoanalyse wesentlich. Nicht nur steht auf dem Spiel, ob das Primat dem Unsichtbaren oder dem Sichtbaren, dem Sprechen und Hören oder dem Sehen und Gesehen-Werden gehört, sondern damit entscheidet sich auch der *Status des Subjekts*. Lacan bestreitet nämlich, daß dieses Gegenstand der Psychologie sei. Er faßt den Term „Subjekt" wörtlich auf als eines, das von der Sprache bestimmt ist. Damit wird das imaginäre, einheitliche Ich seiner vermeintlichen Substanz beraubt. Als gespaltenes situiert es sich einerseits auf der Ebene der verbalen Signifikanten, mit denen es identifiziert ist, andrerseits auf der Ebene des Bildes, auf der es Halt sucht. Das Bildhafte transformiert sich aber auch in das Signifikante und dieses gibt wiederum dem Bild sein Gepräge. In der *Phantasie* zeigt sich, daß die Vorstellungen, also der imaginäre Anteil, so weit reichen wie die Sprache dies zuläßt.

Durch die sprachliche Strukturierung des Subjekts erleidet dieses einen Mangel, der phantasmatisch aufgefüllt wird. An die Stelle des Mangels treten die *Objekte*. Lacan greift hier Freuds Trieb- und Objekttheorie auf und erweitert die Reihe der Objekte (Brust, Kot, Blick) um die Stimme. Das Sein des Subjekts findet in den Objekten seine Verankerung. Damit ist klar, daß sie einen sehr intimen Bezug zum Subjekt haben, er hat hierfür den Term *Extimität* erfunden.

Die höhlende Wirkung der Sprache zeigt sich nirgends deutlicher als bei der freien Assoziation, die das Subjekt den Mangel und die Unsagbarkeit seines partikulären Seins erfahren lassen. Sprechen, artikuieren ist Ur-sprung, zugleich Entfernung, Verzeitlichung dieser Entfernung und Entkörperlichung des Ursprungs. Die Unmittelbarkeit, welche als Rest zurückgelassen wird, bleibt als Mangel des Diskurses bestehen; er grenzt ihn fortwährend aus, in eben der Bewegung, mit dem er ihn einholen will – z.B. produziert die Artikulation des Durstes ihn selber mit. Sprechen ist in sich widersprüchlich. Der Analytiker wird von Schwindel befallen, wenn er daran denkt, daß der Diskurs des Analysanten ihn an diesen unmöglichen Platz der Unmittelbarkeit stellt. An diesem U-Topos versammelt sich phantasmatisch das, was sich im Wort nicht mit-teilen läßt: das Unsagbare; das Höchste Gut so gut wie das Unheimliche; das Ganze; die äußerste Lust wie der Schmerz. All dies vereinigt sich in einem Begriff, der sowohl bei Freud wie bei Lacan eine entscheidende Rolle spielt: *das Ding.*[8]

Das Ding bei Freud und Lacan

Das Konzept des Dings taucht bei Freud erstmals in seiner Arbeit über Aphasie (1891)[9] auf. Von grundlegender Bedeutung wird es im 1895 geschriebenen, aus der Korrespondenz mit Fliess erwachsenen *Entwurf einer Psychoanalyse.*[10] Es wird da wichtig, wo es um die gesuchte Befriedigung des Ichs und seiner endogenen Reize geht. Damit es Befriedigung gibt, braucht das Ich ein äußeres Objekt, das zuerst unbekannt ist. Freud spricht vom *Nebenmenschen* und vom *unvergeßlichen prähistorischen Andern.* Von ihm bilden sich allmählich Vorstellungen, die ein Wiedererkennen auf der Grundlage eines Urteils ermöglichen. Freud versteht deshalb das Erkennen als ein Wiedererkennen. Das vollständige Wiedererkennen ist Freud zufolge unmöglich; es bleibt ein unverstandener Rest, den er das Ding[11] nennt und der bewirkt, daß die Befriedigung immer noch umfassender, vollständiger, intensiver sein könnte.

Das Ding ist eng mit dem Konzept des Nebenmenschen verknüpft. Von ihm erfährt das anfänglich hilflose Kind die Befriedigungen. Die Gestalt des Nebenmenschen der persönlichen Vorzeit verdämmert mit zunehmender Urteilsfähigkeit des Kindes; die Vorstellungen und das Wiedererkennen bewirken eine Teilung des

Psychischen in Sekundärprozeß und Primärprozeß (die Reihenfolge ist so gewählt, um zu unterstreichen, daß es den Primärprozeß ohne Sekundärprozeß nicht gibt.) Das Ding situiert sich im Herzen dieser Spaltung: Der Sekundärprozeß sucht nach wirklichen Objekten, die für die Befriedigung notwendig sind, der Primärprozeß metaphorisiert den durch den Sekundärprozeß entstehenden Mangel durch Halluzinationen, die sich z.B. im Traum zeigen.

Vom Standpunkt des Sekundärprozesses aus ist das Ding das, was sich dem Urteil des Ichs entzieht, was sich als Identisches durchhält, was nicht auf Nachrichten des eigenen Körpers zurückgeführt werden kann, kurzum: was sich nicht prädizieren läßt. Das Ding hat keine greifbare Gestalt; dennoch wirkt es wie ein Organisator, das dem Ich die Koordinaten für seine Befriedigungserlebnisse vorgibt. Freud betont, daß der Nebenmensch, der Repräsentant des Dings, auch versagend sein kann, so daß er zum feindlichen Objekt wird. Diese Aussage weist darauf hin, daß das Ding seinem Wesen nach nicht der andere Mensch ist, sondern die Matrix einer Vollständigkeit, die vom Ich oder vom Nebenmenschen zugleich dargestellt und verfehlt wird. Das Ding ist weder außen noch innen lokalisierbar; da es am Ursprung des Gedächtnisses liegt, ist es zeit- und sprachlos. Es ist daher auch nicht den Objekten zuzurechnen; diese repräsentieren es.

Freud verwendet bis in späte Arbeiten den Term des Dings; nach dem „Entwurf" braucht er ihn gelegentlich in einem erweiterten oder epistemologisch unscharfen Sinne; häufig spricht er auch von Dingvorstellung; in diesem Fall visiert Freud die empirische Ebene über der Unerkennbarkeit des Dings an.

Lacan hat dieses Konzept des Dings, das in der Rezeption Freuds weitgehend verloren ging – man könnte von einem Verlust des verlorenen Objekts sprechen, zweifellos ein Ausdruck der amerikanisierten, empirisierten Psychoanalyse – wieder aufgegriffen und aus ihm das Herzstück des Unbewußten und der *Ethik* der Psychoanalyse gemacht. Paradigmatisch läßt sich hier seine Reformulierung der Psychoanalyse darstellen. Nicht weit weg von der Philosophie Kants, deren Spuren sich auch bei Freud erkennen lassen, faßt Lacan das Ding als *das Unmögliche* auf, dessen Fehlen mit Imaginationen (Phantasmen) gefüllt wird. Er geht dabei von der höhlenden Wirkung der Sprache, genauer gesagt: der verbalen Signifikanten aus. Das Subjekt erleidet durch deren Einwirkung eine Spaltung. Einerseits identifiziert es sich mit dieser Ebene des sprachlichen Andern, andrerseits ist es Körper, für dessen Erfahrung das Bild grundlegend ist. Man muß also, um genau zu sein, von einer *Dreiteilung des Subjekts* sprechen: *sprachliches Subjekt (je), Körper, Bild des Körpers (moi).* In dieser Dreiteilung finden sich die drei Register des Realen, Imaginären und Symbolischen, die Lacan später zur topologischen Figur des Borromäischen Knotens[12] verknüpft hat. Das Subjekt hat allein über die Signifikanten Zugang zu seinem Sein, nur durch sie erlangt es ein Wissen; ihre Reflexion führt zugleich zu einem Mangel an Sein, den das Bild phantasmatisch füllt. Das Medium, durch das das Subjekt sein Sein zu erkennen hofft, konfrontiert es also mit einem grundsätzlichen Verfehlen. Das Ding situiert sich Lacan zufolge im Diesseits der Sprache.

Lacans Wiederaufnahme des Dings ist von entscheidender Bedeutung für Theorie und Praxis der Psychoanalyse. Er erkennt in ihm das eigentliche „Objekt“ des Wunsches. Da dieses ein unmögliches ist, halten seine Repräsentationen den Wunsch als einen unstillbaren aufrecht. Um diese Unerfüllbarkeit deutlich zu machen, spricht Lacan vom *désir,* was man zumeist mit *Begehren* übersetzt. Das Begehren hat kein ihm a priori zugeordnetes Objekt; es hält sich mittels Objekten am Leben. Anders gesagt: Das Objekt des Begehrens ist nichts Posivitives, sondern die *symbolische Kastration.* Damit meint Lacan jene Differenz zwischen der Ebene der Signifikanten und ihrem Außerhalb, ihrer Transzendenz. Die Signifikanten, welche die Realität des Subjekts in eine symbolische verwandeln – ein erstes Symbol stellt sein Spiegelbild dar – ermöglichen nicht nur Funktionen wie (Wieder-)Erkennen und Urteilen, sondern sie grenzen auch etwas aus, was im Unsagbaren verbleibt: das „unmögliche“ Ding.

Anhand dieses Konzepts des Dings läßt sich Lacans *Kritik des Oedipuskomplexes,* wie Freud ihn versteht, nachzeichnen.[13] Wenn es so ist, daß das Ding das eigentliche Objekt des Begehrens ist, und wenn die empirischen Objekte dieses Ding repräsentieren, wenn schließlich auch die Beziehung zur Mutter über den Andern vermittelt ist, wie jede andere Beziehung auch, dann muß es so sein, daß es kein empirisches Objekt geben kann, das volle Erfüllung verheißt – es sei denn, die symbolische Kastration würde verleugnet.

Wer verleugnet? Das Subjekt des Oedipuskomplexes, das glaubt, wenn es im Besitz der Mutter wäre, hätte es das Glück gefunden? Oder Freud, wenn er glaubt, daß das kindliche Subjekt dieses glaubt? Es gibt hier eine Überschneidung von klinischer Erfahrung und Theorie, und es ist möglich, daß die Theorie hier zum Komplizen der Verkennung wird oder sie überhaupt erst konstituiert. Mit Lacan wird es möglich, hinter die Maskerade des Oedipus-Komplexes zu sehen; er erweist sich nicht als unüberholbare, letzte Realität, sondern als be-dingt. Die grundlegende symbolische Kastration, virtuell immer schon gesetzt, wenn auch nicht von Anfang an bejaht, wird überwuchert durch das Imaginäre und seine Bilder der vermeintlichen Vollständigkeit. Entsprechend zeigt sich die Kastration im Phantasma des beschädigten Körpers. Und der Vater erscheint nicht als der Generationenfolge unterstellt, nicht als Sohn und nicht als Repräsentant des Gesetzes, dem er selber unterworfen ist, sondern als Figur der Allmacht, die mit realer Kastration droht – wie der Urvater in Freuds *Totem und Tabu*.[14]

In der analytischen Kur geht es nicht darum, sich den Ansprüchen dieses imaginären Vaters zu beugen, um den realen Verlust des Geschlechts zu vermeiden, und es geht auch nicht darum, auf die verbotene Mutter zu verzichten. Diese Trugbilder lassen sich ihrerseits analysieren. Sie werden durch die Anerkennung der Macht der verbalen Signifikanten subvertiert. Eine Trauerarbeit kommt in Gang, die darin besteht, einzusehen, daß das Höchste Gut nicht möglich, das Vollkommene unmöglich ist. Auf die Dauer ist das keine traurige Einsicht, sondern die Befreiung von einem Phantasma, das seiner Unrealisierbarkeit wegen nicht nur stimulierend wirkt, sondern als Folge seiner verdeckten Unwahrheit auch phobie-auslösend.

Um die symbolische Kastration zu erfahren, ist eine *Ethik* der Psychoanalyse erforderlich, die aufrechtzuerhalten vom Analytiker gefordert wird. Sie besteht weder darin, das Subjekt in der Illusion zu bestärken, sein Sein sagen zu können, noch darin, es an vorgegebene Bilder anzupassen. Vielmehr geht es darum, sein Begehren zu wecken. Die Ethik der Analyse intendiert das *Begehren nach dem Begehren*. Das Subjekt erfährt dabei sein Alleinsein und das Fehlen einer Substanz, an der es sich orientieren kann. Es kann allein auf das vertrauen, was sich ihm zuspricht und was es auf die Reise schickt.

Die Vase und das Ding

Kommen wir auf das Ding zurück, dessen Abwesenheit seine Wirksamkeit im Begrifflichen und in der Suche des Subjekts nach vollständiger Befriedigung nur umso spürbarer werden läßt. Lacan hat dafür eine Metapher verwendet, die sich auch bei Heidegger findet[15]: die Vase, der Krug. Versammelt sich bei Heidegger das Geviert der Unsterblichen und der Sterblichen, der Himmlischen und der Irdischen im Krug, der „im Geschenk des Gusses" sein Wesen offenbart, so situiert sich Lacans Ding eher zwischen Kant und Freud, weil Lacan einerseits die epistemologische, andrerseits die die Subjekt-Objekt-Spaltung transzendierende Dimension betont.

Bereits im Seminar I taucht die Vase im Zusammenhang mit den Erläuterungen zum Spiegelstadium, das Lacan schon 1936 und 1949 vorgestellt hatte, und das nun in einem erweiterten und präzisierten Sinne aufgefaßt wird, auf.[16] Lacans neues Modell umfaßt nicht nur einen Planspiegel, in dem das kleine Kind seine Gestalt entdeckt, sondern auch einen Hohlspiegel. Diesem gegenüber steht eine Vase so auf einem Kästchen, daß sich ihre Mitte auf gleicher Höhe wie die Mitte des Hohlspiegels befindet. Unterhalb der Vase hängt ein Blumenstrauß, der für einen Betrachter vor der Kiste unsichtbar ist, weil deren Wandung die darin hängenden Blumen verdecken.[17]

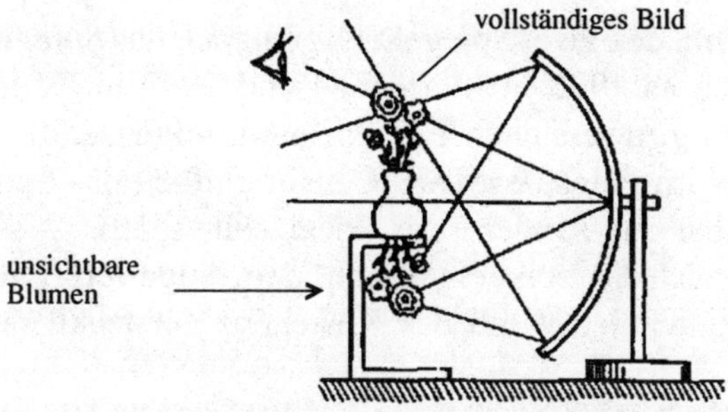

Bereits dieses einfache Modell genügt, um einen verblüffenden Effekt zu erzielen. Stellt sich nämlich der Betrachter so vor den Hohlspiegel, daß sein Auge über den oberen Rand der Vase hinweg blickt und mit dem Zentrum des Hohlspiegels eine Linie bildet, erkennt er bei richtiger Distanz (die größer sein muß als die Brennweite des Hohlspiegels) das reale Bild des Blumenstraußes in der Vase. Die Reflexionen des Lichtes werfen das Bild des für das Auge des Betrachters verdeckten und umgekehrten Blumenstrauß in einer Umkehrbewegung nach oben.

Lacan hat dieses einfache Modell, das vom Physiker *Bouasse* stammt, auf vielfache Art erweitert. Stellt der Betrachter gegenüber dem Hohlspiegel einen Planspiegel auf, so erkennt er darin ebenfalls die Blumen in der Vase, wenn er sich neben den Hohlspiegel stellt und in den Planspiegel schaut. (Man beachte, daß in der folgenden Abbildung die Plätze der Vase und des Blumenstraußes gegenüber vorher vertauscht sind. Die vorherige Anordnung ist aber genauso möglich.)[18]

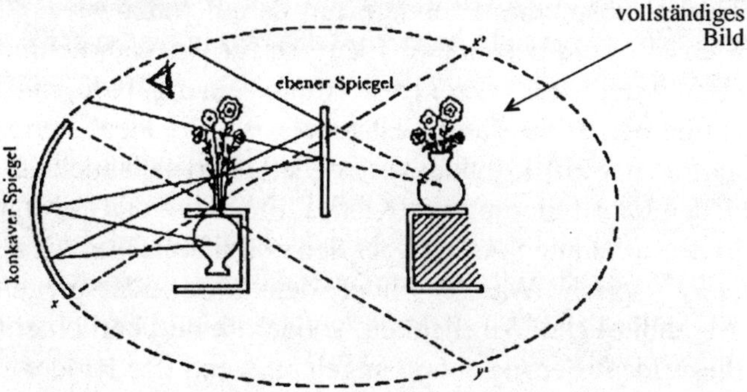

Dieses Modell mit den zwei Spiegeln ist geeignet, das *Spiegelstadium*, wie Lacan es 1936 in Marienbad und 1949 in Zürich präsentiert hat, richtig zu verstehen. Er kann damit zeigen, daß das, was der Betrachter im Planspiegel sieht, nicht einfach das Spiegelbild seiner selbst ist, sondern das Ideal seines Ichs – der Betrachter sieht ja auch das, was „eigentlich" dem Auge verborgen bleibt, was sich hinter der Wand des Kästchens versteckt: den Blumenstrauß.

Die Vase steht in diesem Modell für den Körper; die Blumen stellen dagegen die Triebe und Wünsche dar. Das vollständige Bild metaphorisiert Lacan zufolge das, was Freud in seiner Arbeit über den Narzißmus (1914) das *Ideal-Ich* nennt, das er vom *Ich-Ideal* unterscheidet.[19] Anders gesagt: Die Blumen in der Vase, das Bild des vollständigen Körpers entspricht einem Ideal. Dieses ist nicht nur Täuschung, sondern Matrix der Vollständigkeit, die vom Hohlspiegel konstituiert wird. Mit diesem wird der *Anspruch des Andern* illustriert.

Stellen wir uns ein kleines Kind vor einem Spiegel vor. Was es sieht, entspricht nicht einfach dem Abbild, sondern – seine jubilatorische Reaktion zeigt es – dem idealisierten Bild seiner selbst. Dieses ist zumindest mitkonstituiert durch den mütterlichen Anspruch, ein schönes, glückliches Kind zu haben. Es bleibt eine offene Frage, inwiefern das Bildhafte selbst oder gar eine angeborene Disposition zu dieser Idealisierung beitragen: Wenn der frühe Lacan einen Vergleich anstellt mit der Funktion des Bildes bei Tieren, dann gerade nicht, um eine Gleichheit von Mensch und Tier zu postulieren, sondern um darauf hinzuweisen, daß beim Menschen ein besonderes Interesse für die Wahrnehmung seiner Gestalt und eine vorzeitige Reifung seiner Libido, die zur Faszination des Bildes führt, feststellbar ist. Die Idealisierung, die die motorische Hilflosigkeit verleugnet, nährt sich auch aus der elterlichen Glorifizierung des Kindes. Freud hat das gewußt, wenn er in der erwähnten Arbeit über den Narzißmus von *his majesty the baby*[20] spricht. Was der Andere dem Kind widerspiegelt, ist nicht die abbildliche Wirklichkeit, sondern eine überhöhte. Gewiß ist diese Idealisierung schon angelegt, wenn das Kind seine eigene

Gestalt im Spiegel als die seine erkennt, nachdem sie ihm zuerst fremd, ja, nicht einmal als einheitliche erschien – die jubilatorische Reaktion gilt einem Ideal, demzufolge es keine Kastration gibt. Aber ohne spiegelbildliche Idealisierung des Kindes durch die Erwachsenen würde sich die Matrix der Vollkommenheit nicht auf dauerhafte Weise im Kind einschreiben. In ihren Worten und Gesten findet es Bestätigung für sein Prinzessin- oder Prinzen-Dasein.

Wenn das sich im Spiegel anblickende Kind sich nicht liebenswert dünkt, büßt das Spiegelbild an Idealität ein. Dies ist der Fall, wenn es die tadelnde oder ablehnende Stimme des Andern gehört hat. Ihre Wirkung strukturiert das was es sieht. Damit erfährt das Kind, daß selbst dann, wenn es in sein Ideal verliebt ist, eine andere Macht im Spiel ist, die nicht zur Ordnung des Sichtbaren gehört und die dennoch ins Sichtbare eingreift: die Stimme des Andern. In Lacans Spiegelmodell zeigt sich die Wirkung der Stimme im Drehen des Planspiegels, in dem der Betrachter die Vase und die Blumen sieht: Der Grad der Drehung entscheidet darüber, ob das vollständige Bild erscheint oder nicht. Für das Kind ist es demzufolge wichtig, von dieser Stimme geliebt zu werden, entscheidet sie doch in grundlegenderer Weise als das Bild über sein Sein. Diese Erfahrung gilt nicht nur für das Kind, sondern virtuell für jeden Menschen. Sie beginnt in der Kindheit mit der Entdeckung, daß die Stimme die kommandierende Instanz ist, die erst das Bild des Ideal-Ichs hervorrufen kann. Das Subjekt stattet diese unsichtbare Macht mit allen Zeichen der Machtfülle aus – sie wird zum *Ich-Ideal.* Dieser Term Freuds weist darauf hin, daß diese Instanz dem Subjekt nicht nur äußerlich ist. Es sucht ihr zu entsprechen, identifiziert sich mit ihren Ansprüchen und „narzissiert" sie auf diese Art.

Zwei Narzißmen sind somit im Spiel; der eine läßt sich mehr dem Imaginären, der andere dem Symbolischen zuordnen.[21] Aber das Ideal-Ich konstituiert sich ebenso nur aufgrund von symbolischen Koordinaten, wie das Ich-Ideal imaginiert, personalisiert wird.

Wenn das Kind die Rolle der Majestät nicht übernimmt, wenn es sich ungehorsam zeigt, sich auflehnt, spürt es, daß hinter der elterlichen Idealisierung ein Anspruch steckt. *Sie* möchten ein liebes Kind haben, *sie* möchten, daß das Kind nie weint und den andern gefällt. Damit erfährt es, daß es die Macht hat, die Ansprüche der Andern nicht zu befriedigen oder zu erfüllen. In Lacans Modell ausgedrückt: Das Kind merkt, daß die Andern ihm nicht nur die vermeintliche Vollständigkeit widerspiegeln, wie es zuerst geglaubt hat, sondern daß sie selber einen Mangel haben, daß ihnen etwas fehlt. Es beginnt zu ahnen, daß das Glück des Andern von ihm selbst abhängt, daß es dieses „Ge-lucke" füllen könnte. Damit verwandelt sich der Sinn der Metapher der Vase; sie illustriert nicht nur das idealisierte Sein des Kindes, dessen Mangel von der *Verführung* der Andern zugedeckt wird, sondern sie stellt den mütterlichen Körper samt seiner Leere dar, die das Kind ausfüllen könnte.

In einem Kinderbuch ist diese Wieder-Vereinigung mit der Mutter trefflich dargestellt. Der Held dieser Geschichte hat eine Vase zerbrochen. Um den Schaden ungeschehen zu machen, macht er sich eifrig daran, die Scherben zusammenzuleimen. Nach getaner Arbeit merkt er, daß er sich selbst in die Vase „hineingeleimt" hat und sie erneut zerbrechen muß, um sich zu befreien.

Dieses Wechselspiel des Begehrens bildet auch die Achse der *Übertragung* in der analytischen Kur.[22] In einer ersten Zeit erwartet der Analysant – ein Term Lacans, mit dem er auf die Affinität zum Signifikanten hinweist – eine Bestätigung seines Seins durch den Analytiker. Zu diesem Zwecke bringt er ihm allerhand interessantes Material, Träume, Fehlleistungen, Erinnerungen, Phantasien usf. Erhält er eine Rückmeldung, fühlt er sich angenommen, geliebt. Dieser Zustand läßt sich dem des Kindes vor dem Spiegel vergleichen. Der Unterschied besteht natürlich darin, daß in der Analyse alles mit Worten geschieht; sofern es um Bilder geht, solche, die der Analysant von sich selber macht, sind es Phantasien, innere Vorstellungen. Ihre Bestätigung löst ebenfalls ein Gefühl der Befriedigung aus.

Nach einiger Zeit bleibt das Gefühl der Befriedigung aus. Einerseits fragt sich der Analysant, ob ihm der Analytiker bei seinen Interventionen nicht etwas vorenthalte, andrerseits findet er, daß die Mühe seines Sprechens nicht die gebührende Anerkennung finde. Aus dieser Enttäuschung heraus kann er das Schweigen des Analytikers, das ihm zuvor als Ausdruck der Ablehnung seines Sprechens oder gar als Strafe erschienen war, besser annehmen. Er integriert es in seine Hoffnung, dereinst die Wahrheit über sich zu erfahren, wenn er sich in seinem Sprechen weit genug vorgewagt haben wird. Er bemüht sich, herauszufinden, wann der Analytiker etwas sagt, und interpretiert dies als Indiz für das, was er sucht.

Entzieht sich der Analytiker der Berechenbarkeit des Analysanten, wird dieser radikal auf sich selbst zurückgeworfen. Er spürt, daß seine Suche bisher nur ein Versuch war, den andern für sich einzunehmen, seinen imaginären Anspruch zu befriedigen. Wie aber, wenn der Analytiker gar nichts von ihm will? Um das zu prüfen, versucht er, den Analytiker für sich einzuspannen, ihm Fragen zu stellen, ihm sein Wissen hervorzulocken, ihn zu prüfen, ob er auf die Anerkennung des Analysanten angewiesen ist, ihn zu Deutungen zu verführen. Diese empfindet er nicht mehr, wie noch in der ersten Zeit, als Bestätigung seines Seins, sondern als Wirkung der Macht, die er auf ihn, den Analytiker ausübt.

Bei allen diesen Übertragungsformen wird versucht, das Begehren des andern zum Objekt zu machen, es auf den Anspruch zu reduzieren. Vorherrschend ist das Bild einer Erfüllung und Komplementarität, das als Folie für die Beziehungen der Generationen und der Geschlechter dient. Stimmen die Erfahrungen nicht mit diesem Ideal überein, wird nicht an diesem gerüttelt, sondern die schlechte Wirklichkeit beklagt. Der Analytiker verweigert sich dieser Antizipation der Geschlossenheit; er begehrt das Begehren des andern. Stellt ihn der Analysant an den Platz eines Objekts, läßt der Analytiker dies gerade darum geschehen, weil er sich diesem Anspruch auf Erfüllung entzieht und damit die Übertragung für den Analysanten erfahrbar macht. Im artikulierten, aber nicht erfüllten Verlangen des Analysanten steckt das Begehren, das sich erst durch die Versagung des Analytikers manifestieren kann. Damit macht dieser die Abwesenheit des Dings erfahrbar; das ist Voraussetzung dafür, daß der Analysant nicht im Oedipuskomplex verharrt, sich nicht in der Vase einschließt. Der Glaube an die Vorhandenheit des Dings ist identisch mit dem Glauben an die Möglichkeit der Überwindbarkeit des Mangels.

Die Übertragung zeigt in der Fixierung auf etwas Endgültiges, Vollkommenes, im Bild des mit dem Subjekt gefüllten Kruges ihre widerständige Seite; andrerseits erfährt der Analysant den Mangel in der Versagung dieser imaginären Seite. Der Analytiker ist mit Lacans Wort *Botschafter der Versagung.*[23] Sie bewirkt nicht ein Verschwinden der Übertragung, sondern ein Zutagetreten des im Anspruch enthaltenen Begehrens, das der Autonomie der Signifikanten entspricht. Was der Analysant verlangt, ist nicht das, was er begehrt. Das zeigt sich dann, wenn der Analytiker irrt und glaubt, einen Anspruch befriedigen zu müssen, äußere er sich nun im Verlangen, sich schon immer einen besseren Vater oder eine bessere Mutter gewünscht zu haben, oder im Wunsch, sich kennen zu lernen, oder endlich den richtigen Partner zu finden. Die vermeintliche Befriedigung erweist sich jedesmal als Enttäuschung auf Seiten dessen, der ein Verlangen geäußert hat; sie ist größer als die Versagung, auch wenn sich diese in einem Schweigen kundgibt. Die Wahrheit, mit der es die analytische Kur zu tun hat, ist abkünftig von den Strukturen, die das Subjekt bestimmen. Die imaginäre Seite des Anspruchs steht dabei im Widerstreit mit dem Begehren, das sich zwar mittels Objekten aufrechterhält, jedoch eine Differenz im Anspruch aufrechterhält, jene des abwesenden Dings, die sich selbst dann nicht schließen läßt, wenn sie verleugnet wird.

Die bewegende Leere des Kruges

Die Abwesenheit des Dings läßt sich mit der Hohlform des Kruges darstellen. Es lohnt sich, sie nicht nur als eine durch die Präsenz der Objekte verschwindende zu sehen, sondern ihr „Wesen" (der Term ist nicht angemessen; eine Leere hat kein Wesen) zu bedenken. In Lacans Theorie nimmt sie einen zentralen Platz ein; die Ausführungen über das Ding haben schon einen Eindruck davon vermittelt. Ein weiteres Konzept Lacans weist auf die Beschäftigung mit der Leere, dem Abwesenden hin: dasjenige der *Libido*.

Freuds Auffassung, was die Libido sei, ist nicht einheitlich.[24] Einerseits verändern sich seine Auffassungen längs der Zeitachse seines Schaffens, andrerseits gibt es Gegensätze, die quer dazu liegen. Was sich im Laufe der Zeit vor allem verändert hat, ist die Reichweite des Konzepts der Libido und seine Verankerung im Materiellen oder Ideellen. Faßt Freud die Libido in den Frühschriften[25] als *psychischen Reiz* auf, der erst bei einer Anhäufung von somatischer Sexualerregung zustandekommt, wird ihre Reichweite in den mittleren Werken[26] ausgedehnt, erscheint nicht mehr an eine vereinheitlichende Instanz gebunden, wie sie das Ich beispielhaft darstellt, und stellt sich nun als materielle Größe dar. In den späten Schriften wird die Libido in den Rang einer der beiden Grundtriebe erhoben[27]; sie ist der Widerpart des Todestriebs (Thanatos). Freud führt die Macht der Libido ins Ideelle zurück, dessen Wirkung als zusammenhaltende Kraft er bis in die „biologischen" Zellen erkennen will. Er setzt die Libido mit dem Eros gleich. Mit dieser Auffassung führt Freud sein Konzept in den Schoß der griechischen Philosophie, d.h. derjenigen Platons zurück.[28] Die Gegensätze, die quer zur Zeitachse liegen, betreffen die Fragen der Geschlechtlichkeit der Libido und der Zugehörigkeit zu bestimmten psychischen Instanzen. So brisante Fragen, wie etwa die, ob die Libido eine Differenzierung der Geschlechter bewirke oder sich bei beiden Geschlechtern gleich manifestiere, sind bei Freud keineswegs ein für allemal gültig beantwortet.

Lacans Konzept der Libido erscheint im Vergleich zu Freuds

unablässiger Suche als karg und auf den ersten Blick weit von Freud entfernt.[29] Er spricht von der Libido als von einem negativen, einem falschen Organ, das er *Lamelle* nennt. Es entsteht, wenn die Membrane des Eis brechen; den Verlust nennt Lacan scherzhaft *hommelette*. Dieser unaufholbare *Verlust* bewirkt, daß jeder Mensch sterblich ist. Die Bahn des Lebens erweist sich zugleich als Bahn zum Tod; er ist schon am Anfang des Lebens vorgezeichnet. Wie Freud stellt auch Lacan sein Libido-Konzept in den Zusammenhang der Theorie Weismanns.[30] Dieser hatte behauptet, daß der Körper des Individuums sterblich, aber als solcher Träger einer unsterblichen Substanz sei, welche den Fortbestand der Gattung bewirke.

Aus Lacans Konzept der Libido geht hervor, daß der Mangel nicht nur von der Sprache her kommt. Er ist jedem Menschen schon vorgegeben. Das gilt auch für Tiere und Pflanzen, wie überhaupt zu sagen ist, daß die Libidio nichts ist, das nur den Menschen betrifft. Die Sprache hat zur Folge, daß dieser Mangel im Realen erkannt und ihrer trennenden Wirkung wegen als doppelter reflektiert wird: als Endlichkeit und als Unsagbarkeit dessen, was sich der Sprache entzieht. Hier finden wir wieder zur Theorie der Objekte zurück. Sie situieren sich am Ort dieses doppelten Mangels: Einerseits repräsentieren sie den Verlust der Libido und fangen ihn phantasmatisch auf; andrerseits situieren sie sich an dem Ort, den die verbalen Signifikanten ausgehöhlt haben. Die Zeitlosigkeit des Unbewußten, von der Freud spricht, findet hier ihre Begründung: Die Objekte (Blick, Stimme, Kot, Brust) sind zwar von der die Mittelbarkeit einführenden Sprache strukturiert, ihre relative Zeitlosigkeit begründet sich aber aus dem Sachverhalt, daß die Mittelbarkeit der Sprache das Unmittelbare nicht vollständig trockenlegt; ein Rest bleibt, der sich dem sprachlichen Zugriff entzieht. Das zeigt sich in der Erfahrung des Sprechens und Zuhörens: Stets ist es möglich, nicht nur auf das zu hören, was gesprochen wird, sondern auch auf das, was mit dem Gesprochenen vermieden wird zu sagen; außerdem läßt sich immer die Frage stellen: Was will derjenige, der spricht, wirklich sagen? Dieses Objekt, das Lacan Objekt a nennt, entwischt dem bewußten Sprechen und taucht gerade da auf, wo es der Sprecher am wenigsten erwartet, ihn überrascht.

Bezogen auf die Metapher des Kruges läßt sich die Höhlung als Darstellung der Libido auffassen. Sie hat eine gestaltende Kraft. Nicht umsonst sagt man, daß der Töpfer den Krug um die leere Mitte herum formt. Die Höhlung ist *potentia*. Sie hat einen Bezug zur Zeit. Als Antizipation leitet sie die Herstellung des Kruges an. Libido und Zeit. Libido läßt sich von der Zeit her denken. Als Verlust begründet sie die Endlichkeit und die Unsterblichkeit zugleich. Sie manifestiert sich im Akt der Herstellung als Aufhebung des Verlusts. Um die potentia herum formt der Töpfer die Wandung. Als hergestellter widersteht der Krug der Zeit, außer er werde zerbrochen. Noch als zerbrochener stellt er das *Maß* dar, z.B. für das Gesetz. Und der Töpfer wird ein wenig älter.

Anmerkungen

1 S. Freud, *Das Ich und das Es*. G.W. XIII, S. 253.

2 Ebd.

3 S. Freud, *Zur Auffassung der Aphasien*. F. Deuticke, Wien, 1893.

4 S. Freud, G.W. IV.

5 S. Freud, G.W. VI.

6 S. Freud, G.W. II/III.

7 S. Freud, G.W. XIV.

8 Lacan hat das Ding vor allem im VII. Seminar ausgearbeitet (*L'éthique de la psychanalyse*. Seuil, Paris, 1986).

9 S. Freud, op. cit.

10 S. Freud, *Entwurf einer Psychologie* (1895). In: Nachtragsband der G.W., S. 373 ff.

11 Ebd., S. 426 f.

12 S. z.B. J. Lacan, *Le Séminaire XX*, Encore. Ed. Seuil, Paris, 1975, S. 107 ff.

13 Die Kritik des Oedipuskomplexes findet sich vor allem in späten Seminaren Lacans, die in der Zeitschrift „Ornicar?" abgedruckt sind, aber auch schon in der früheren Arbeit *„Le mythe individuel du névrosé"*, die

in der Zeitschrift „Der Wunderblock", Nr. 5/6, Berlin, 1980 übersetzt ist. Die eindringlichste Darstellung dieser Kritik stammt m.E. von Alain Juranville, dessen Buch *„Lacan et la philosophie"* inzwischen übersetzt ist. (*„Lacan und die Philosophie"*, K. Boer, München, 1990, übers. von H.-D. Gondek). S. dort S. 254 ff.

14 S. Freud, *Totem und Tabu.* G.W. IX.

15 Vgl. dazu M. Heidegger, *Das Ding.* In: *Vorträge und Aufsätze.* Pfullingen, 1954.

16 S. dazu J. Lacan (1949), *Das Spiegelstadium als Bildner der Ich-Funktion.* In: *Schriften I*, Walter und Quadriga, 1973, S. 61 ff.; und *Das Seminar I*, Freuds technische Schriften (1953/4). Walter und Quadriga, 1978.

17 Seminar I, op. cit., S. 103.

18 Ebd. S. 162.

19 S. dazu S. Freud, *Zur Einführung des Narzißmus* (1914). G.W. X, S. 137 ff.

20 Ebd. S. 157.

21 S. dazu Das Seminar I, op. cit., Kap. X.

22 Zum folgenden vgl. J. Lacan, Le Séminaire VIII (1960/1), Le transfert. Ed. Seuil, Paris, 1991.

23 Ebd. S. 377 ff. Der Term „Botschafter der Versagung" stammt m. W. aus einem Vortrag von A. Juranville, entspricht aber der Intention Lacans.

24 Vgl. dazu P. Widmer, ad libidum (unveröffentlicht).

25 Vgl. dazu S. Freud, Über die Berechtigung, von der Neurasthenie einen bestimmten Symptomkomplex als „Angstneurose" abzutrennen. G.W. I, 313 ff.

26 Vgl. dazu S. Freud, *Drei Abhandlungen zur Sexualtheorie.* G.W. V, S. 27 ff.

27 Vgl. dazu S. Freud, *Jenseits des Lustprinzips.* G.W. XIII, S. 1 ff.

28 Ebd. S. 57.

29 Lacan hat sein eigenes Konzept der Libido erstmals 1960 in Bonneval vorgestellt. Vgl. dazu, Die Stellung des Unbewußten. In: *Schriften II*, S. 205 ff. Weitere Ausführungen finden sich im Seminar XI.

30 S. dazu S. Freud, *Jenseits des Lustprinzips.* Op. cit., S. 48 ff.

Peter Passett

Ein Seher, das Negative im Auge: mit dem Tod gegen den Tod

Während Vorlesungszyklen dieser Art üblicherweise den Charakter von Cocktailparties haben, gesellschaftlichen Anlässen, wo man sich in seinem besten Partyanzug und auch sonst womöglich von seiner besten Seite zeigt und das ist bei uns ja immer auch von seiner *wahrsten* Seite, hat Martin Kuster diesmal zu einer Veranstaltung eingeladen, die eher den Charakter eines Maskenballes hat. Wir – die Referenten – sollen nicht in unsrem neuesten Kostüm erscheinen, demjenigen, das wir für das passendste halten, sondern in einer Verkleidung und unter einer Maske, einer Verkleidung allerdings, die er uns zu- oder vorgeschrieben hat, nicht willkürlich, sondern so, wie er sich vorstellt, sie würde zu uns passen, so vielleicht wie er denkt, wir wären, wenn wir wären, wie wir nicht sein dürfen. Das ist ein guter Trick, da es uns die Chance gibt, zu sagen, was wir sonst nicht zu sagen wagten, und Ihnen die Möglichkeit, von uns zu sehen, was Sie nicht zu sehen bekämen, träten wir in der Zwangsjacke der Authentizität vor Sie. Allein, es ist nicht ganz so leicht, diese Chance auch zu nützen, denn, ist der Trick erst einmal durchschaut, droht die Maske entlarvender zu werden als das nackte Gesicht, das immerhin jederzeit freundlich lächeln kann. Weder Sie noch ich können am Schluß also wissen, ob's nun Bekenntnis war oder Mummenschanz, oder beides.

Aber wie der Erwartung entsprechen, in einer Verkleidung, einer Rolle aufzutreten? Ich versuche es, indem ich Ihnen ausführlich eine Geschichte erzähle, die ein *Anderer* geschrieben hat. Dies zu tun, fällt mir umso leichter, als ich mich damit in bester analytischer Tradition befinde, denn wie Samuel Weber – und nicht nur er – festgestellt hat, mündet das psychoanalytische Denken nicht so sehr in *Erkenntnissen,* als vielmehr in *Erzählun-*

gen. Warum sollte es also nicht auch damit beginnen? Ich werde jetzt also eine Erzählung des *bedeutendsten* – und das meine ich ganz wörtlich – Dichters dieses Landes nacherzählen. Sie werden sehr genau hinhören müssen, denn es ist eine verzwickte Geschichte und lassen Sie sich dadurch nicht täuschen, daß Sie sie mit Sicherheit schon kennen, oder doch zu kennen glauben. Ihr Autor ist, so viel will ich immerhin verraten, Friedrich Dürrenmatt.

Die Szene der Handlung ist Delphi, genauer der dortige Apollotempel, irgendwann in grauer, klassischer Vorzeit. Die Heldin der Geschichte heißt Pannychis XI, ihres Zeichens Pythia, also die auf dem Dreifuß sitzende Orakelpriesterin. Mit der ihm eigenen Ironie beschreibt Dürrenmatt den bürokratischen Betrieb rund um dieses Heiligtum, v.a. den gewieften, geldgierigen Oberpriester Merops XXVII, der sich auf Kosten der alten Priesterin gesund stößt. Pannychis selbst hat all den Unsinn, den sie da orakelt, nie geglaubt. Mit einer bald schelmischen, bald mürrischen Lässigkeit betrügt sie diese Welt, die betrogen sein will. Wir erfahren, daß sie in ihren jüngeren Jahren einst einem humpelnden Prinzen aus Korinth, der, wie die meisten Aristokraten wissen wollte, wer seine Eltern seien, eine Prophezeiung gegeben hatte, die so hahnebüchen war, daß sie dachte, diese müsse ihn für immer von seiner albernen Leichtgläubigkeit heilen. Aber nein, ihr Spruch, er werde seinen Vater erschlagen und seine Mutter heiraten, schien ihn erschauern zu lassen und er lenkte, um dem finsteren Geschick zu entgehen, seinen Schritt nicht mehr zurück ins heimatliche Korinth. Jahre später bestellte, wie er das häufig tat, der Star-Seher des damaligen Griechenland, Tiresias, ein Orakel für Kreon, den Schwager des thebanischen Königs Oedipus. Dort wütete wieder einmal die Pest und Tiresias wollte, daß man dem Kreon sage, diese höre auf, wenn man den Mörder des vorherigen Königs Laios finde und bestrafe. Pannychis haßte Tiresias und das ganze intrigante Seherpack, jene Gilde, die zwar das gleiche tat wie sie, aber mit doppeltem Kalkül, indem sich diese Herren nämlich einerseits dick dafür bezahlen ließen und sich andererseits einbildeten, mit ihrem Geschwätz gezielt Politik zu machen. Aber es blieb ihr nichts anderes übrig, als auch solche Auftragsorakel eben herunterzuspulen.

Nun, da sie alt ist und eines Nachmittags in der Sonne dahindöst, taucht vor ihr, am Arm einer jungen Frau, ein zerlumpter Bettler mit ausgestochenen Augen auf. Es ist der alte Oedipus, der ihr berichtet, das Orakel, das sie ihm einst gegeben und an das sie sich nicht erinnert, sei in Erfüllung gegangen. Verwirrt beginnt sie nachzudenken; es dämmert ihr langsam und dann macht sie sich auf ins Archiv, wo alle alten Orakel registriert sind und schaut nach. Dabei erhellen sich die Zusammenhänge. Begonnen hatte alles mit einem bei Tiresias für teueres Geld bestellten Abschreckorakel. Der reiche Baumeister Menoikeus, einer aus dem Geschlecht der Drachenmänner, Vater des Kreon und der Iokaste, die, wie man weiß, den Laios geheiratet hatte, hätte zu gern seinen Sohn dereinst auf dem Thron gesehen und bestellte deshalb für einen Preis, der ihn ruinierte, über Tiresias in Delphi jenes Orakel, das dem Laios voraussagte, sein Sohn, falls er einen habe, werde ihn umbringen.

Pannychis merkt, daß ihr eigener Tod nahe ist und sie versinkt über den Dämpfen aus der Spalte in einen Dämmerzustand. Darin tauchen nun eine nach der anderen die Gestalten auf, deren Leben dieses Orakel beeinflußt hatte und erzählen ihre Sicht der Geschichte. Zuerst also der Baumeister Menoikeus, dessen Version wir schon kennen, dann Laios selbst. Von ihm vernehmen wir, daß er es seinem Schwiegervater später mit einem Gegenorakel heimzahlte, mit einem nämlich, das lautete, die gerade wieder einmal wütende Pest würde aufhören, wenn sich ein Drachenmann von der Burg stürze. Und da Menoikeus der einzige Überlebende aus dem Geschlecht der Drachenmänner war, mußte er es tun. Laios läßt nun die Pythia wissen, das Orakel hätte ihn damals nicht sonderlich beunruhigt. Als Anhänger der Knabenliebe habe er sowieso nie mit seiner Frau geschlafen, außer im Suff, aber als diese dann doch einen Sohn geboren hätte, sei er sich trotzdem nicht ganz sicher gewesen, ob der nun wirklich von jenem stets zu mehr als bloßen Wachdiensten bereiten Gardeoffizier stammte, oder ob er vielleicht doch selbst ... Jedenfalls hielt er es für sicherer, ihn verschwinden zu lassen.

Und nun erscheint in ihrem Delirium der junge Oedipus selbst. Der Jüngling berichtet zu ihrer Verwunderung, daß er damals längst gewußt habe, daß seine Eltern nicht seine Eltern seien. Das habe sich am korinthischen Hof jedermann zugeraunt. Er sei damals vielmehr gekommen um zu erfahren, wer seine richtigen Eltern seien. Und dann habe es ihm das Orakel leicht gemacht: Der, den er erschlüge, würde sein Vater sein, und die, die er beschlief, seine Mutter. Es sei für ihn bis hin zu seiner Blendung ein einziger rasender Triumph gewesen, sich so an den ihm verhaßten Eltern, die ihn den Tieren zum Fraß vorgeworfen hatten, zu rächen.

Als nächste in dem Reigen erscheint Iokaste. Gemäß ihrer Version war es genau umgekehrt. Sie wußte, weil er ihr naiverweise beim ersten Beischlaf gleich die ganze Lebensgeschichte erzählt hatte, von Anfang an, wer Oedipus war. Er aber glaubte damals voller Stolz, dem Schicksal entgangen zu sein. So ahnte er auch nicht, daß jener Gardeoffizier Mnesippos, den er noch am ersten Abend erschlug, weil er sich eifersüchtig auf ihn gestürzt hatte, sein richtiger Vater gewesen war. Sie aber, Iokaste, habe es als ihren Lebenstriumph empfunden, als einzige unter den Weibern den Mann zu lieben, – und wie sie ihn geliebt habe! – den sie selbst geboren habe und damit niemandem untertan gewesen zu sein, außer sich selbst. Das lohnte sogar das grausige Ende.

Dann erscheint, nicht als Phantom wie die anderen, sondern in Person der greise Tiresias, der wie Pannychis auch seinen Tod erwartet. Er erweist sich augenzwinkernd zur allgemeinen Verblüffung zuerst einmal als gar nicht blind. Er habe sich nur stets so gegeben, weil die zukunftssüchtigen Menschen ihre Seher eben blind wollen. Seine Version der Geschichte ist nun die, daß er, der an die Vernunft glaubt und stets ein guter und besorgter Demokrat war, mit dem Laiosorakel dem zeugungsunfähigen König den Tip geben wollte, seinen verdienten General Amphytrion zu adoptieren, damit nicht der unfähige, phantasielose Kreon dereinst an die Macht käme. Aber der alte Knacker habe den Tip nicht verstanden.

Als die Pythia nun angesichts dieser verworrenen Lügenknäuel gar nichts mehr versteht und sich nur noch über das unglaubwürdige Sphinxmärchen wundert, das in allen Versionen, die ich hier natürlich nur ganz verkürzt nacherzählt habe, wiederkehrt, klärt Tiresias sie darüber auf. Die Sphinx war in Wirklichkeit alles andere als ein halb tierisches Ungeheuer, vielmehr die höchst attraktive Tochter einer Dame namens Hippodameia, welche von dem damals noch ganz jungen und keineswegs schwulen Laios verführt worden war – in Wirklichkeit verführte allerdings sie den Laios –, welcher dann zur Strafe für die vermeintliche Freveltat von Hippodameias Eltern entmannt worden war. Die so gezeugte Tochter wurde von ihrer Mutter Sphinx genannt und höhnisch, voller kaufmännischem Kalkül dem Kaufmannsgott Hermes geweiht, als dessen Priesterin die Schöne ein keusches Leben als Herrin über gebändigte Löwinnen zu führen hatte. Tiresias kannte diese Story, weil er nämlich seinerzeit von Laios zur Sphinx geschickt worden war, um herauszufinden, wieso diese mit ihren Löwinnen Theben belagerte und jeden des Weges kommenden zerfleischen ließ, der ihr läppisches Rätsel nicht löste. Sie hatte sich jedoch in Schweigen gehüllt und ihn lediglich mit dem bedeutungsschwangeren Auftrag zurückgeschickt, Laios solle mit seinem Wagenlenker, Polyphontes Theben verlassen. Tiresias macht sich, während er so erzählt, Vorwürfe, zu leichtgläubig und zu ungenau gewesen zu sein – sonst, so glaubt er, hätte er mit den richtigen Orakeln den Gang der Geschichte anders lenken können. Er hätte mindestens darauf kommen müssen, daß auch so noch etwas an der Geschichte mit dieser Sphinx faul sein müsse. Doch, während er und Pannychis sich ihre Gedanken machen, erscheint vor ihnen beiden, in den Dämpfen die sie umhüllen, ausgespieen aus den Rachen der Löwinnen, die sie einst verschlungen hatten – die Sphinx. Sie gibt nun ihre Version der Geschehnisse zum besten. Und die lautet, wen wundert's, noch einmal ganz anders.

Ihr Vater Laios sagt sie, sei ganz anders gewesen, als Tiresias sich vorgestellt habe. Nicht der aufgeklärte Herrscher, dem Tiresias gern seine guten Ratschläge gab, sondern ein abergläubischer Tyrann, einer von der Sorte, die keine Ausflüchte für ihre Gewaltätigkeit suchten, der seine Herrschaft nicht auf Prinzipien wie Gerechtigkeit und dergleichen gründete und der deshalb, ganz im Gegenteil zur geläufigen Meinung durch seine Willkür seinen Untertanen ein gewisses Gefühl von Freiheit belassen habe. Was diesen Gewaltherrscher aber quälte, war sein Schicksal; daß er kastriert und damit seinem Geschlecht ein Ende gesetzt worden sei. Wenn er sie, seine Tochter, die bei einer Priesterin aufwuchs, gelegentlich besucht habe, habe er dumpf vor sich hin gebrütet und sie habe sich vor ihm geängstigt. Deshalb habe sie zu ihrem Schutz, nachdem die Priesterin gestorben war, begonnen, Löwinnen zu zähmen. Doch eines Tages sei er, zusammen mit seinem Wagenlenker Polyphontes unbemerkt gekommen, habe sich ins Heiligtum eingeschlichen, die Tür von innen verriegelt und seinem Wagenlenker befohlen, sie, die Sphinx zu vergewaltigen, während er, der Vater, sie festgehalten habe, auf diese Weise doch noch einen „eigenen“ Nachkommen für sich zeugend. Aber dann, als er das törichte Vater-Mord-Orakel des Tiresias vernommen hatte, bezog er es natürlich auf diesen, ihren Sohn Oedipus, und geriet in Angst und Schrecken. Nun schickte er einen Hirten zu ihr, dem er sicherheitshalber auch noch das zur gleichen Zeit geborene, von einem Gardeoffizier gezeugte Kind seiner Frau Iokaste mitgab und befahl ihr, dieses zusammen mit ihrem Sohn den Löwen zum Fraß vorzuwerfen. Von dem betrunken gemachten Hirten erfuhr sie dann, daß Iokaste den Hirten bestochen hatte, nur das Kind der Sphinx auffressen zu lassen und ihren eigenen Sohn zum König von Korinth zu schmuggeln. Kaltblütig tauschte sie, die Betrunkenheit ausnützend, die Kinder aus, warf den Sohn der Iokaste den Löwen vor und schickte den Hirten mit ihrem eigenen, Oedipus, nach Korinth. Laios, der sich anschließend vergewissern kam, ob die gefährliche Brut beseitigt sei, fand unter den von den Löwen übrig gelassenen Leichenteilen nur eine einzige Kinderhand und konnte deshalb sein Lebtag nicht sicher sein, ob wirklich beide Kinder tot seien und wurde seine Angst niemals mehr los.

Viele Jahre später, als die Sphinx im immer größer werdenden Groll über ihren Vater Theben zu belagern begann, schickte dieser Tiresias zu ihr um sie über ihre Absichten auszuspionieren. Dieser kam aber, wie wir ja schon wissen, nur mit der Aufforderung zurück, Laios solle Theben verlassen. Diese hatte die Sphinx erlassen, weil sie sicher war, der verängstigte Alte würde sich nun nach Delphi aufmachen, wo man in den Archiven das alte Orakel suchen und es ihm erneut geben würde, was ihn noch mehr in Angst versetzen müßte. Sie konnte ja nicht wissen, welche Schlamperei dort herrschte und noch viel weniger, daß Oedipus Laios auf dem Weg dorthin erschlagen würde und, wie zufällig, seinen wirklichen Vater Polyphontes, den Wagenlenker mit ihm. Als nun Oedipus nach vollbrachter Tat des Weges kam und als erster ihr Rätsel löste, stürzte sie sich keineswegs in den Abgrund, sondern nahm ihn, der es ihr angetan hatte, zum Geliebten, zog sich mit ihren Löwen ins Gebirge Kithairon zurück, empfing ihn dort immer wieder und erlebte in den Armen dieses Liebhabers, der von ihr so wenig wie sie von ihm wissen wollte, wer sie war, – denn beide hatten sie Angst vor der Wahrheit – die glücklichste Zeit ihres Lebens. Erst als er – man weiß warum – nicht mehr kam, wendete sich ihr Los und eines Tages wurde sie von ihren eigenen Löwinnen verschlungen und damit verschwindet auch dieses Spukbild in den Dämpfen, die aus der Spalte quellen. Auf die nachdenkliche Frage der Pythia, warum Oedipus, wenn sich alles so zugetragen habe, nicht auf die Idee gekommen sei, der Wagenlenker, den er erschlagen, möchte sein Vater gewesen sein, antwortet Tiresias lapidar: „Weil Oedipus lieber der Sohn eines Königs, als der eines Wagenlenkers sein wollte. Er wählte sich sein Schicksal selber aus.“ Könnte man treffender die Dialektik von Notwendigkeit und Freiheit darstellen?

Tiresias und Pannychis rätseln noch eine Weile darüber, ob denn nun dies die Wahrheit sei, erwägen, welche Lügen sich in dieser Geschichte wieder verstecken könnten, und dann endet die Erzählung mit den nachfolgenden Betrachtungen des Tiresias, die ich Ihnen in Dürrenmatts Wortlaut vorlesen will.

„Vergiß die alten Geschichten, Pannychis, sie sind unwichtig, wir sind in all dem wüsten Durcheinander die Hauptpersonen. Wir befanden uns beide derselben ungeheuerlichen Wirklichkeit gegenüber, die ebenso undurchschaubar ist wie der Mensch, der sie herbeiführt ... Wir beide hofften, mit unseren Orakeln einen zaghaften Anschein von Ordnung, die zarte Ahnung einer Gesetzmäßigkeit in die trübe, geile und oft blutige Flut der Ereignisse zu bringen, die auf uns zuschoß und uns mit sich riß, gerade weil wir sie – wenn auch nur ein wenig – einzudämmen versuchten.

Du orakeltest mit Phantasie, mit Laune, mit Übermut, ja mit einer geradezu respektlosen Frechheit, kurz: mit lästerlichem Witz. Ich ließ mit kühler Überlegung orakeln, mit unbestechlicher Logik, auch kurz: mit Vernunft. Zugegeben, dein Orakel war ein Volltreffer. Wäre ich ein Mathematiker, könnte ich dir genau sagen, wie unwahrscheinlich die Wahrscheinlichkeit war, daß dein Orakel zutreffen würde: sie war phantastisch unwahrscheinlich, unendlich unwahrscheinlich. Aber dein unwahrscheinliches Orakel traf ein, während meine wahrscheinlichen Orakel, vernünftig abgegeben, in der Absicht, Politik zu machen und die Welt im Sinne der Vernunft zu ändern, ins Nichts verpufften. Ich Tor. Ich setzte mit meiner Vernunft eine Kette von Ursachen und Wirkungen frei, die das Gegenteil von dem bewirkte, was ich beabsichtigte. Und danach kamst du, ebenso töricht wie ich, mit deiner blühenden Unbefangenheit, einfach drauflos und möglichst boshaft zu orakeln, aus welchen Gründen, spielt ja längst keine Rolle mehr, auch wem gegenüber, war dir gleichgültig; zufällig orakeltest du denn auch einmal einem blassen, humpelnden Jüngling namens Oedipus gegenüber. Was nützt es dir, daß du ins Schwarze getroffen hast und ich mich irrte? Der Schaden, den wir beide angerichtet haben, ist gleichermaßen ungeheuerlich. Wirf deinen Dreifuß weg, Pythia, in die Erdspalte mit dir, auch ich muß ins Grab, die Quelle Tilphussa hat ihr Werk getan. Leb wohl, Pannychis, aber glaube nicht, daß wir uns entkommen. So wie ich, der die Welt seiner Vernunft unterwerfen wollte, in dieser feuchten Höhle mit dir konfrontiert worden bin, die du die Welt mit deiner Phantasie zu bezwingen versuchtest, so werden auf ewige Zeiten jene, für welche die Welt eine Ordnung, solchen gegenüberstehen, für welche die Welt ein Ungeheuer ist. Die einen werden die Welt für kritisierbar halten, die anderen nehmen sie hin. Die einen werden die Welt für so veränderbar halten, wie man einem Stein mit einem Meißel eine bestimmte Form zu geben vermag, die anderen werden zu bedenken geben, daß sich die Welt samt ihrer

Undurchschaubarkeit verändere, wie ein Ungeheuer, das immer neue Fratzen annimmt, und daß die Welt nur insoweit zu kritisieren sei, wie die hauchdünne Schicht des menschlichen Verstandes einen Einfluß auf die übermächtigen tektonischen Kräfte der menschlichen Instinkte besitzt. Die einen werden die anderen Pessimisten schelten, die anderen jene Utopisten schmähen. Die einen werden behaupten, die Geschichte verlaufe nach bestimmten Gesetzen, die anderen werden sagen, diese Gesetze existieren nur in der menschlichen Vorstellung. Der Kampf zwischen uns beiden, Pannychis, wird auf allen Gebieten entbrennen, der Kampf zwischen dem Seher und der Pythia; .....“

Mit dieser Geschichte – sie heißt übrigens „Das Sterben der Pythia“ – ist eigentlich alles gesagt, was über Psychoanalyse, über Seher, über das Negative im Auge, und den Tod zu sagen wäre. Also könnte ich hier aufhören, unterstände ich nicht dem menschlichsten aller Zwänge, demjenigen, zu wiederholen. Indem ich, was gewiß nicht Dürrenmatts Absicht war, diese Erzählung auf die Psychoanalyse beziehe, sie also abermals deute, wiederhole ich und das heißt verändere, verwandle ich, was der Dichter schon verändert und verwandelt hat.

Es wird Ihnen nicht schwer fallen, in den zwei Hauptfiguren dieser Geschichte, der Pythia und Tiresias zwei Inkarnationen von Auffassungen über die Psychoanalyse wiederzuerkennen, zwei Auffassungen, die miteinander unentwegt im Streit liegen, auch und gerade hier an unserem Seminar. Man kann die beiden Fraktionen, denen sie zuzuordnen sind, polemisch in verschiedener Weise charakterisieren: die Religiösen und die Politischen, die Philosophen und die Kliniker, die Chaoten und die Vernünftler, die Obskuranten und die Aufklärer, die Unseriösen und die Seriösen, die Agnostiker und die Rechtgläubigen, diejenigen, die gegen und die, welche für Strukturen sind. Es ist kein Geheimnis, welcher Gruppe ich mich zuzähle; jener, die in dieser Geschichte sicher nicht zufällig durch eine Frau repräsentiert wird. Immerhin zeigt die Parabel – und dieser Einsicht möchte ich mich nicht verschließen – auch so etwas, wie eine unheilige Allianz zwischen den zweien in ihrem Zusammenwirken. Und immerhin hat der Vernünftige das letzte Wort, allerdings, nachdem er sehr, sehr spät – zu spät wie alle Vernünftler, wenn überhaupt – doch noch weise geworden ist.

Ohne Zweifel stammen die Psychoanalytiker in direkter Linie von jenen Deutern der Antike ab, die Dürrenmatt hier, entsprechend ihrer nicht ganz gleichen sozialen und politischen Funktion, in Orakelpriester und Seher differenziert. Dafür spricht schon, daß Freud die spezifischste Tätigkeit des Psychoanalytikers mit dem außergewöhnlichen und altertümlichen Terminus „deuten" belegt hat. Nun vermittelt uns diese Geschichte einige wesentliche Einsichten in den Charakter unserer eigenartigen Tätigkeit. Wir werden aufgesucht von Menschen in Not, die sich durch ein Mehr an Wissen Linderung dieser Not erhoffen, ein Mehr an Wissen darüber, woher sie stammen, wer sie sind und was ihr zukünftiges Geschick sein wird. Sie erkennen in dieser Formulierung jene 3 Momente der Zeit (Vergangenheit, Gegenwart und Zukunft), die sich in jeder echten Deutung verschränken. Allerdings hat sich durch die Jahrhunderte hindurch eine Verschiebung ergeben, insofern die Griechen v.a. ihre *Zukunft* wissen wollten, während wir Aufgeklärten uns je nachdem mit der *Vergangenheit* und der *Gegenwart* zufrieden geben, im Glauben, dies sei ausreichend, um unsere Zukunft eigenmächtig zu bestimmen und in die Hand zu nehmen, im unausgesprochenen Wissen aber auch, daß wir es nicht ertrügen, unsere Zukunft, sofern sie vom illusionären Anschein befreit wäre, wir hätten sie selbst geschmiedet, zu kennen.

Die Griechen – und das ist einer der Züge, in dem sich Freud ihnen tief verwandt wußte – waren geradezu süchtig darauf, ihr künftiges Geschick zu kennen. Die Sage von König Oedipus kann als ein warnendes Beispiel verstanden werden, wie man mit einer solchen Zukunftsdeutung nicht umgehen soll: Man soll sie nicht mißbrauchen, um zu versuchen, seinem Geschick zu entrinnen, sondern um dieses Schicksal in Würde zu ertragen. Versucht man, das Wissen dazu zu benutzen, die nun erkannte Zukunft zu verändern, – was ja aus inneren Gründen unmöglich ist – so setzt man eine teuflische Maschinerie in Gang, die es schließlich doch erzwingt, und zwar in einer potenzierten, um vieles tragischeren

Form. Mit anderen Worten: wenn man nicht fähig ist, dieses Geschick *innerlich* zu akzeptieren, gerät man in den Zwang, es – und zwar in sich steigernder und multiplizierender Weise – *äußerlich* zu agieren. Hätte, um es hier vorerst in allzu konkretistischer, dafür aber anschaulicher Art auszudrücken, Oedipus akzeptieren können, daß es sein Geschick ist, seiner Mutter in unwiderruflicher und doch unrealisierbarer Liebe verfallen zu sein und seinen Vater tödlich zu hassen, so hätte er seine Mutter nicht heiraten und seinen Vater nicht ermorden müssen.

Dies alles gilt nun ganz gewiß auch für unsere Psychoanalyse und ihre Deutungen. Der Wiederholungszwang kann nicht, wie Tiresias und seine modernen Adepten sich vormachen, gebrochen werden. Man kann ihn nur erkennen. Und das ist noch schwer genug. Nun hat es aber mit dieser Erkenntnis eine seltsame Bewandtnis. Der ganz eigentümliche Reiz von Dürrenmatts Erzählung liegt ja nicht zuletzt darin, daß sie uns ständig im Ungewissen darüber läßt, ob die Pythia und Tiresias durch ihre Deutungen jene Geschehnisse, die sich laufend als nicht die erweisen, als die sie eben noch erschienen waren, in Gang gesetzt hätten, oder ob sie nur gewußt und eben formuliert hätten, daß es so – und das heißt eben *nicht* so – geschehen müsse. Die beiden sind sich darüber ja auch nicht einig. Während die Pythia, die von Anfang an all diese Deuterei für Unfug hält, aber sie doch macht, man weiß nicht, welchem Zwange folgend, unter mißlichen Bedingungen und ohne materiellen Gewinn, nicht glauben kann, daß es sich bei all dem um mehr als bizarren Zufall handle, tröstet sich Tiresias, der stets bemüht war, durch seine Deutungen den Lauf der Dinge zu lenken, sich überdies etwas darauf zugute hält und auch gut damit verdiente, am Schluß, als er erkennen muß, daß alles ganz anders gekommen ist, als er wollte, paradoxerweise noch damit, daß er sich vormacht, das Ganze, wenn auch wider seinen Willen, verursacht zu haben. Aus diesem Grunde würde er, weilte er heute als einer der unseren unter uns, sich vorwerfen, daß er die neueste Literatur zu wenig zur Kenntnis genommen habe, sich in der Diagnostik zu wenig auskannte, zu wenig gut ausgebildet war, die Technik zu mangelhaft beherrschte und träte deshalb dafür ein, mehr, gründlichere und strukturiertere Ausbildung zu betreiben, damit mindestens seine Nachfolger mit glücklicherer Hand in den Lauf der Dinge eingreifen könnten.

Wenn ich der Meinung sei, so wird man mir jetzt einmal mehr entgegen halten, all unser Deuten bewirke eh nichts und es komme nicht darauf an, was man deute, so solle ich es doch lassen oder mich wenigstens nicht wundern, wenn man mich zynisch nenne. Nun, ich sage nicht, es bewirke nichts, sondern ich sage, es bewirke 1. so gut wie niemals das, was wir damit zu bewirken glauben, und es könne 2. im Sinne einer Einsicht immer nur das zur Kenntnis bringen, was wirklich da ist, welche Tatsache nicht im Widerspruch dazu steht, daß die Zusammenhänge, in die unser Deuten Einsicht vermittelt, durch dieses Deuten zugleich auch hergestellt, bewirkt werden. *Wahrheitsfindung* und *Wahrheitsproduktion* – damit knüpfe ich an das Referat von Sabine Prokhoris an – lassen sich nicht auseinanderhalten.

Was wir deuten, ist ein Triebschicksal, die spezifische Struktur eines Wiederholungsgeschehens. Diese Struktur kann nicht als solche gesehen und beschrieben werden, sondern sie muß in *Bildern* anschaulich gemacht werden. Diese Bilder bleiben blaß und bedeutungslos, wenn es nicht unsere, also des Deuters ureigenste Bilder sind, *Produkte* unserer Imagination und sie verfliegen ungehört und ungesehen, wenn sie nicht zugleich zu unserem Analysanden *passen*, ihm bekömmlich sind. Nur in diesem Falle nimmt er sie auf, versteht sie in seinem Sinne, der nicht der unsere ist und macht, ohne es zu wollen, eben unbewußt, etwas was nicht das sein muß, was er meint und was er sieht und auch nicht das, was wir gemeint und gesehen haben, aber, was seiner Dynamik und seiner Struktur nach dem entspricht, was wir gedeutet haben.

Du wirst deinen Vater töten und deine Mutter heiraten, hat die Pythia zu Oedipus gesagt. Hat sie sich vorstellen können, welche Geschichten bei Oedipus, Menoikeus, Kreon, Laios, Iokaste und der Sphinx sie damit vorweggenommen hatte? Sie hatte sich etwas vorgestellt, als sie das sagte, gewiß, aber nicht das, was sie da am Ende ihres Lebens zu hören bekommt. Und auch Oedipus hat sich darunter etwas vorgestellt und Menoikeus und Iokaste und Laios und die Sphinx und sie haben entsprechend gehandelt. Aber haben diese Handlungen das bewirkt, worauf hin sie intendiert waren? Sie haben, so müssen wir sagen, etwas anderes bewirkt, etwas, was den bewußten Absichten der Handelnden nicht entsprach, wohl aber ihren unbewußten Wünschen.

Was ich hier zu umschreiben suche, ist nichts anderes, als eines der ganz großen, ungelösten Probleme der Psychoanalyse, dasjenige der *Suggestion*. Wenn es einmal berechtigt wäre, den zu Tode geschundenen Begriff des Tabus zu benützen, dann, um darauf hinzuweisen, wie die Psychoanalytiker mit diesemProblem umgehen. Wo immer es, wenn auch nur am alleräußersten Rand ihres Blickfeldes auftaucht, werden sie heuchlerisch und verlogen, sabbern sie daher wie frömmelnde Pfaffen und wollen mit so etwas Schrecklichem, worunter sie sich nichts anderes vorstellen können, als bösartige Manipulation, nichts zu tun haben. Zwar wollen sie heilen, verändern, aber nur indem sie, wie mirakulös auch immer, die dem Patienten eigenen Heilungskräfte aktivieren und niemals indem sie ihm etwas, was von ihnen käme, suggerieren. Abstinenz, richtige Handhabung der Technik, adäquates Timing der Deutung, Ansetzen derselben auf der richtigen psychosexuellen Entwicklungsstufe, allenfalls containing oder zum vollen Sprechen führen sind einige der Euphemismen, mit denen sie ihre Suggestion bemänteln. Und dabei hatte Freud das Problem doch weiß Gott nicht verleugnet und immer wieder angegangen, wenn auch keineswegs gelöst.

Niemand, der darüber nachdenkt, wird in Zukunft um ein Buch herumkommen, welches kürzlich erschienen ist. Ich meine „Eine andere Aufklärung Das Freudsche Subjekt in der Analyse“ von Manfred Pohlen und Margarethe Bautz-Holzherr, in dessen zentralem Kapitel mit dem Titel: „Die Transzendierung der Autorität Freuds in der Übertragung seines Begehrens: Die als Übertragung wirkende Suggestion – das okkulte Problem der Psychoanalyse“ die Autoren in einer jedenfalls im deutschen Sprachraum nie dagewesenen Klarheit und Unverlogenheit dem prekären Phänomen der Suggestion auf den Grund gehen, eine Aufgabe, die notwendigerweise damit einhergeht, der Psychoanalyse, sowohl was ihre Praxis, wie auch was ihre Theorie betrifft, den ihr zukommenden und bis anhin nicht richtig bestimmten Platz innerhalb der Wissenschaft und des Wissens zuzuweisen.

Ich will hier als Zitat wiedergeben, wie die Autoren zusammenfassend die analytische Situation und das in ihr enthaltene suggestive Moment charakterisieren:

„Die von Freud konstruierte psychoanalytische Situation als Wiederholung in der Übertragung ist ein fundamentaler Interpretationsrahmen, dem eine Deutung zugrunde liegt, auf der die Deutungen des Analytikers aufbauen; das heißt, die Beobachtungssituation ist bereits Interpretation, und die Auswahl des zu interpretierenden Materials des Analysanden ist determiniert durch die vorgegebenen äußeren Bedingungen des Interpretationsrahmens und die vorgegebenen inneren Bedingungen der Einbildungskraft (Deutungskunst) des Analytikers. Und der Analysand wiederum macht seine Mitteilungen im Rahmen der angebotenen psychoanalytischen Übertragungssituation, die ihn unbewußt eine Auswahl des Gebotenen treffen läßt, um sich mit dem Analytiker in Übereinstimmung zu bringen mit dessen durch die Rahmenbedingungen bestimmte Auswahl – im Kontext des Drucks auf intersubjektive Verständigung. Der Analytiker bereitet den Schauplatz der psychoanalytischen Situation durch seine Deutungen, die dieser Grundkonstellation entspringen. (Nicht nur an dieser Stelle wird man an Morgenthalers Konzept von der Verführung, vom emotionalen Angebot des Analytikers, auf das der Analysand antwortet, erinnert. Die Autoren haben Morgenthaler sehr genau rezipiert, seine Vorstellungen präzisiert und in einen erkenntnistheoretischen Rahmen gestellt.) Und die Grundvoraussetzung für das In-Gang-Kommen des analytischen Prozesses liegt in der Identifikation des Analysanden mit diesem Interpretationsrahmen und den daraus für den Analysanden entspringenden Erwartungen. Verständigung tritt erst auf, wenn in der analytischen Situation Übereinstimmung sich herstellt über den Glauben des Analysanden an die Autorität des Arztes, die sich in den Glauben an seine Mitteilungen und Auffassungen umsetzt. Das In-Gang-Kommen des analytischen Prozesses für den Analysanden bestimmt „einzig sein Verhältnis zum Arzt“ (Freud). Und die Aufgabe des Analytikers liegt in der Überzeugungsarbeit, den Analysanden von seiner Anschauung der Dialogsituation, die bereits eine von ihm gedeutete ist, durch Deutungen zu überzeugen und den Analysanden zu bewegen, sich auf die Auffassung des Analytikers vom analytischen Prozeß als Übertragungsgeschehen einzulassen“ (342/43).

Hier gibt es keine unnötigen Unschärfen und Zweideutigkeiten und die Dinge werden beim Namen genannt. Es ist von Deutungskunst die Rede, von einem vorbestehenden Deutungsrahmen, von Glaube, Autorität, Überzeugungsarbeit, Druck der intersubjektiven Verständigung und Identifikation. Der Analytiker sei nicht (ich möchte beifügen: in erster Linie), wie Lacan das formuliert, das Subjekt, dem unterstellt wird, daß es weiß – allerdings soll er noch viel weniger das Subjekt sein, das sich selber unterstellt, es wisse –, sondern das Subjekt, von dem erwartet wird, daß es „verstehen“ (deuten) kann. Um mit solchem Selbstbewußtsein so wenig modische Dinge zu behaupten, muß allerdings zuvor einiges gründlich bedacht worden sein. Einigen wenigen dieser Punkte will ich hier nachgehen.

Wenn die analytische Situation in so hohem Maße vom Analytiker bestimmt und strukturiert wird, so ist nach dem Begehren des Analytikers zu fragen, welches dies erheischt. Die Grundannahme, so halten die Autoren zu recht fest, daß die Kur in der Übertragung geschehe, also in der Wiederholung vergangenen Erlebens, ist nicht *begründbar,* sondern entspricht der Einsicht Freuds in die Notwendigkeit der Interpretation zur Ordnung des Reizmaterials, aber auch und vor allem der *Not* Freuds in der (trieb-) drängenden Situation mit dem Analysanden. Man kann nicht, wie die moderne, kanonisierte Psychoanalyse das tut, den aktuellen Triebkonflikt in der Analysesituation grundsätzlich zu einer bloß historischen Angelegenheit degradieren, sondern man muß sehen, daß es die Not des Therapeuten ist, der die ständige Unmittelbarkeit und Nähe dieses Konfliktes nicht aushalten würde, der diese (zeitliche) Distanzierung erzwingt. Es entsprang Freuds ingeniöser Einbildungskraft, angesichts dieser Situation die frühkindliche Sexualität nicht so sehr zu entdecken, als vielmehr zu *erfinden* und ihr *nachträglich* in seiner analytischen Praxis ihre Wahrheit zu verleihen, so wie die Erinnerungen des Patienten nachträglich ihre Bedeutung und damit ihre Wahrheit erhalten. (Ich verweise in diesem Zusammenhang auf die Referate von J. Laplanche und Hanna Gekle, in welchen diese Problematik von verschiedener Seite her aufgerollt worden war.) Und genau so kommt kein Analytiker, und sei er noch so gut ausgebildet, darum herum, *seine Psychoanalyse,* die ihn aus *seiner Triebnot* befreit, neu zu erfinden.

In der psychoanalytischen Situation wird all das, was gefunden wird, zugleich erfunden und man kann sie deshalb gut und gern als ein *Wahrheitsspiel* im Sinne Foucaults begreifen. Man muß aber sehen, daß weder der Wunsch noch der Leidensdruck des Analysanden noch auch seine schlicht freigelegten intellektuellen Kapazitäten zu solcher Erfindung in der Lage wären, sondern daß dies nur in der Zusammenarbeit mit und im „Glauben" an einen erfinderischen, sich nicht versteckenden, seine eigenen Bilder suchenden und findenden, aus seiner Triebnot und seinem Begehren handelnden Analytiker möglich ist, einen Analytiker, der suggeriert, kritisch allerdings, indem er seine Suggestion, anders als etwa die der Hypnose oder der Überredung, stets selbst wieder zum Gegenstand seiner Aufmerksamkeit und seines Phantasierens macht.

Aber was den Analytiker allererst in diese Not bringt, ist sein narzißtisch-sexueller Wunsch, der Wunsch, mit dem anderen zur Deckung zu kommen, ihn zu *erkennen*, der ihn zu dieser Tätigkeit treibt und nachdem er ihn in diese Gefahr gebracht hat, eben zwingt, Wege zu erfinden, auf denen er die Sublimation des Triebzieles aufrechterhalten kann. Das Denken Freuds, dem ja, worauf oft spöttisch hingewiesen wird, seit seinem 40. Lebensjahr außer seiner Arbeit nichts mehr Freude machte, ist eine ununterbrochene Anstrengung, solche Wege zu finden. Nur die ganz Unverständigen können darin einen Grund zu seiner Desavouierung finden.

Suggestion, gemäß einer ihrer ursprünglichsten Wortbedeutungen dem anderen etwas reichen (in den Mund legen), was ihm schmeckt, ist nur möglich, wo Übereinstimmung erzielt werden kann, Übereinstimmung in den Bildern, die das, was in der Übertragung provoziert wird, darzustellen, zu binden vermögen. Morgenthaler sprach davon, man müsse die Besetzungen gleichrichten, es müsse ein emotionales Klima geschaffen werden, in dem der Prozeß vorangehen könne. Auch das ist eine Umschreibung von Suggestion. Der Analytiker bedarf dessen, was Freud den „Phantasieschlüssel" genannt hat zum Unbewußten des anderen. Die *Einbildungskraft,* jenes eigene Bild zu finden, in dem sich der Andere auf neue Art wieder erkennt, diese Fähigkeit, die wohl kaum gelernt werden kann, ist alles andere als ein bloß korrektes Hinhören und die richtigen Stücke Finden und Zusammensetzen. Da muß etwas Neues gemacht und erfunden werden und dieses Dichten hat oft genug den Charakter des *Schwindels.* Pohlen und Bautz sprechen denn auch ohne Umschweif vom Schwindelgeist der Analyse und berufen sich auf jene Anekdote des erschwindelten Karpfens, mit der Freud einem seiner Analysanden das gemeinsame Finden der Wahrheit (mit dem Köder der Lüge) erklärte. Freuds große Entdeckung war ja die *Wahrheit der Phantasie,* die oft genug die *Lüge der „Realität"* ist.

Zwei Dinge müssen nun noch kurz erörtert werden, bevor all dies „Phantastische", wissenschaftlicher Logik Spottende auf einen Platz gestellt werden kann, wo es sich vor den Augen der übrigen Wissenschaft nicht zu bemänteln und nicht zu verleugnen braucht. Das eine ist ein Element, das bei Pohlen und Bautz weitgehend fehlt, wiewohl es implizit enthalten ist, das zweite haben sie dafür um so eindrücklicher herausgearbeitet.

Es ist schlecht begreiflich zu machen, wie in einem Prozeß, der durch Suggestion vorangetrieben wird und der über weite Strecken recht eigentlich den Charakter des Schwindels hat, etwas gefunden, erhellt werden soll, was von Bedeutung ist. Ginge es bei dem, wonach da gesucht und was da erfunden wird, um Realitäten jenseits des Psychischen, um Dinge der außermenschlichen Welt, so müßte ein solches Vorgehen, wie immer nachsichtige Skepsis man auch aller menschlichen Erkenntnis entgegenbringen wollte, grundverdächtig bleiben. Aber das, worum es geht, sind ja anders, als z.B. in Physik und Chemie nicht jenseits des Menschen existierende, wie immer adäquat auffindbare oder nicht auffindbare Dinge, sondern *Produkte, Äußerungen von Psychischem.* Ob es die Urszene ist oder das Verhältnis zum Chef, Klagen über die Undankbarkeit der Welt oder die unfaßbare Erregung angesichts eines gelben Stiefels, immer geht es um Sachverhalte, die losgelöst von eigenem und fremdem Psychischem gar nicht denkbar sind. Das Keuchen der Mutter in der Umarmung des Vaters, das zweideutige Lächeln des Chefs, die Achtlosigkeit der Kollegen, die vom Stiefel ausgehende Erregung, die so gar nichts mit dessen Stiefelsein zu tun hat, all das sind *Botschaften* oder doch Echos von Botschaften, Mitteilungen, die entschlüsselt werden wollen. Und weil es keine Eins-zu-eins-Botschaft gibt, weil die ubw. Bedeutung jeder Botschaft nicht nur von den ubw. Phantasien des *Empfängers* abhängt, der sie immer schon deuten, übersetzen muß, sondern weil schon der *Absender* zu einem wie immer großen Teil nicht wußte, was er sandte, wäre selbst im hypothetischen Idealfall eine Entschlüsselung dieser Botschaft ohne gleichzeitige Neuerfindung nicht möglich, denn der Empfänger müßte in diesem Fall noch immer jenen Teil der Botschaft erfinden, den der Sender selbst gar nie gekannt hatte, den dieser zwar übermittelte, aber als etwas erst nachträglich – auch für ihn selbst – zu Erfindendes. Sie merken es längst, ich spreche von jenen *rätselhaften Signifikanten,* die Laplanche beschrieben und in die Theorie der Psychoanalyse eingeführt hat und ohne die das notwendig suggestive *Moment* jeder Deutung meiner Meinung nach nicht genügend zwingend aufgewiesen werden kann. Um so erstaunlicher allerdings – oder vielleicht auch nicht! – daß gerade Laplanche dem suggestiven Moment in der Deutung gegenüber mehr als skeptisch ist. Die Begriffe Suggestion und Verführung sind sich nahe verwandt. Es bedürfte einer differenzierten Analyse der Texte von Laplanche und Pohlen/Bautz um die Übereinstimmungen und Differenzen genau zu bestimmen. Während der eine an der Beziehung Analytiker – Analysand entwickelt wurde, stand dem anderen die Beziehung Mutter – Kind Modell. Wahrscheinlich spiegeln sich denn auch in den zwei Konzepten sowohl die Gemeinsamkeiten, wie die Differenzen zwischen diesen beiden ähnlichen, aber nicht identischen Situationen. Ich will diese Gedanken, die uns weit fort – nicht von der Psychoanalyse, aber über die uns hier gesteckten Grenzen – tragen würden, nicht weiterführen, wollte aber andeuten, wie fruchtbar es wäre, diese zwei Denkansätze sich aneinander abarbeiten zu lassen. Ich wähle diese Formulierung, weil sich gerade hierin Pohlen/Bautz und Laplanche einig sind, daß Theoretisieren nur heißen kann, „die Theorie zum Kreischen bringen" (Laplanche), ihre inneren Widersprüche entfalten (Pohlen) und nicht, sie zu begradigen, die Kanten und Ecken zu schleifen.

Das andere Moment, mit diesem nahe verwandt, aber weniger der Praxis der Psychoanalyse als ihrer Theorie zugehörend, ist die Frage nach der Natur des psychoanalytischen Denkens, seiner eigenen Spezifität, seinem Ort innerhalb der Wissenschaft. Eine Praxis, wie die eben skizzenhaft gezeichnete, bedarf einer anderen Theorie als etwa das Experimentieren der Naturwissenschaft oder der im stillen Kämmerlein sich entfaltende Diskurs der Philosophie, bzw. es ist zu vermuten, daß nur ein ganz anderes Theoretisieren in eine solche Praxis münden konnte. Nun zeigen Pohlen und Bautz, daß seit der Aufklärung, im besonderen seit Descartes von dem, was man als zwei Stämme des wissenschaftlichen Denkens bezeichnen könnte, nur noch der eine anerkannt wird und zwar der des diskursiven, logifizierenden, beweiserhebenden Verfahrens, das im syllogistischen Prozeß des Schließens seine Aussagen abschließt. Dagegen ist die *analogische Rede,* die eine semantische, hermeneutische, zeigende ist, welche zu keinem Schluß kommt, sondern die drei Zeitmomente in sich verklammernd, offen ist auf eine unendlich sich fortsetzende Wiederholung hin, völlig in Verruf geraten. Es ist, als hätte man vergessen, daß das logifizierende Schließen nur auf Grund von Prämissen möglich ist, die ihrerseits nicht erschlossen werden können und nicht begründbar sind. Die Prämissen können ihrerseits nur in der *metaphorierenden,* analogischen Rede zustande kommen. Analogisierend ist diese Rede, weil sie darin besteht, *Ähnlichkeiten* zu finden und über die Ähnlichkeiten Ungleiches zu verbinden. Die *Metapher* ist ihr Vehikel. „Metapher bezeichnet ursprünglich eine konkrete Handlung und zwar das Tragen eines Gegenstandes von einem zu einem anderen Ort, das Überführen im buchstäblichen Sinne, im Griechischen: den Leichnam überführen, das ist die letzte *Übersetzung* vom Leben zum Tod“ (311). Metaphorieren ist also immer sowohl ein Übersetzen, wie ein *„Entstellen“* und ich darf daran erinnern, was ich dazu in meinem Text über Psychoanalyse und Religion gesagt habe. Nun ist es ganz offensichtlich, daß das psychoanalytische Denken in hohem Maße ein solch metaphorierendes ist und zwar schließt es eng an jenes ursprüngliche, sinnliche Metaphorieren an, in dem die Dinge im Hinblick auf ihre Ähnlichkeiten zum menschlichen Körper benannt werden. Es geht um das, was Laplanche, ohne diese Kategorien zu benutzen, den „als ob“-Charakter der Psychoanalyse nennt, die Tatsache, daß sie in der Betrachtung ihres Gegenstandes, des Psychischen, des Triebhaften, des Sexuellen, diesen ständig so behandelt, *als ob* er etwas anderes wäre: Physikalisches, Mechanisches, Paläontologisches, Strategisches etc. Wobei es festzuhalten gilt, daß dieser Als-ob-Chrakter in der Psychoanalyse als einer Wissenschaft vom Psychischen, vom Sexuellen, vom Menschlichen schlechthin nur besonders deutlich zu Tage tritt, aber auch in jeder anderen Wissenschaft, wie versteckt auch immer, verborgen liegt, weil er letztlich eben jedes menschliche Reden begründet. Die analogisierende Rede hat aber doch ihre eigene, andere Wahrheit, als die logifizierende. Sie ist das, was in der Situation, unter den Umständen wahrscheinlich ist: wörtlich das Wahr – Scheinliche. Sie läßt sich nicht begründen, aber sie muß Evidenz, Überzeugungskraft haben, sie muß suggestiv sein.

Es ist, wie Sie alle wissen, ein Leichtes, unter Anwendung logisch diskursiver Kriterien das Freudsche Theoriegewebe in Fetzen zu zerreißen und es der Lächerlichkeit preiszugeben. Das Ubw, die psychischen Instanzen, der Trieb, die ganze Metapsychologie mit ihren inneren Widersprüchen, all das zerfällt zu nichts unter der Optik logisch rationaler Wissenschaft. Es ist in der Tat erstaunlich, wie wenig die von dieser Seite geführte und stets wiederholte Kritik der Psychoanalyse hat anhaben können und noch erstaunlicher ist es, mit welchem Eifer die Psychoanalytiker trotzdem stets wieder bereit sind, alles an ihrer Theorie mindestens dem Schein nach preiszugeben, um sie mit den rational logischen Wissenschaftsanforderungen kompatibel zu machen. Und das Groteskeste ist, daß sie der Meinung sind, ihre Disziplin habe solchen Bestand, weil sie diesen Ansprüchen, mit denen sie sich identifizieren, gewachsen sei und weil von dieser Seite keine haltbaren Argumente gegen sie vorgebracht werden könnten. Dieses Meinen ist von der selben Absurdität, wie dasjenige gewisser Schweizer, die meinen, ihr Land sei wegen der Stärke seiner Armee vom 2. Weltkrieg verschont geblieben. Der Vergleich, den ich da eben angestellt habe, ist übrigens ein Beispiel für diese Art metaphorischen Denkens. Es ist ja durch nichts zu beweisen oder zu begründen, daß in diesen zwei Annahmen der Schweizer und der Psychoanalytiker, die weit voneinander entfernt sind, etwas Ähnliches liege und doch hat es eine Evidenz, wie hier in zwei ganz verschiedenen Situationen ein Kollektiv ein für es erfreuliches, wenn auch ziemlich erstaunliches Faktum, im Sinne seiner Wünsche falsch interpretiert.

Ich glaube, daß die Unterscheidung in metaphorisch, analogisch, semantisch weisende Rede einerseits und logisch, deduktiv, rationale Rede andererseits besser geeignet ist, der Psychoanalyse ihren Platz zuzuweisen, als die meist in Anschlag gebrachten Unterscheidungen von Natur- und Geisteswissenschaft bzw. Hermeneutik und Determinismus oder Positivismus. Und zwar, weil mit ihrer Hilfe gezeigt werden kann, daß das psychoanalytische Denken und Theoretisieren an eine vergessene Wissenschaftstradition anschließt, an eine, die *vor* jenen Unterscheidungen liegt, die das heutige Denken in Disziplinen unterteilen und eben damit disziplinieren, in eine, die die anderen begründet, ohne doch selbst begründbar zu sein. Darin liegt die Kraft der Psychoanalyse, darum hält sie auch allen Anfechtungen stand, bringt sie doch ein Denken wieder zur Geltung und in den Bereich der Wissenschaft zurück, das während Jahrhunderten ganz aus dieser hinaus gedrängt worden war in Kunst und Religion oder in Pseudowissenschaft und in der Wissenschaft selbst nur noch als Verdrängtes seine Wiederkehr im verfemten Dunklen und Okkulten fand.

Und nun ginge es darum, daß die Psychoanalytiker dies endlich zur Kenntnis nähmen, begriffen, daß sie in einer ganz anderen Wissenschaftstradition stehen, einer, die sich herleitet aus dem, was in der Antike und der Renaissance die *rhetorischen Wissenschaften* waren. Gewiß, dieser Zweig der Wissenschaft wurde nicht erst in der Aufklärung in Verruf gebracht. Die Sophisten hatten ihn in der Herunterbringung ihres Denkens auf ein Gewerbe erstmals verdächtig gemacht und wir kommen nicht umhin, uns zu sagen, daß wir, kaum hat Freud diesen Denkstrang wieder aufgenommen, in eigener Unkenntnis dessen, was er tat allerdings und in großer Ambivalenz gegenüber den in seiner Psychoanalyse enthaltenen Unvereinbarkeiten mit dem modernen wissenschaftlichen Denken, wir schon wieder dabei sind, die Sache auf ein Gewerbe herunterzubringen, alles zu opfern, was dieses Gewerbe anstößig erscheinen lassen könnte und uns mit der herrschenden Wissenschaft anzubiedern, anstatt mit Stolz und Selbstbewußtheit die eigenständige und ganz andere Natur der unserer Tätigkeit zugrundeliegenden Erkenntnisart zu behaupten und darzulegen.

Pohlen und Bautz formulieren das an einer Stelle mit Blick auf die Suggestion so: „Psychoanalyse, die sich des Themas der Suggestion selber entledigt hat, hat sich damit eines Urphänomens, einer Grundtatsache des menschlichen Seelenlebens (Freud) begeben, die als fundamentale Bedingung der menschlichen Interaktion der Gegenstand ihrer Wissenschaft ist. Durch dessen Eliminierung hat sie das entfernt, was sie in die schärfste Auseinandersetzung mit dem positiven Denken bringen würde. An dieser Stelle müßte nämlich Psychoanalyse ihre *kritische Negativität gegenüber den geltenden Maßstäben* (das Negative im Auge!! P.P) von kontrollierter, transparenter und argumentativ zugänglicher Einflußnahme, bei der sich nichts dem rationalen Zugriff entziehen darf, offenbaren“ (324).

Wir scheinen es nicht zu ertragen, daß ein Denken, welches keine Begründung im sichern Schluß zuläßt, auf *Glauben* angewiesen ist und deshalb immer notwendig und wesentlich dem *Zweifel* ausgesetzt ist, jenem Zweifel, der Freuds ganzes Werk vorangetrieben hat, dessen ständige Umformulierung provozierte und dessen Systematisierung verhinderte. Ich möchte hier einen Satz zitieren, den Helene Schulz-Keil in einem polemischen, aber äußerst anregenden Referat an der Riss-Oedipustagung formuliert hatte, in einem Zusammenhang, in welchem es darum ging, Wissen, Glauben und Meinen begrifflich auseinander zu halten: „Der Glaubende weiß nicht, ob er recht hat, aber er ist bereit, sein Fürwahrhalten aufs Spiel zu setzen; handelnd geht er das Risiko ein, ins Unrecht gesetzt zu werden" (Riss 13/14, 1990, S. 61). Die Psychoanalyse ‚Nach' Freud ist ständig bemüht, diesen Zweifel auszuräumen durch Anpassung an den herrschenden Wissensdiskurs, das Denken zu systematisieren, es unangreifbar zu machen. Und deshalb ist die Geschichte der Psychoanalyse nichts anderes, als eine permanente Verfolgung, eine Hexenjagd auf jene, welche den Zweifel wieder sähen wollten, die das Erstarrte in Fluß bringen wollten und mit denen man nichts Eiligeres zu tun hatte, als sie zu exkommunizieren. Natürlich hat dies alles seinen Anfang bei Freud selbst, bei seinem Selbstmißverständnis, bei seiner unverstandenen Übertragung auf Jung – die wir heute gern als unverstandene Gegenübertragung verharmlosen –, aber das können wir als Entschuldigung nicht mehr gelten lassen. Im übrigen ist auch dazu viel und Erhellendes bei Pohlen/Bautz nachzulesen.

Ich versuche, das, worum es mir geht, noch einmal in einer Wiederholung einzukreisen. Mein Punkt ist der, daß das, was wir als Psychoanalytiker tun und denken, in spezifischer Weise grundverschieden ist, von all dem, was seit geraumer Zeit in der abendländischen Kultur allein das Anrecht hat, wissenschaftlich, rational, vernünftig genannt zu werden, daß Psychoanalyse also in einer kritischen Negativität zu all dem steht, und damit auch zu sich selbst, gerade insoweit sie notwendigerweise immer auch ein Teil dieses Denkens und Handelns ist, – (was sie immer bleiben wird: es geht mir nicht um einen puristischen Kahlschlag!) – und daß man diese Negativität nicht mit Negativismus verwechseln sollte, sondern im Gegenteil in ihr gerade die „positivste" Kraft der Psychoanalyse zu sehen wäre.

Descartes, so zeigen Pohlen und Bautz im Nachtrag zu ihrem Buch, kann als ein hochspezifischer Repräsentant jener Wende des abendländischen Denkens gesehen werden – vielleicht sogar ihr Begründer –, die sich als eine emanzipatorische versteht. Das cartesianische Denken definiert sich als vernünftiger Gebrauch des eigenen Verstandes ohne die Leitung eines anderen. So soll die *Gefahr des Überzeugtwerdens* durch andere vermieden werden. Ganz auf sich selbst zurückgezogen, sich mit seinem methodischen Zweifel, der eben gerade keiner mehr ist (!), begründend, beobachtet dieses Denken die Welt außerhalb von ihm, als ob sie nichts mit ihm zu tun hätte und merkt so nicht mehr, wie es seine Selbstverkennung allem anderen unterschiebt. Sowohl die Connaturalitas, also die tiefe Verwandtschaft des Menschen mit der Natur wird so zum Verschwinden gebracht – etwas, dessen Folgen wir erst heute schmerzlich zu spüren bekommen – wie auch die Abhängigkeit des Denkens vom Dialog, vom Anderen. Nicht allerdings meine ich dies im Sinne des Sozialen, der Kommunikation, der Konsensfindung, sondern im Sinne seiner tiefen Einsamkeit, seiner A-sozialität, die Zeuge seiner Abhängigkeit vom Sozialen, nicht seiner Einbettung in dieses ist. Der Botschaftscharakter in all dem, was Gegenstand des Denkens ist – und seien es die unbelebtesten Dinge – geht so verloren. In der stolzen Überzeugung, der fremden Gewalt auf das eigene Denken durch Überzeugung (Über – Zeugung!!) entkommen zu sein, errichtet man dessen autistische Macht, ein Phantom, das z.B. noch überdeutlich in jenem bürgerlichen Vorurteil der Autonomie und Unabhängigkeit (Ich-Autonomie) als Ziel einer sogenannten emanzipativen Psychoanalyse sichtbar wird. Wenn das Unbewußte mit dieser historischen Wendung des Denkens nicht überhaupt erst entstanden ist, so hat es doch erst durch sie jenes Verfemte bekommen, das mit seiner Wiederkehr droht, jene Bedeutung, die seine Entdeckung oder eben viel mehr *Erfindung* durch Freud rechtfertigte. Diese Wende im Denken war nur möglich, indem das bis dahin gleich- oder doch mindestens auch berechtigte analogische, metaphorierende, unmittelbar Ähnlichkeiten schauende Denken verdrängt wurde zugunsten des auf ihm aufruhenden logisch, rational diskursiv begründenden. Mit der Psychoanalyse hat dieses vergessene Denken, gewissermaßen der Triebgrund des Denkens, sowohl als Methode wie auch als Gegenstand (das Unbewußte, das Sexuelle) wieder Einlaß ins Haus der Wissenschaft begehrt, während es bis dahin in Kunst, Religion und Aberglaube verbannt gewesen war. Und nun geht alles darum, daß dieser Wiedereintritt nicht so vonstatten geht, daß sich die Psychoanalyse mit der Maske der rationalen Wissenschaft tarnt und sich dann nur noch um den Preis der Selbstverleugnung in diesem noblen Hause aufhalten darf, sondern, daß sie den in diesem Hause verkommenen und isolierten Irren zeigt, daß diese gerade durch ihre, der Psychoanalyse eigene Art des Denkens, wieder einen Zugang zur Welt um sie herum und dadurch zu sich selbst erlangen könnten.

Sie erinnern sich an den Vortrag von Sarah Kofman. In ihm ging es um Freuds lebenslänglichen Kampf gegen seine Neigung zur Spekulation. Nun, diese Spekulation ist nichts anderes, als das, was ich hier mit der analogischen, metaphorierenden Rede meine und sie sitzt, wie ich glaube, viel tiefer, im Innersten der Psychoanalyse, – nicht allerdings als ihr Gebrechen –, als dies, wenn ich sie recht verstanden habe, Sarah Kofman annimmt. Zwar kann ich Kofmans These, daß die Psychoanalyse sich auf einem immerwährenden Grenzgang zwischen exaktem, wissenschaftlichem und spekulativem Denken befindet, voll und ganz zustimmen, doch würde ich dem hinzufügen, daß dieser Grenzgang aus der letztlich *gesellschaftlichen Not* entspringt, in welche die Psychoanalyse gerät, weil sie ihre *Legitimation* nur in jenem Bereich des Denkens finden kann, – oder vielmehr finden zu können glaubt! – aus dem sie selbst gerade *nicht* stammt.

Ich möchte eine Stelle von Nietzsche in Erinnerung rufen, die Sarah Kofman zitiert hatte. Nachdem Nietzsche das Denken, das er das philosophische nennt, mit einem leichtfüssig von Stein zu Stein über einen Waldbach springenden Jüngling verglichen hat, fährt er fort: „Was bringt das philsophische Denken so schnell an sein Ziel? Unterscheidet es sich von dem rechnenden und abmessenden Denken etwa nur durch das raschere Durchfliegen großer Räume? Nein, denn es hebt seinen Fuß eine fremde, unlogische Macht, die Phantasie. Durch sie gehoben springt es weiter von Möglichkeit zu Möglichkeit, die einstweilen als Sicherheit genommen werden: hier und da ergreift es selbst Sicherheiten im Fluge. Ein genialisches Vorgefühl zeigt sie ihm, es errät von ferne, daß an diesem Punkte beweisbare Sicherheiten sind. *Besonders aber ist die Kraft der Phantasie mächtig im blitzartigen Erfassen und Beleuchten von Ähnlichkeiten:* (Hervorhebung von mir) Die Reflexion bringt nachher ihre Maßstäbe und Schablonen heran und sucht die *Ähnlichkeiten durch Gleichheiten,* das Nebeneinander-Geschaute durch Kausalitäten zu ersetzen“ (Nietzsche „Die Philosophie im tragischen Zeitalter der Griechen“, Werke III, S. 1069).

Auf diesen, von Kofman nicht mehr zitierten letzten Satz möchte ich Ihre Aufmerksamkeit lenken, denn er sagt uns etwas über die *Ähnlichkeiten;* er sagt uns, was Ähnlichkeiten *nicht* sind: *Gleichheiten*. Dazu macht sie erst die Reflexion! Und das ist der Kurz-*Schluß* des logifizierenden Denkens, der Schritt zum System, zum Wahn. Der Schritt sagte ich. „Il n'y a que le premier *pas* qui coûte“. Es hat mich schon damals gewundert, daß Frau Kofman diesen in die Augen springenden Doppelsinn ihres Titels nicht ausgebeutet hat. Nur der erste Schritt kostet, aber doch auch: nur das erste *Nicht* kostet. Ein Schritt ist *immer* ein Nicht. Im Schritt hebt der Fuß vom Boden ab, durchmißt den leeren Raum und setzt woanders wieder auf, womit die *Übersetzung* des Körpers von einem an einen anderen Ort vollzogen ist. Dieser Ort ist nicht mehr der gleiche, aber er ist mit dem alten durch eine *Bewegung* verbunden. Zu sagen, es sei etwas *ähnlich wie,* heißt notwendig, ja hat zur Voraussetzung, zu sagen, es sei *nicht das Gleiche*. (Von der kindlichen Sexualität zu sprechen z.B., heißt gerade, von etwas zu sprechen, was in gewisser Hin-Sicht wie die erwachsene Sexualität ist, aber überhaupt und ganz und gar nicht das Gleiche! Die Verbindung des Ungleichen ist nicht dessen Identischsetzung!) Dieses Denken besteht also darin, daß ein Ort mit einem anderen in einer Bewegung, die man dem Fliegen vergleichen (aber nicht mit ihm gleichsetzen) kann durch die Phantasie verbunden wird. Und Phantasie geht auf ein griechisches Verb, das „sichtbar machen, erscheinen“ heißt zurück. Es ist die *seherische Kraft* der Phantasie, welche dieses Denken vorantreibt, indem sie jenen Ort, der noch nicht sichtbar ist, sichtbar macht, damit der Schritt dorthin getan werden kann und Bewegung entsteht; aber kein Schluß. Denn dem ersten Schritt folgt der zweite und so fort. Dieses Denken kommt in keinem Schluß zur Ruhe, aber dafür wird es in seiner unendlichen *Bewegung dem Leben* gerecht, von dem es ein getreulicheres Abbild ist als der Schluß, der dafür ein getreulicheres Abbild des *Todes* ist.

Es ist ja nicht so, daß sich dieses Denken nicht *wünscht,* zur Ruhe zu kommen. Der Todestrieb waltet auch in ihm. Aber die innerste Struktur des Wunsches, sein Abzielen auf (Wahrnehmungs-) Identität, die er nie erreichen kann, *treibt* ihn gerade zum Gegenteil dessen, was er erreichen will, statt zur Ruhe, zur unendlichen Bewegung, jenem langen *Umweg* zu seinem schließlich doch erreichten Ziel, dem Tod. So ist der Tod als Wunsch der tiefste Grund des Lebens und darin liegt die dialektische Verschränkung der zwei scheinbar so unvereinbaren Aspekte des Triebes, daß er Befriedigung, Abfuhr und Ruhe sucht und gleichzeitig ständig neue Reize, daß er bindet und entbindet.

Ich hätte Ihnen – doch dazu reicht die Zeit nicht aus – auch dies gerne anhand einer Geschichte anschaulich gemacht, anhand eines Romans von Simone de Beauvoir, der den Titel trägt „Alle Menschen sind sterblich“ und dessen Held, Antonio Fosca ein im 12. Jahrhundert geborener Mensch ist, der durch einen Zaubertrank Unsterblichkeit erlangt hat und dessen Leben, das die Autorin ganz nebenbei benutzt, um uns die letzten 700 Jahre der europäischen (und amerikanischen) Geschichte vor Augen zu führen, in dem Maße unerträglicher wird und dem Tode ähnlicher, in dem die Gewißheit, daß er nicht sterben kann, zunimmt und die damit verbundenen grauenhaften Perspektiven. Wiederholung, die zunächst unter der Fuchtel einer sicheren, letzten Wiederholung ständig Neues und neue Hoffnung produziert, wird durch diese Ausradierung der Dimension der Zeit immer mehr zu unterschiedslos Identischem und damit zum Tod mitten im unsterblichen Leben.

Das Denken ist in exquisiter Weise *die* Tätigkeit des Eros, der Liebe, jener Kraft, die alles verbindet, ohne es doch gleichzumachen. Es verdankt sich, wie Freud uns ja eindrücklich gezeigt hat, der Sexualneugier und ist auch seiner inneren Struktur nach der Liebe verwandt. Der Wunsch, der es zunächst vorantreibt, ist der, die Bilder zur *Deckung* zu bringen, bzw. das denkende Subjekt mit seinem Gegenstand zur Deckung zu bringen; es ist der gleiche, gewalttätige, narzißtische Wunsch, der den Liebenden treibt, sich mit seinem Liebesobjekt zur Deckung bringen zu wollen. Und wie dieser, muß er notwendig scheitern. Dieses Scheitern ist dann erträglich, wenn die *Differenz,* welche dieses Scheitern sowohl erzwingt, wie auch in ihm ständig aufs neue sichtbar gemacht wird, ihrerseits Quelle von Lust sein kann. Diese Lust ist dann die am *Anderen,* am *Objekt.*

Geht man davon aus, daß das, was Freud als die menschliche Sexualität beschrieben hat, nur zustande kommen kann durch die *Anlehnung* eines zur Zeit der Geburt zwar latent vorhandenen, aber über kein eigenes Objekt verfügenden biologischen Sexualtriebes an die Selbsterhaltungstriebe, dann kann man es so sehen, daß das, was wir als den narzißtischen Wunsch künstlich isolieren, der Reflex der Selbsterhaltung (Fressen, sich aneignen) in der Sexualität ist, während das, was wir als den objektlibidinösen Wunsch charakterisieren, der Reflex des Sexuellen (die Erhaltung der Art, des Nicht-Ich, im weiteren Sinne der Welt überhaupt) in der Sexualität ist. Wir können dann die Wirkkraft dieser Differenz begreifen als einen Effekt eben jenes Anlehnungsverhältnisses, jener „unmöglichen" Verschwisterung zweier Lebensfunktionen, die genau das hervorbringt, was wir die menschliche Psyche nennen.

Psychoanalyse ist Analyse des Psychischen und, Freud hat es oft genug betont, nicht Synthetisierung. Ihr Gegenstand ist die Liebe und sie kann nur in Liebe geschehen. Als *Wunsch* ist die Idee der Identität, des Zur-Deckung-Kommens, der Synthese ein unverzichtbares Motiv all unseres Denkens und Handelns. Nichts könnte uns dies besser vor Augen führen, als Freuds fanatische Besessenheit in seiner Suche nach dem *einen Ursprung.* Und allem anderen Anschein zum Trotz wußte er mehr über das notwendige Scheitern dieses Bemühens, als seine Nachfolger. Wenn das unerreichbare und doch stets angestrebte Ziel aber mißverstanden wird als der *Grund* im Sinne des Ursprungs, anstatt im Sinne der Begründung, dann kommt es zu jenen Aporien, für die die Verabsolutierung des identitätslogischen Denkens in der Wissenschaft und die Verabsolutierung des Narzißmus in der Liebe gleichermaßen abschreckende und doch omnipräsente Beispiele sind.

Wenn also das psychoanalytische Denken nicht maskiert und sich selbst verleugnend, seinen Platz im Haus der Wissenschaft erschleicht, sondern ihn selbstbewußt fordert, so hat dieses Haus und die noble Gesellschaft, die es bewohnt, davon nicht mehr und nicht weniger zu erwarten, als die Wiederentdeckung der Welt um dieses Haus herum, durch und mit jenem Gast, der aus ihr kommt. Die Psychoanalyse kann dies leisten, nicht, indem sie psychologistisch alles Wissen usurpiert, sondern indem sie die erkenntnistheoretischen Grundlagen für die Integration allen Wissens bereitstellt, da gerade sie – und nicht die traditionelle Philosophie – der Ort ist, wo das Insgesamt des körperlich-seelischen menschlichen Erlebens seine denkerische „Aufhebung" findet.

Man mag in solchen Aussagen eine Mystifizierung der Psychoanalyse sehen. Man mag Gründe namhaft machen, wieso Psychoanalytiker besonders zu einer solch verklärenden Sicht ihrer Wissenschaft neigen oder man mag umgekehrt darauf hinweisen, daß solche Idealisierung der eigenen Tätigkeit in allen Berufen vorkomme. Peu importe ... Die Tatsache, daß die Psychoanalyse einerseits ein Grenzgang zwischen zwei verschiedenen Denkarten ist und andererseits ihre Wurzeln tief in derjenigen der beiden hat, die das moderne, wissenschaftliche Denken recht eigentlich in Verdrängung hält, gibt ihr eben eine Sonderstellung, die wahrzunehmen nicht das gleiche ist, wie unreflektiert ihr hohes Lied zu singen. Mag sein, daß die Wahrnehmung dieser Sonderstellung neben den Wonnen der Selbstbeweihräucherung auch so etwas wie eine Verantwortung mit sich brächte, die vielleicht gerade jenen Kollegen, die so sehr auf der Säkularisierung insistieren, wenig behagt.

„Abgenagt und aufgelöst": Ist es zu Ende mit der Psychoanalyse? Ja, wenn sie sich damit bescheidet, als eine anerkannte

Wissenschaft in der scientific comunity und als ein honoriges Gewerbe im Gesundheitswesen Aufnahme zu finden. Dann löst sie sich in diesen beiden Bereichen auf, wird zu einer austauschbaren Denkdisziplin, die, schlußendlich diszipliniert, nur noch Allerbanalstes, Modisches und Aktuelles oder völlig Unverständliches und Irrelevantes absondert und zu einer im übrigen längst überholten, weil inneffizieten Psychotechnik. Besinnt sie sich indessen auf ihren Kern, auf das in ihr *Uneingelöste,* durchaus im Sinne der Blochschen Utopie, aber nicht im Sinne eines miefigen Psycho-Abklatsches von Achtundsechzigergedankenschrott, dann hat sie die Zukunft noch vor sich, dann kann sie die wissenschaftliche Postmoderne im guten Sinne (denn etwas muß ja danach noch kommen) prägend mitgestalten. Dieses Uneingelöste einzulösen, heißt natürlich auch, sich selber aufzulösen, nicht allerdings im Sinne eines Aufgehens im allgemeinen Psychostuß, sondern im Wenden der kritischen Negativität auch gegen sich selbst, was in einer dauernden Wandlung und Neuformulierung sich zeigen müßte.

Allein, was zu bedenken bleibt, ist, daß das Schicksal der Psychoanalyse nicht identisch sein muß mit demjenigen der Psychoanalytiker. Beide können, wenn es sein muß, ohne einander existieren; die Psychoanalytiker, wie sich zeigt (leider) ein bißchen besser, als die Psychoanalyse. Ob diese Psychoanalytiker, so, wie sie sich heute verhalten, anbiedernd, zudienend, sich kopflos den größten Schwachköpfen und ihren Verbänden unterordnend, nur um ihr Gewerbe und ihren Brotkorb, den anders zu füllen, sie sich offenbar nicht vorstellen können, zu retten, ob diese Psychoanalytiker, deren Verwandtschaft mit dem Begründer ihrer Wissenschaft in nichts mehr zu erkennen ist, außer in ein paar Irrtümern, die sie mit ihm teilen, die man ihm allerdings nachsehen konnte, weil sie ihn immerhin trieben, die bei ihnen aber nur noch Ausdruck unendlicher Denkträgheit sind, ob diese Psychoanalytiker noch dabei sein werden, wenn das psychoanalytische Denken, oder doch das, aus dem es hervorgegangen ist, seinen Beitrag dazu leisten wird, daß die Menschen wieder – und nicht nur mit Hilfe von grüner Schminke und anderen oberflächlichen Politmaskeraden – zu sich selber finden, zu ihrer tiefen Zerrissenheit, die sie so verletzlich und gefährdet und doch so anziehend macht, das allerdings wage ich zu bezweifeln. Wollten sie nämlich dann noch dabei sein, bedürften sie der Liebe, der Liebe mindestens zur Psychoanalyse. Gewiß, Liebe ist ein sehr diffuser Begriff und wer (außer Freud, der es immerhin versucht hat), vermöchte schon zu sagen, was sie ist. Allein, was sie *nicht* ist, darüber läßt sich doch einiges sagen: zunächst und vor allem ist sie nicht umsonst. Oder liebt man etwa eine Geliebte, die man schnöd verläßt, wenn sie einem nicht aushält, die man in die Klappsmühle steckt, wenn sie einem nicht zu Diensten ist, der man sich entzieht, wenn sie etwas von einem will, die man verrät und betrügt, wenn sie nicht mehr dem aktuellen Schönheitsideal entspricht, die man vergiftet, damit man sie beerben kann? Wohl kaum. Wie dem auch immer sein mag, es ist eine gute Zeit, Entscheidungen zu treffen. Psychotherapieverordnungen, Krankenkassen, Ausbildung ... an all dem, was da auf uns zukommt, wird man sehen können, wohin es die Psychoanalytiker treibt, zu jenen Haxen, Schinken und Lenden, die bald abgenagt sein werden, oder vielleicht doch eher zu den Früchten der Erkenntnis, auch, wenn diese verboten sind. On verra ....

Pier Francesco Galli

Die Psychoanalysen und die Krise der Psychoanalyse

Mein Gedankengang kann an jeder beliebigen Stelle unterbrochen werden, da ich versuchen werde, ihn als offenen Gedankengang, vor allem als Hinweis auf eine Methode vorzubringen. In gewissem Sinn ist die Ausgangshypothese, die seit dreißig Jahren meine Arbeit begleitet, die Idee einer Integration, sogar einer interdisziplinären Integration, aber sie will nicht eins dem anderen einverleiben, sondern alles so klar wie möglich auseinanderhalten. Das heißt ein Versuch, bei der Auseinandersetzung mit den Problemen innerlich kohärenten Linien zu folgen, um Begriffsvermischungen zu vermeiden, die man auch als interdisziplinären Opportunismus bezeichnen könnte, und die ihrerseits an das institutionelle Überleben von Disziplinen gebunden sind (dieses Phänomen ist beispielsweise oft in der Beziehung zwischen Soziologie und Psychoanalyse aufgetreten). Der Psychoanalyse schadet es besonders, wenn die Strenge der Theorie aufgeweicht wird, um die Überreste von etwas zu verwerten, das heute eine Krise durchzumachen scheint, sogar als archäologisches Denken definiert wird und bestenfalls als Sittengeschichte zu behandeln ist. Wir versuchen also zu beurteilen, in welchem Maß wir uns in einer wissenschaftlichen Entwicklung wiedererkennen können, die nicht nur bei Freud beginnt, sondern mit Freud eine spezifische Denkhaltung wissenschaftlichen Problemen gegenüber begründet. Ich beginne mit einer Definition dessen, was ich unter einer historischen Rekonstruktion verstehe. Ich bin von Haus aus kein Historiker, bin aber immer für die Bedeutung des historischen Aspekts und ebenso der historischen Erkundung in unserer Disziplin eingetreten, jedoch nicht verstanden als ein mögliches Zubehör, sprich eine kulturelle Neugier, die man ebenso gut beiseitelassen oder berufsmäßigen Historikern überlassen kann, sondern als spezifisches

Moment der Aufarbeitung sowohl bedeutender theoretischer Knotenpunkte wie auch spezifischer Probleme der Technik.

Sehen wir nun, wie ich diese These beweisen werde, die ich einem methodologischen Kriterium zufolge auch mit Aspekten aus meiner persönlichen Geschichte verknüpfen muß. Es geht nicht um meine subjektive individuelle Mikro-Geschichte, sondern um meinen Standort in einem Prozeß, der für jeden von uns einsetzt, wenn er anfängt, sich mit einem Problem zu beschäftigen, wenn er anfängt, sich Fragen zu stellen, anstatt Lösungen zu suchen, wenn er anfängt, nachdem er die meiner Meinung nach im Wesen der Psychoanalyse liegende Botschaft erkannt hat, sich mit ständig neuen drängenden Fragen zu messen, und zwar nicht in dem engen spezifischen Bereich, in den man sie einschließen will, sondern in einem erweiterten Zusammenhang. Absehen will ich von den zahlreichen Kritiken, die an der Geschichte der Psychoanalyse geübt werden, da sie die Historiker von ihrem Standpunkt aus als eine absichtlich verborgene Geschichte betrachteten, zu deren Unterlagen der Zugang verwehrt ist. Von meinem Gesichtspunkt aus ist die auf Dokumenten beruhende Geschichte nur ein Teilaspekt, der dem, was wirklich auf dem Gebiet der Psychoanalyse geschehen ist, nicht gerecht wird. Die Psychoanalyse läßt sich nicht als Ideengeschichte rekonstruieren, insbesondere nicht die Geschichte der Theorie der Technik. Es gibt eine äußerst wichtige Geschichte, die ich die heimliche Geschichte nennen möchte, und die der wirkliche Kanal für die Weitergabe der psychoanalytischen Kultur war. Die heimliche Geschichte hat mit einer Reihe von Phänomenen zu tun, die von vielen Historikern und von vielen, die versucht haben, sich der Psychoanalyse im Sinn der Soziologie des Wissens oder eines soziologischen Diskurses zu nähern, als Stör- und Verunreinigungsfaktoren betrachtet wurden, die aber von meinem Standpunkt aus gerade die Komponente der emotionalen Geschichte sind, die jeder erlebt hat, der sich mit dieser Disziplin befaßt hat, und zwar als Element, das ihre Definition wesentlich bestimmt und das durch informelle Kanäle vermittelt wird. Können wir wirklich sagen, daß es eine ganz strenge klassische Technik in der Form gegeben hat, wie man sie durch schriftliche Definitionen dargestellt und definiert haben will? Meiner Ansicht nach ist jeder von uns Träger einer Geschichte, in der alles vorgekommen ist, jeder hat Kontakt zu den älteren Analytikern und deren spezifischen emotionalen Situationen und deren Art, die Daten vorzustellen und Augenblick für Augenblick und Fall für Fall Lösungen vorzubringen, natürlich mit aller gebotenen Vorsicht und mit der Freiheit, die in den kleinen Zirkeln oder bei beschränktem Gedankenaustausch heranwuchs. Vor allem aber – und dabei geht es nicht um die reine Technik eines Eingriffs im Hinblick auf die Lösung von Problemen – ist ständig versucht worden zu verstehen, warum etwas funktionierte und nicht nur, daß es funktionierte. Meiner Ansicht nach ist die emotionale Geschichte, die noch heute mündlich weitergegeben wird und von der ich nicht weiß, ob und wie sie sich je als geschriebenes Wort formalisieren läßt, ein wesentliches Element, das zum Verständnis des Geschehenen beiträgt und uns instandsetzt, uns mit einem globalen Prozeß zu identifizieren, und nicht mit einzelnen voneinander getrennten Momenten. Zu dieser mündlichen Geschichte gehört meine persönliche Bezugnahme. Im Augenblick meines Eintritts in die Psychoanalyse, gegen Mitte der fünfziger Jahre, sind noch viele Persönlichkeiten am Leben, die tragende Säulen der Geschichte waren. Ich befinde mich über zwei Wege in der vierten beziehungsweise in der fünften psychoanalytischen Generation: Über meine erste Analyse bei Benedetti, seinerseits in Analyse bei Bally, seinerseits in Analyse bei Sachs am Berliner Psychoanalytischen Institut, gehöre ich, angefangen bei Freud, in die fünfte Generation. Über meine zweite Analyse – zehn Jahre später – gehöre ich durch Freud, Brun, Morgenthaler in die vierte Generation. Beide liegen ziemlich entfernt von der Thematik der Wiederaufarbeitung der Trauer hinsichtlich des verlorenen Objektes Freud, die nach Wallerstein (1988) für die historische Rekonstruktion von innen her relevant ist. Von diesem Gesichtspunkt aus besteht eine Tendenz zur Vereinfachung, die diese Aspekte als geringfügigere, als Phänomene, die es nicht hätte geben sollen, einordnen möchte. Ich frage mich aber: Wie weit sind als tragende Phänomene nicht gerade jene Konflikte wieder zu bilden, die

Leute am eigenen Leib erlebten, von denen wir damals wußten, was sie gemacht hatten (wir brauchten nicht das Buch von Lucilla Albano, „Il divano di Freud", 1987, das im übrigen hochinteressant ist, um zu unserem Entsetzen zu entdecken, daß Freud ganz anders handelte als er redete). Das zentrale Problem ist jedenfalls ein Diskurs über die Regulierung der Affekte, und wenn wir uns nicht auf die Seite der Entwicklungspsychologie oder schlimmstenfalls einer paläo-kognitivistischen Psychologie stellen wollen, wo Affekt und Erkenntnis getrennt werden, und wenn wir den Affekten eine Erkenntnisautorität zugestehen, können wir vielen Phänomenen, die dem Anschein nach das Feld verunreinigt haben, eine positive Seite abgewinnen. Gewisse Formen der Verspätung, deren wir oft bezichtigt werden, zum Beispiel was die operative Aneignung des Diskurses der Gegenübertragung betrifft, die lange Zeit auf den Altären der Objektivität geopfert wurde, waren vielleicht nötig, damit wir so weit kommen konnten, ein Objekt kollektiver Erkenntnis zu konstituieren.

Vorhin habe ich den persönlichen Faktor schon angeführt, weil er das Glück bezeichnet, sich manches nicht durch Lektüre aneignen zu müssen, sondern die Leute direkt fragen zu können, sich an Laforgue etwa erinnern zu können, der zuerst De Mijolla zitierte als jemanden, den er kannte, der bestimmte Ideen vertrat, der zum Beispiel einer der ersten war, der den Gesichtspunkt der Kultur in die Psychoanalyse einführte. Derlei Begegnungen bilden jenes „analytische Gedächtnis" introjektiver Art, das nicht nur bei der klinischen Arbeit seine Gültigkeit hat, sondern als umfassende Lernmethode. Wiederum führe ich das persönliche Erleben ins Feld als Teil jener mündlichen Geschichte, die weiter zu sammeln wir nur mehr wenige Gelegenheiten haben. Es leben nur noch wenige Leute aus der Zeit, die wir über das befragen können, was damals für uns das übliche Geschwätz eines intimen Kreises war, wo die Informationen, die Nachrichten der einen über die anderen gesammelt und weitergegeben wurden, die auch auf disqualifizierende Weise verwendet werden konnten oder noch können, was oft geschieht, wenn man nicht bedenkt, wie viele Ängste dabei überwunden wurden und wie viele Möglichkeiten zur Überwindung von Ängsten wir aus dieser Art von Geschichte (und Geschichten) holten, die wir da und dort zusammentrugen: eine scheinbar belanglose Nachricht, zwei hatten einen Streit, man fragte den einen, warum er dem anderen böse sei und auf welche Weise er sich ihm zu widersetzen versuche, der Kreislauf der Ideen, Liebschaften, von Ärger und Neid als konkrete psychoanalytische Lektion.

Ich persönlich befand mich (sicherlich nicht rein zufällig) in Basel, wo ich mit Psychotikern arbeitete; viele Anhaltspunkte gab es nicht, immer noch wichtig war die Neurose als Mittelpunkt und umfassender theoretischer Bezug, und man mußte sich zusammentun, um in kleinen Gruppen eine Theorie aufzubauen, mit diesen Leuten Meinungen austauschen und sich von ihnen beibringen lassen, Augenblick für Augenblick etwas zu konstruieren, in dem man sich wiedererkennen und dem man später möglicherweise die Würde einer Theorie geben konnte. An den von Benedetti und Müller organisierten Symposien nahmen Sechehaye, Rosenfeld, Arieti, Stierlin, Bräutigam, Matussek teil, um nur einige Namen zu nennen. Die Basler Arbeitsgruppe war vielfältig zusammengesetzt. Einige Kollegen waren, wie Elrod, Jungianer, wir hatten auch einen Anhänger Lacans, es gab Kollegen mit sogenannter „klassischer" Ausbildung, andere waren daseinsanalytisch ausgerichtet. Der Prüfstein war der einzelne Fall, wieviel jeder zu dem einzelnen Fall zu sagen hatte; in der Literatur beginnt diese Art Prüfstein nun aufzutauchen, damals war sie die einzig verfügbare, wenn man sich Verständnisinstrumente erarbeiten wollte. Die Gewohnheit, in heterogenen Gruppen zu arbeiten, ist ein Phänomen, das in jenen Jahren nur in der deutschen Schweiz existierte. In Zürich, dem bedeutendsten Jung-Zentrum, gab es das sogenannte Psychotherapie-Institut am Bürgholzli, das abwechselnd von Bally und Boss geleitet wurde und somit unter dem phänomenologischen Einfluß von Boss und dem mehr klassisch-psychoanalytischen von Bally stand, wo aber die Auseinandersetzung zwischen Kollegen verschiedener Richtungen (es war dort auch ein Schüler von Szondi, dessen Institut in Zürich seinen Sitz hatte) zum Alltag der sehr neutralisierten Arbeit gehörte. Mein eigener Berufsweg wurde dadurch deutlich geprägt; als ich nach Italien zurückkehrte und in den frühen sechziger Jahren die Mailänder Gruppe ins Leben rief, die, was die Ausbildung der Mitglieder betrifft, ziemlich vielfältig ist, begann eine regelmäßige Diskussion von Fällen mit Benedetti, Cremerius und Spira, dann ein klinischer Vergleich auch mit der Kleinschen Perspektive und den klassischeren Standpunkten, mit dem Ziel, eine umfassende theoretische Begründung anzulegen und auszubauen. In diesem Punkt bin ich sehr kritisch. George Kleins Ansichten über die „Verkürzung der allgemeinen Theorie, die notwendig ist, um die Psychoanalyse auf der Grundlage der klinischen Theorie neu zu begründen", erscheinen mir zum Beispiel als eine reduktive Vereinfachung defensiver Art, und ich werde im letzten Teil meiner Rede, wenn ich über die heutigen Versuche der Neubildung sprechen werde, zu erklären versuchen warum.

Ich glaube, nun auf einige Risiken hingewiesen zu haben, die in unserem Arbeitsfeld gegenwärtig sind. In einem Vortrag, den ich vor einigen Jahren in Zürich hielt, definierte ich die Position des psychoanalytischen Pluralismus als einen „verrücktgewordenen Tausendfüßler" („millepiedi impazzito"): Der Weg ist gefährlich, denn er kann zu parallelen Toleranzen, zu theoretischen Opportunismen, zu Separation als Heilsweg führen.

Ich werde nun versuchen, meinen Standpunkt genau darzulegen. Ausgehen möchte ich von Lacans Vorschlag einer „Rückkehr zu Freud", denn ich betrachte sie als einen der anspruchvollsten Versuche, einen psychoanalytischen Diskurs zu begründen. Ich verwende die Implikationen seines Vorschlags als Bezugspunkte. Wie wir wissen, hat Lacan die Rückkehr zu Freud in das Zentrum seiner Überlegungen gestellt, aber seine Rückkehr zu Freud bedeutet die Rückkehr zu einem „wahren" Freud als Propheten des Anderen, des Vielfältigen zurückgeführt auf das Eine. Die Einheit von Idee und Darstellung und die Grundlegung der Psychoanalyse in der Sprache führen zur Lösung des „vollen" Sprechens und zum unbedingten Begehren als Diskurs der „Wahrheit". De facto bringen die Implikationen einer Neubewertung des Subjekts im Namen des Unbewußten und seines Begehrens einen ahistorischen

Subjektivismus mit sich: Die Geschichte des Subjekts ist nur die Geschichte der Entstellungen, die eintreten, da die Idee nicht in ihrer Ganzheit weitergegeben werden kann. Lacan löste das Problem philosophisch und ontologisch. Dies ist letztlich das Risiko aller Positionen, die versucht haben, das Problem „Psychoanalyse" in semantischer Richtung zu lösen.

Ich möchte aber auf eine substantielle Ähnlichkeit zwischen dieser Position und anderen sehr heterogenen Auffassungen hinweisen, die auf die Psychoanalyse zurückgreifen und die, obschon sie glauben, auf ausschließlich klinischem Niveau zu bleiben, das Problem des motivationalen Antriebs ontologisch lösen. Ich denke dabei an die einheitliche und ahistorische Ich-Auffassung bei Fairbarn, die den Gesichtspunkt der Objektbeziehungen zu den extremsten Konsequenzen treibt; an das „wahre Selbst" bei Winnicott, das kernhaft und ahistorisch ist; an die Auffassungen, in denen das Ich, selbst auf streng klinischer Ebene, als einfacher geschichtlicher Deformations-Apparat betrachtet wird (auch manche Linien in Kohuts Denken gehen in diese Richtung); an Jungs Postulat des kollektiven Unbewußten, das dem theoretischen Standort der Ur-Phantasmen der Kleinianer und der post-Kleinschen Autoren so ähnlich ist. Es ist kein Zufall, daß die spekulativen Ableitungen aus diesen Auffassungen zu einer Ontologie der Kommunikation führen, die ihrerseits zurückgeht auf die Grammatik, auf die mathematische Formelwelt oder auf die Entdeckung von Urkodices, die gar als genetisch postuliert werden.

Diese Behauptungen sind im Rahmen einer kritischen Analyse zu verstehen, die selbst die letzten Implikationen jeder Hypothese oder jedes begrifflichen Modells explizit machen und eine Kontinuität herstellen soll zwischen der Beobachtung der „Sache", der Umwandlung der Sache in ein Erkenntnisobjekt, dem Aufbau eines wissenschaftlichen Universums einer Disziplin, der Konstituierung der Intersubjektivität als Erkenntnisobjekt, der Ablehnung jeglicher Art der Problemlösung durch „Nicht-Widerspruch" der Empirie. Auf diesem Weg ist es möglich, die Grenze des wissenschaftlichen Objektivismus auszumachen und der Psychoanalyse einen Weg zu einem Standort zu bahnen, der nicht von anderen Disziplinen „beschlossen" wird, sondern der die Unsicherheit und die „Unentscheidbarkeit" ihres Weges gewährleistet. So gesehen geht es nicht darum, ein theoretisches, psychoanalytisches System aufzubauen oder aufmerksam die Implikationen aller in der Psychoanalyse gegenwärtigen Gesichtspunkte zu dechiffrieren: In einer so begrenzten Perspektive wären die Vorwürfe des Neo-Aristotelismus und Neo-Rationalismus berechtigt, die man beispielsweise gegen Rapaport erhoben hat. Wenn wir dagegen die Verfahrensweise dieses Autors verstehen als die fortwährende Beschreibung dessen, „was da ist", um den Raum dessen, „was nicht da ist", ausfindig zu machen, dann betreten wir mit gutem Recht das Wirkungsfeld der negativen Dialektik. Der Vorschlag eines „tertium datur" entzieht sich von selbst der Logik des Nicht-Widerspruchs. Was sich im Rahmen einer Informationstheorie als eine Verdeutlichung der Redundanz für die Wiedererlangung der Entropie formulieren läßt, bedeutet in dem von mir gesteckten Rahmen den aufs höchste gesteigerten Gebrauch der Zügel der Rationalität, um gegen die Arroganz der aufklärerischen Vernunft den Sinn der Vernunft zu erfassen. Der Prozeß der Theoriebildung garantiert die Unabhängigkeit sowohl von der Ontologie wie von einer pragmatischen Vereinfachung. Die Kategorie des unendlichen Prozesses läßt es zu, die Psychoanalyse wieder auf dem Boden der Utopie anzusiedeln, sie als ein Projekt zu betrachten und nicht als eine Disziplin, so läßt sich das Risiko vermeiden, nach einer spezifischen reinen und ahistorischen Essenz der Psychoanalyse zu suchen, aber auch die Psychoanalyse in die methodischen Disziplinen oder in die Psychologien aufzulösen. Auf diesem Weg wird die Geschichte selbst von der Psychoanalyse präjudiziert und eingereiht in die Forschungen über die Reaktion der Menschheit auf die Natur. Eine Erkenntnisweise also, die sich die fortwährende Transformation der Beziehung zur Wirklichkeit vornimmt und die sich eher nach der Welt der Möglichkeit als der des Möglichen richtet. An dieser Stelle ist der Hinweis auf Musil und seinen „Mann ohne Eigenschaften" und seine Stellungnahme zur Frage der „absoluten" Krise der Wissenschaften eine Pflicht.

Ich hoffe, klar zum Ausdruck gebracht zu haben, daß ich die Psychoanalyse in den Mittelpunkt der kritischen Fragen zu stellen beabsichtige, welche die Krise der einzelnen Disziplinen betreffen, und die Fragen nach der Legitimität umkehren möchte, die von den einzelnen Disziplinen der Existenz und dem Überleben der Psychoanalyse gestellt werden. In dieser Perspektive ist das Auftreten der Psychoanalyse in der Erkenntnisgeschichte das wichtigste Anzeichen dafür, daß jede Disziplin eine Begründungskrise durchmacht. Ich glaube nicht, daß man den interdisziplinären Falsifizierungen in die Falle gehen muß, um dafür das kurzfristige Resultat der gesellschaftlichen Legitimation innerhalb eines vorgefaßten wissenschaftlichen Universums, inbegriffen des therapeutischen, zu erreichen.

Ich will mich nicht länger bei diesen Problemen aufhalten, mit denen wir uns eventuell in der Diskussion näher befassen können. Nun möchte ich mich mit der Frage der Krise der Psychoanalyse beschäftigen, wobei meine Sicht der Lage zwei Elemente mit sich bringt. Zuallererst die Einreihung der Psychoanalyse in einen soziologischen Zusammenhang, der im allgemeinen die Krisen der Disziplinen und demzufolge die Berufskrisen betrifft. Darauf soll die Analyse der hauptsächlichen Heilswege folgen, die von der heutigen Szene gewiesen werden. Unter dieser reduzierten und reduzierenden Perspektive kann man sicher auch von einer Krise der Psychoanalyse sprechen und sich mit den Fragen über ihr weiteres Schicksal auseinandersetzen.

Meiner Meinung nach existiert eine Krise der „positiven" Psychoanalyse, der Psychoanalyse „der Antwort", die sich aber schon immer ihren eigenen inneren Fragen gegenüber in einer Krise befand. Das Bewußtsein der Krise wurde vermieden, indem man die kritische Kultur durch eine institutionelle Kultur ersetzte. Als das institutionelle Mäntelchen nicht mehr in der Lage war, die Diaspora der post-analytischen Dialekte unter Kontrolle zu behalten, wurde eine Verzerrung sichtbar, die mehrere Jahrzehnte gedauert hatte. In diesem Zusammenhang stehen die „ökumenischen" Versuche des psychoanalytischen Pluralismus. Schon die Logik des Pluralismus ist ein Beweis für die Krise der kritischen

Kultur, und diese Krise eröffnet den bejahenden Kulturen ein unbegrenztes Feld. Die bejahenden Kulturen erzeugen Anhänger, und auf unserem Gebiet haben sie das System der Monokulturen der geistigen Gesundheit erzeugt. Die bejahenden Monokulturen vereinigen und entzweien sich in stets wachsendem Maß, je nach dem Anstoß des gesellschaftlichen Drucks. Auf dem Gebiet der Psychoanalyse hat vor allem im letzten Jahrzehnt eine falsche Interdisziplinarität immer mehr Raum gewonnen und sich auf immer mehr Disziplinen ausgedehnt, die ihre eigene Überlebenskrise gewissermaßen exportieren und sich anbieten, über die Psychoanalyse, für die Psychoanalyse und über das Geschick der Psychoanalyse zu entscheiden. Seiner Substanz nach betrachtet steckt das Problem das Feld der parallelen Toleranzen ab, zu dem man in dem Maße gehören kann, wie man seine Spielregeln akzeptiert. In dieser Richtung steigert sich wiederum das Risiko, die Schwäche des kritischen Denkens durch die Stärke des institutionellen Aspekts zu ersetzen. Das Feld der institutionalisierten Zersplitterung entfaltet sich zu einer Kultur, in der interdisziplinär verbündete Gruppen überleben, die in der unmittelbaren gesellschaftlichen Relevanz und in der „Kultur des Resultats“ die wichtigsten Aspekte erblicken. Ein Beispiel, das die Psychoanalyse aus nächster Nähe betrifft, ist die weltweite Tendenz der Wiederaufwertung der Rolle der Medizin im psychiatrischen Bereich, was eine Vertreibung der Psychoanalyse aus dem Gesundheitswesen und auf theoretischem Gebiet eine Orientierung in Richtung der humanistischen Disziplinen eingeleitet hat. Von psychoanalytischer Seite aus neigt man zum Teil dazu, schüchtern an die Tür der „Kultur des Resultats“ zu klopfen und mit einer opportunistischen Version des psychoanalytischen Diagnostizismus auf die gesellschaftliche Macht des DSM III (verbreiteter Diagnoseschlüssel zur Klassifizierung psychiatrischer Krankheiten) zu antworten. Ich möchte klarstellen, daß ich den pragmatischen Wert von Forschungen auf diesem Sektor nicht in Frage stelle, aber mich darauf beschränke, den ideologischen Bezugsrahmen explizit zu machen, in dem sie sich befinden. Wenn es nämlich durch das Akzeptieren der gesellschaftlich „starken“ Ideologie möglich wird, von Leistung und Wirksamkeit zu sprechen, dann kann dies nur geschehen anhand versicherungsstatistischer Kriterien als eines kurzfristigen Maßes und der wissenschaftlichen Legitimation, hergeleitet aus der Anzahl der ausgeklammerten Variablen.

Die Grenzen der Heilsversuche durch ökumenische Bemühungen (deren praktischen Nutzen ich nicht in Frage stelle) sind besonders bedeutsam, da sie es ermöglichen, zwei Faktoren scharf zu umreißen:

a) den defensiven Charakter der theoretischen Vorschläge, der die Richtung der Überlegungen als utilitaristisch und pragmatisch kennzeichnet;

b) die generell vereinfachende Position, die sich bei der Abstekkung der Grenzen extrem von der Suche nach Konsens leiten läßt.

Dazu einige Beispiele.

Zu Punkt a): Das Bedürfnis, die Psychoanalyse „positiv" zu definieren, hat zur Folge, daß man noch heute Freuds Definition von 1914 verwendet, in der Übertragung und Widerstand als die Erkennungszeichen der Psychoanalyse auftreten. Selbstverständlich würde die Auflösung selbst eines dieser beiden Grundpfeiler das Einstürzen des ganzen psychoanalytischen Gebäudes bewirken. Es geht nicht um das Problem der klinischen Gültigkeit oder der Position der beiden (oder anderer) Begriffe innerhalb des Theoriesystems. Wie Wallerstein (1988) hervorhebt, stand Freud zu der Zeit, als er die Psychoanalyse auf diese Wahrheitskriterien gründete, unter dem Einfluß der Spaltungen innerhalb der psychoanalytischen Bewegung. Dadurch wird erklärlich, warum der Freud der negativen und destrukturierenden Dialektik mit einer positiven Auffassung hervortritt, die leicht zu einer Zielscheibe für jegliche, selbst die banalste, szientistische Position wird. Die „positive" Position ersetzt die Stärke der Suche nach dem Wahren durch die Schwäche der Wahrheit.

Zu Punkt b) untersuche ich in aller Kürze den Vorschlag von Sandler (1984), in dem die Begriffe des „vergangenen Unbewußten" und des „gegenwärtigen Unbewußten" zu einer Theorie ausgearbeitet werden. Durch diese Arbeit wird es möglich, der Kleinschen Thematik des Prägenitalen gerecht zu werden; die Thematik der Verdrängung neu zu begründen; der theoretischen Herausforderung Rechnung zu tragen, die in der Problematik des hic et nunc enthalten ist. Wir werden sehen, um welchen Preis und auf welchem Abstraktionsniveau. Die Autoren operieren mit der Trennung der Kategorien der Zeitlichkeit und der Erinnerung. So werden pragmatische Fragen gelöst, die Erinnerung (und die Zeit) aber in das Gebiet der Ereigniswirklichkeit verwiesen. Das zieht den Satz vom dialektischen Gegensatzpaar „Ereignis-Ergebnis" mit sich und somit die Thematik vom „Wahren" gegenüber dem „Urteil". Die Essenz der analytischen Ausarbeitung hat im Vergleich zu den traditionellen Hypothesen den Vorteil, daß sie die Absicht einer objektiven Rekonstruktion ausschließt und die „historische" Zeit der Erinnerung annulliert. Die „realistische" Einstellung von Sandler schiebt dagegen die Unterscheidung zwischen Wirklichkeit und „Prinzip der Wirklichkeit" (vgl. Ranchetti 1986) beiseite.

Im Mittelpunkt dieses Diskurses steht die Tatsache, daß die (sicherlich nützlichen) realistischen Behauptungen die Psychoanalyse in die Reihe der Psychologien zurückstellen. Ist dieser Weg einmal eingeschlagen, dann kann es selbstverständlich geschehen, daß die Psychoanalyse in andere Richtungen geht und in sie eingeht: zum Beispiel in die Kommunikationstheorie; in die systemische Hypothese; in den Behälter mehrerer Psychologien, wie es Pine (1988/89) auf sehr differenzierte Weise gemacht hat; in die Psychologie der kognitiven Dissonanz, wie Levy schon 1963 gezeigt hatte, indem er das Problem der Deutung von der Notwendigkeit des Begriffs des Unbewußten losmachte; in die Begeisterung für die Entwicklungspsychologien, deren heutige Spitze Sterns Forschungslinie ist. Diese Bezugskategorien gehören in das Universum von Ereignissen, die im voraus definiert sind durch den Konsens in den Aussagen und durch die, wenn auch nicht explizite, Ontologie von Raum und Zeit, also behaftet mit allen Einschränkungen der Phänomenologien.

Nun untersuche ich den neohumanistischen Heilsweg.

Die Psychoanalyse wird als die Disziplin des Subjekts hingestellt, und es entwickelt sich eine Poetik, die von der Betonung der Person zur Aufwertung der Empathie reicht. Eine Richtung, in die diese Position weist, ist die Ideologie des Selbst. Bekanntlich hatte der Begriff der Empathie innerhalb der Psychoanalyse nur in Verbindung mit der nachträglichen Reflexion eine theoretische Position. Davon ließ sich auch ein „Gebrauchswert" in der klinischen Praxis ableiten. Dieser Gebrauchswert entfernte die Kategorie der Empathie sowohl von der intuitiven Erkenntnis wie ihrer ursprünglichen doktrinären Position als philosophischer Begriff: Schleiermacher hatte im frühen 19. Jahrhundert der Empathie den Charakter einer unmittelbaren Erkenntnis zugeschrieben. Der Einzelne enthält die Ganzheit in sich und erkennt sie auf dem Weg der Empathie. Sobald die Ideologie des Selbst den Weg der Empathie als einer Form der Aufwertung der Person und des Subjekts einschlägt, wird die Empathie zu etwas Freiem, Spontanem, aus den Fesseln der Rationalität Befreitem. Auf diese Art und Weise läßt man die Stereotypien, die Starrheit, die Wiederholungstendenz der Affekte außer Acht und verliert die Tatsache aus den Augen, daß Reflexion und Vernunft die Möglichkeit einer Autonomie und die Unterbrechung der ständigen Wiederholung der Affekte gewährleisten. Auf erkenntnistheoretischer Ebene kehrt man zur Position Schleiermachers zurück. Wenn man gleichzeitig die Empathie in der Konstitution des Subjektes als das für die Beziehung zuständige Moment und als an und für sich positiven Wert gelten läßt, dann begründet man eine Ontologie, in der auf die methodologische Komponente, die Empathie als Kriterium zur Objektivierung des Erlebten einzusetzen, verzichtet wird. Ich möchte nun versuchen, die Grenzen dieser „humanistischen" Position zu zeigen, wobei ich die Thematik auf einen völlig anderen begrifflichen Sektor verschiebe: nämlich auf die beschreibende Psychopathologie. In den fünfziger Jahren machte die traditionelle europäische Psychopathologie eine Krise durch, da die Ergebnisse bei der Psychotherapie von Psychotikern bewiesen hatten, daß auch schwere pathologische Störungen reduzierbar waren auf irgend etwas anderes innerhalb von Beziehungen. Das bedrohte die Grundpfeiler der klassischen Nosographie, denn die qualitativen Unterschiede wurden zugunsten der quantitativen aufgehoben. Unter anderen versuchte sich der deutsche Psychopathologe

Rümke (1957) dieser Tendenz zu widersetzen, indem er seine Verteidigungslinie über die Hypothese der getrennten klinischen Entitäten bei der Diagnose der Schizophrenie bestätigte. Er machte dabei einen Faktor ausfindig, den er beim Vorliegen von Schneiders sogenannten formalen Symptomen erster Ordnung als hindernd betrachtete. Diesen Faktor, nach seinen Angaben ein Gefühl, ein schizophrenes Erlebnis, nannte er „Praecoxgefühl" und griff damit auf ein Kriterium zurück, das auf die Thematik der Objektivierung des Erlebten verweist. Wir werden sehen, mit welchen Implikationen. Rümke sagt vor allem, es handle sich um ein Instrument, das nur ein erfahrener Beobachter benutzen könne. Damit ist gemeint, daß es der Kategorie des Lernens angehört und sich der intuitiven Kenntnis entzieht. Mit Hilfe dieses Instruments läßt sich die Art der Schizophrenie bestimmen, auch wenn man nur Symptome zur Verfügung hat, die für sich allein nicht ausreichen würden, um eine Schizophrenie von dem zu unterscheiden, was er Pseudoschizophrenie nannte. (Zu den letzteren zählt er interessanterweise auch eine Schizophrenie vom Typ Sechehaye: Sie wird der Hypothese von der Rückführbarkeit der Schizophrenie gegenübergestellt, die sich aus dem therapeutischen Ergebnis ableitet, das Marguerite Sechehaye im Fall Renée mit der Technik der symbolischen Realisierung erzielte.) Mit Hilfe dieses Instruments läßt sich außerdem die Schizophrenie an jedem beliebigen geographischen Ort (indem man also die gesellschaftlich-kulturellen Einflüsse ausklammert) erkennen. Wie Müller-Suur (1961) festgestellt hat, geht es nicht darum, einen Platz in einer Skala zwischen „bestimmt" und „unbestimmt" anzugeben, diese Art des Erkennens hat das Wesen phänomenischer Bestimmtheit und macht den „Schizophrenen" erkennbar. Also nicht die Schizophrenie, sondern den Schizophrenen.

Auch auf diesem Weg macht man also einen Begründungskern ausfindig, der zum Problem der Konstitution des Subjekts gehört, wobei der emotionalen Komponente ein Erkenntniswert beigemessen wird. Abgesehen vom heuristischen Wert dieser Betrachtungen wollte ich aufzeigen, daß auch im Bereich der beschreibenden Objektivität auf ein Kriterium zurückgegriffen wurde, das mit dem Erlebten und den Affekten verknüpft ist. In diesem Fall, um eine Position zu behaupten, die es gestattete, unter den Zeichen der Notwendigkeit die biologische Untersuchung über den Schizophrenen als spezifische Entität neu zu definieren, zur Unterstützung eines bestimmten Denksystems. Auf empathischem Weg macht man einen Begründungskern ausfindig, der zum Problem der Subjektkonstitution gehört, dabei geht man vom Pathologischen und vom „Fremden" aus.

Der Heilsweg über die Hermeneutik und über die Vereinigung mit den Humanwissenschaften enthält zwei verschiedene Arten von Problemen. Auf der einen Seite führt er die semantische Lösung bis zu ihren extremsten Konsequenzen, da er eine totale epistemologische Lösung bietet. Auf der anderen bringt er gerade deshalb ein zweifaches Risiko mit sich: Das erste Risiko, gegen das in der Literatur die schärfsten Kritiken gerichtet sind, ist das der Sakralisierung des Textes. Das zweite, besonders mit der „narrativistischen" Lösung der Deutung verknüpft, ist subtiler. Es erscheint nämlich möglich, auf diesem Weg das Kriterium der „Wahrheit der Deutung" zu relativieren. Auf der *deskriptiven* Ebene entspricht dieses Kriterium eher der Phänomenologie der klinischen Prozesse. Man braucht aber nur zum zweiten Niveau von Implikationen überzugehen, um die theoretische Dimension des absoluten Relativismus und die Diktatur des Phänomens zu erfassen. Die Kategorie der gemeinsamen Intersubjektivität bietet einen Objektivismus, der sich jedem Überprüfungsverfahren entzieht: Man kann nur seine Meinung ändern, indem man andere absolute „Objekte" vorschlägt. Die konstruktivistische Lösung, die dem Anschein nach eine unendliche Welt von Objekten bietet, macht die Erkenntnisbeziehung zum Objekt de facto monolithisch und „endlich". Paradoxerweise ließe sich ein komplexes System von linguistischen Getrenntheiten aufbauen, das seinen Wortschatz in einem enormen DSM III der Geschichte finden würde. Die hermeneutische Perspektive neigt vielleicht mehr als alle anderen dazu, die Methode und das kognitive Verfahren mit dem Objekt der Erkenntnis in einer Art semantischem Neopositivismus zusammenfallen zu lassen.

Bevor ich schließe, möchte ich noch ein letztes zur klinischen Thematik gehörendes Problem untersuchen. Ich gehe von einer alten Definition aus, die ich 1962 verwendet habe, als sich der klinische Diskurs erneut voll und ganz in den Bereich der Wissenschaft eingereiht hatte, nachdem die Krise der radikalen, neopositivistischen Ansätze vorüber war. Das Kriterium der apriorischen Überprüfung jeder Angabe, die in die Aufstellung von Hypothesen aufgenommen wurde, hatte zu methodologischer Sterilität und Redundanz geführt. Die Position des empirischen Realismus hatte bei ihrer Definition der historischen Funktion der wissenschaftlichen Entdeckungen mit folgender Anschauung operiert: Das menschliche Individuum ist fähig, mit einem Minimum an Information Voraussagen zu machen. Unter diesem Gesichtspunkt bildet die spezifische und unersetzbare Rolle des menschlichen Individuums die zentrale Stelle des klinischen Problems. Diese Position hatte ich verknüpft mit der Kategorie des Erlernens dieser Fähigkeit und somit ein Instrument zur Verfügung gestellt, das dann von einigen Leuten ausgebaut werden könnte: Auf diese Weise setzte ich das Problem der psychotherapeutischen Ausbildung und die Grundlegung der psychotherapeutischen Praxis mit allem, was dazugehört, in Beziehung zum Problem der Messung als Kontrolle a posteriori und somit zu einem relevanten Thema der Psychologie.

Wenn wir zugeben, daß die vom menschlichen Individuum vollzogenen Operationen die zentrale Stelle sind, so läßt sich diese Zentralität einer Zerlegung unterziehen, bei der ihre Bestandteile erkennbar werden. Wenn man die Ebenen der Umwandlung betrachtet, die der Therapeut in der Praxis vollzieht, und sie vergleicht mit dem, was er den direkten Ableitungen aus der Theorie entsprechend vollziehen müßte, treten die spezifischen Kennzeichen des klinischen Vorgehens zutage. Auf psychoanalytischem Gebiet haben die konkreten klinischen Operationen, die in der Praxis vollzogen werden, eine besonders lockere Verbindung mit der Theorie. Wenn man nämlich die Geschichte dessen überprüft, was als Vorschrift der sogenannten klassischen Technik betrachtet wurde, stellt sich klar heraus, daß das wirkliche therapeutische

Verhalten in einer „als-ob“-Beziehung zur Theorie steht. Die „als-ob“-Beziehung wurde unter dogmatischen Vorzeichen überliefert und bildet die Phantasievorstellung von der klassischen psychoanalytischen Technik. De facto wurde als Ableitung aus der Theorie das Konsenssystem einer sozialen Gruppe überliefert. Mit einer so gearteten Analyse lassen sich die Versuchungen der Kontinuitätssucht und der historizistischen Rechtfertigungssucht vermeiden, die in den letzten zehn Jahren immer häufiger auftraten. Ein Aspekt des Phänomens ist die Behauptung, daß man heute noch das Bedürfnis verspürt zu sagen, daß die „Figuren“ der Psychoanalyse Metaphern sind. Dies zeigt einfach an, daß es auf dem psychoanalytischen Sektor erlaubt war zu denken, sie seien etwas anderes, und damit daß Jahrzehnte lang das Fundament auf dem nominalen Realismus aufgebaut war. So betrachtet, war es weder die Metapsychologie noch die allgemeine Theorie, welche die Klinik in einen Käfig sperrten, sondern die Tatsache, daß man in dogmatischer Übereinstimmung an einem Wahrheitskriterium festhielt. Jahrelang war dieses Kriterium die „Wahrheit“ der Deutung. Als Ende der fünfziger Jahre sich die Anstöße der klinischen Wirklichkeit mit Ricoeurs Kritik kreuzten, begann die Wahrheit der Deutung zu wanken. Interessanterweise begann damals etwas, das heute noch fortdauert, nämlich die Suche nach der „Wahrheit“ des Settings. Es gibt immer noch Leute, die imstande sind, auf das Problem der Zahl der Sitzungen zu schwören, um die Psychoanalyse von der Psychotherapie zu unterscheiden. Im Rahmen der theoretischen Ausarbeitung ist der Begriff des Settings schwächer, verglichen mit den hochentwickelten Implikationen des Begriffs der Deutung. Er kann nur im Rahmen der Objektbeziehungstheorie zu einem höheren theoretischen Rang aufsteigen. Dazu folgendes Beispiel: Die komplexe Ausarbeitung Modells (1988) kommt in einer „unbemerkten“ Entdeckung des Settings von seiten Freuds einer ontologischen Begründung der Psychoanalyse sehr nahe. Auf der Ebene der klinischen Theorie ist es dagegen interessant zu beobachten, daß Modells Definition der „symbolic actualization“ an das Konzept der „symbolischen Realisierung“ von Sechehaye erinnern kann. Insbesondere das von Sechehaye bei der

Behandlung von Renée angewandte technische Hilfsmittel kann entlang der kommunikativ-deutenden Linie statt als eine acting-Form der Therapeutin oder als eine korrektive emotionale Erfahrung betrachtet werden.

Ich glaube geklärt zu haben, warum ich der Meinung bin, daß die Funktion der Metapsychologie und der allgemeinen Theorie unersetzbar bleibt und daß beide nicht für den technischen Dogmatismus verantwortlich sind. Wahrscheinlich hat man, anstatt die „technische Wahrheit" in eine Krise zu stürzen, vorgezogen, die Theorie zu beschneiden. Auf diese Weise erhielt man freie Bahn für neue klinische Erfahrungen, ohne sie wieder Psychotherapie nennen zu müssen. Der Unterschied zwischen Leuten, die weiterhin der Theorie verbunden bleiben, ohne übertriebene Ängste zur klinischen Wirklichkeit der Behandlung selbst schwerer pathologischer Störungen übergegangen sind und trotzdem sich weiter als Psychoanalytiker fühlen, und solchen, die sich getreulich an das Ritual der Verfahrensweise, mit ein paar „Ausschlägen des Parameters" da und dort, halten, besteht darin, daß die letzteren, wenn sie bei der Analyse lachen oder ein Geschenk annehmen, sofort das Bedürfnis empfinden, einen Artikel über ihre „new experience" schreiben zu müssen.

Zum Abschluß meines Beitrags möchte ich noch ein Problem anschneiden. Wenn man dafür ist, die Psychoanalyse als eine Praxis beizubehalten, die sich nicht auf andere Diskurse reduzieren läßt und die sich selbst und ihr Objekt unentwegt verändert, dann befindet sich die Psychoanalyse nicht in einer Krise, sondern sie ist immer noch imstande, Krisen hervorzurufen. Jede positive, rein pragmatische Antwort befindet sich „außerhalb" der Psychoanalyse. In diesem Sinn läuft selbst das Problem der Unterscheidung zwischen äußerer Wirklichkeit und innerer Welt Gefahr, verfälscht zu werden, wenn nämlich beide Pole mit derselben Optik betrachtet werden: Das Objekt ändert sich, ohne daß sich auch die Beziehung zum Objekt ändert. Dies scheint mir die Aufwertung der Hypothese eines „wirklichen Traumas" zu implizieren, abgesehen von dessen gesellschaftlichem Erfolg und Nutzen: Im wesentlichen könnte jede Hypothese zurückgeführt werden auf ein ausgefeiltes System konditionierter Reflexe, und in der Logik des scheinbaren Gegensatzes verschwände die Kategorie des wirklichen Widerspruchs. Das Schicksal eines „beendeten Prozesses" könnte die Existenz der Psychoanalyse besiegeln und ein neues Zeitalter einleiten, in dem alles nach dem Erfolg auf dem Markt der Therapien und der Psychologien gemessen wird. Die Werbung, „Publikum", die akademische Kultur und die Anzahl der geheilten Psychotiker – das wäre dann unsere künftige Wohnstätte.

Aus dem Italienischen
von Marianne Schneider

Literatur

Albano, L. (1987): *Il divano di Freud.* Parma: Pratiche.

Galli, P.F. (1962): Fondamenti scientifici della psicoterapia. In *Problemi di psicoterapia,* ed. Galli P.F. (Milano: Gruppo Milanese per lo sviluppo della psicoterapia), pp.69-80. Siehe auch (1967): Psicoterapia e scienza. *Psicoterapia e scienze umane, 1.*

Levy, L. (1963): *Psychological interpretation.* New York: Holt, Rinehart a. Winston.

Modell, A. (1988): The centrality of the psychoanalytic setting and the changing aims of treatment: a perspective from a theory of object relations. *Psychoanal. Quart., 57,* 577-596.

Müller Suur, H. (1961): Das sogenannte Praecoxgefühl. *Fortschritte der Neurologie u. Psychiatrie, 29,* 145-51.

Pine, F. (1988): The four psychologies of psychoanalysis and their place in clinical work. *J. Amer. Psychoanal. Assn., 36,* 571-596.

Pine, F. (1989): Motivation, personality organization, and the four psychologies of psychoanalysis. *J. Amer. Psychoanal. Assn., 37,* 31-64.

Ranchetti, M. (1986): Osservazioni sulla storia (della psicoanalisi). *Psicoterapia e sc.umane, 20,* 75-79.

Rümke, H.C. (1957): Die klinische Differenzierung innerhalb der Gruppe der Schizophrenien. Kongreßbericht des 2. Int. Psychiatriekongresses in Zürich, Bd. 1, S. 302 ff. Siehe auch (1958): *Nervenarzt, 29,* 49-58.

Sandler, J., Sandler A.M. (1984): The past unconscious, the present unconscious, and interpretation of the transference. *Psychoanal. Inq.*, *4*, 367-399; dt.: Vergangenheits-Unbewußtes, Gegenwarts-Unbewußtes und die Deutung der Übertragung. Psyche *9*, 1985, S. 800-829.

Wallerstein, R.S. (1988): One psychoanalysis or many? *Int. J. Psychoanal.*, *69*, 5-21.

Berthold Rothschild

Ist die Psychoanalyse aus der Aufklärung oder die Aufklärung aus der Psychoanalyse gefallen? ...

Gestatten Sie, daß ich mich hinlege. Ich habe nämlich dringend ein kleines Tranch'chen nötig. Und stellen Sie den Luftkissenmotor Ihrer geneigten freischwebenden Aufmerksamkeit ein – wir wollen ein gut Stündchen halbwilde Analyse machen, die Psychoanalyse auf der Couch, sozusagen.

Mein Name ist Psychoanalyse. DIE Psychoanalyse – also weiblichen Geschlechts, wohlbemerkt. Ich bin an die hundert Jahre alt – das genaue Geburtsdatum ist unbekannt, und dies hat mir wenigstens bisher den astrologischen Zugriff erspart. Nicht nur die genaue Zeit meiner Geburt ist verschwommen, auch die Elternschaft ist verklärt. Zwar besteht kein Zweifel darüber, daß Sigmund Freud meine Vaterschaft beansprucht, aber er hatte diesen Anspruch, offensichtlich bedrängt, immer wieder zu verteidigen:

„... Denn die Psychoanalyse ist meine Schöpfung, ich war durch zehn Jahre der einzige, der sich mit ihr beschäftigte, und alles Mißvergnügen, welches die neue Erscheinung (damit bin ich gemeint) bei den Zeitgenossen hervorrief, hat sich als Kritik auf mein Haupt entladen ... Ich habe noch nie erfahren, daß Breuers großer Anteil an der Psychoanalyse ihm das entsprechende Maß von Schimpf und Tadel eingetragen hätte. Da ich nun längst erkannt habe, daß es das unvermeidliche Schicksal der Psychoanalyse ist, die Menschen zum Widerspruch zu reizen und zu erbittern, so habe ich für mich den Schluß gezogen, ich müßte doch von allem, was sie auszeichnet, der richtige Urheber sein."[1]

Immerhin wird behauptet, mein Genotypus enthalte Material aus dem Spermiengut Nietzsches, Schopenhauers, Charcots etc. – Ich kann auch damit leben – Sigmund ist und bleibt für mich mein

Daddy. Schwieriger ist es in meinem Falle mit der matrilinearen Identität. Gewiß, die Frau meines Vaters Sigmund, Martha Bernays, hatte 6 andere Kinder – aber ob sie auch meine Mutter war? Ich brauche Ihnen nicht zu schildern, was es für die Entwicklung eines Mädchens bedeutet, wenn es über sein erstes Objekt so unsicher ist wie ich, weil die ganze Welt immer nur vom Vater redet. Diesem scheint übrigens meine Geburt arg zugesetzt zu haben, er machte – wie Ellenberger berichtet – von 1894 bis 1900 „eine seltsame Krankheit" durch „er sei ein schwerkranker Mann gewesen, und die Psychoanalyse (also ich) sei der Ausdruck einer Neurose", die er nur durch seine Selbstanalyse (nach Jones „eine heroische Leistung, etwas Beispielloses, das nie wieder vollzogen werden könne ...") überwunden habe und die dadurch zur „schöpferischen Krankheit" (so Ellenberger) geworden sei.[2] Und so liege ich noch heute da vor Ihnen: das Produkt einer „schöpferischen Krankheit" meines Vaters, nebbich.

Über meine mütterliche Herkunft wurde und wird bis heute spekuliert und gestritten. Ich sei ein Kind der Aufklärung, der Französischen Revolution (Elrod,[3]) gar oder – wie andere meinen – der Romantik. Carlo Strenger aus Jerusalem hat zu diesem Disput eine interessante Arbeit geschrieben „The Classic and the Romantic vision in Psychoanalysis", und zitiert den Geschichtsphilosophen T.E. Hulmes:

„Zusammengefaßt sind dies die beiden Ansichten. Die eine behauptet, der Mensch sei von Natur aus gut, verdorben durch die Umstände, und die andere sieht den Menschen grundsätzlich als beschränkt an, aber diszipliniert durch Ordnung und Tradition zu einer gewissen Wohlanständigkeit. Für die einen ist der Mensch wie eine Quelle, für die anderen ist er wie ein Eimer. Die Ansicht, welche den Menschen als Quell erlebt, als ein Reservoir voller Möglichkeiten, nenne ich romantisch, die Ansicht, die den Menschen als sehr endliche und fixierte Kreatur betrachtet, nenne ich klassisch"[4] (Übers. B. R.).

Ich habe viele Liebhaber gehabt, klassische und romantische – bis zum heutigen Tag, und alle haben sich jeweils darauf berufen, mich am besten zu kennen. Meine Liebhaber und Liebhaberinnen

– ich neige beiden Geschlechtern zu – nennen sich Psychoanalytiker und Psychoanalytikerinnen, und wie es seit Urzeiten war, rivalisieren sie auch kräftig untereinander: Keine/r will dem/der anderen so richtig gönnen, mit mir wirklich geschlafen zu haben, oder manche pochen drauf, nur sie hätten's wirklich mit mir getrieben, mich erkannt – alle anderen seien nämlich im Grunde genommen gar keine echten Liebhaber = keine Analytiker, sie allein wüßten, was es heiße, mit mir geschlafen zu haben.

Aber was mir kürzlich geschah, hier an diesem Ort, das hat mich – alte und erfahrene Frau – völlig durcheinandergebracht, und deshalb muß ich wieder einmal eine Tranche machen. Es wurde behauptet, bestätigt und unwidersprochen hingenommen, ja gar als Flaggenspruch gefordert: „Die Psychoanalyse gehört niemandem!" So öppis. Ich traute meinen Ohren nicht: Die Psychoanalyse gehört niemandem. Das hat mich ganz durcheinandergebracht. Gewiß, mein ungebrochener Stolz gebietet mir, keinem/r meiner LiebhaberInnen zu gestatten, mich ihr eigen zu nennen – cela va de soi. Wer aber mit dem Spruch, „ich gehöre niemandem", über meine Unzugehörigkeit verfügt, der hat mich in Besitz genommen – mehr als alle Bisherigen. Zum Niemandsland soll ich in meinen alten Tagen degradiert werden? Nie und nimmer. Ich will, daß man sich weiter um mich streitet, und ich will mich auch da und dort voll einlassen dürfen – wer dann behauptet, er oder sie besitze mich, soll das nur tun –, blamiert hat sich noch jede, jeder. Denn, glauben Sie dies einer alten und erfahrenen Frau: Nicht alle, die ich verführt habe, haben mit mir geschlafen, und nicht alle, die mit mir geschlafen haben, haben mich erkannt. Zu viele haben Menge und Nässe ihrer Ergüsse mit der Lust verwechselt, mich im biblischen Sinne erkannt zu haben. Zu viele sind mit Lust ins Bett gestiegen und mit Prinzipien davongelaufen. Und gar manche/mancher gab den kläglichen Bastarden, die sie dann ausbrüteten, den Namen einer in meinem Bette konzipierten Theorie. Die einen, es waren die eher Materialistisch-Positivistischen, kniffen mich dauernd ins Ärschchen – sie wollten an der Substanz der Psychoanalyse bleiben, behaupteten sie: „We want the beef ..." Die anderen – ich nenne sie die sprachfrohen Ejakulanten – suchten dauernd nach den Löchern – sie seien am Abwesenden mehr interessiert, denn dort liege die Essenz des Begehrens.

Und wieder andere langweilten mich die ganze Nacht mit Gerede über die Lust, suchten nach Symbolen, selbst dort, wo alles schamlos-griffbereit vor ihnen offen lag. Und in der neuesten Zeit – ungeachtet meines Alters – mehren sich jene – Galli nennt sie die Babysitter –, die über meine ersten Phantasien und Projektionen mehr Bescheid wissen wollen als über die reife Frucht, die sich ihnen üppig darbietet. („... da, wie wir gesehen haben, der Diskurs der Moderne sich in einem ständigen Denkzwang bewegt, um sich nicht blödsinnig zu zeigen in der Hingabe an Leidenschaft."[5]) Am liebsten – denn sie erinnern mich an meine ersten Liebschaften in Zeiten der noch unangefochtenen Aufklärung – würde ich mich mit den Liebhabern der psychoanalytischen Linken einlassen, aber sie sind erstens rar geworden und zweitens mit dem Inzesttabu belastet: Nach wie vor, seit bald 100 Jahren, verhalten sie sich wie sizilianische Brüder, darüber drakonisch wachend, daß kein Unbefugter mir die Keuschheit nehme, die ich längst verloren ....

Aber sehen Sie, ich mache mir keine Illusionen darüber, daß jeder lebendige Organismus sich im Laufe von 100 Jahren verändert – außer er sei bereits gestorben und mumifiziert. Und dies werden Sie hoffentlich von mir, der Psychoanalyse, nicht behaupten wollen. Manche wollten mich vor dem Altern retten, indem sie mich lifteten, manchmal kosmetisch so veränderten, daß ich nicht mehr erkennbar war – alles Wüste und Anstößige versuchten sie wegzuoperieren: positiv und lebensbejahend sollte ich der Welt erhalten bleiben. Andere wiederum beharrten auf dem Mythos meiner ewigen Jugend: Zusammen mit meinem berühmten Vater wurde ich langsam zur lebendigen Reliquie, fundamentalistisch verehrt und exegetisch interpretiert – da und dort errichteten sie Kirchen und ließen mich vom zugehörigen Klerus kanonisieren. Und fast alle wollten mich in dieser oder jener Form eindeutig machen, weil sie die fuzzy logic meines Wesens nicht ertrugen. Dabei bin ich, wie mein Vater, eine Grenzgängerin geblieben, aber nicht, wie Sarah Kofman so genial darzulegen versuchte, weil uns der Mut zur Grenzüberschreitung fehlte, sondern weil die Grenzen unsere ökologischen Nischen sind. Bald Grenzen in der Mitte zwischen zwei Gebieten, bald Grenzen an der Linie des Horizonts, dort wo die BetrachterInnen das Ende des von ihnen Erfaßbaren vermuten. Grenzbereiche zwischen Theorie und Praxis, zwischen Wissenschaft und Kunst, zwischen Realität und Phantasie, zwischen Individuum und Gesellschaft, zwischen Logik und Analogik, zwischen Rationalität und Chaos.

> „He's a real Nowhere Man,
> sitting in his Nowhere Land,
> making all his Nowhere plans for nobody."[6]

Aber bitte, nicht Grenzbereiche im Sinne von ‚Niemandsland', das wäre zu beliebig und zu unverbindlich, sondern eher im Sinne von Freihandelszonen, Allmenden, in den Schattenzonen des Transits, dort wo der Erlkönig sitzt, Kain, Ahasver und Diogenes sich herumtreiben ... Schon mein Vater hatte wegen dieser Exterritorialität oft Mühe mit mir, versuchte mich immer wieder zu- und einzuordnen, definierte mich immer wieder um, weil er wenigstens erkannte, daß ich seinen stets neu gebauten Begriffskäfigen entwich. Sie bauten mir ein Prachtsgehege – die Metapsychologie – aber sie kriegten mich nicht zu fassen. Neulich traf ich einen alten Liebhaber von mir, beinahe so alt wie ich: Morton M. Gill – mit Rapaport einer der großen Architekten der klassischen Ich-Psychologie. Ei, hatten die mir damals Eindruck gemacht mit ihrem Versprechen, mir als Mitgift für eine Liaison permanente den Eintritt in die Welt der positiven Wissenschaften endgültig zu ermöglichen – fast wäre ich ihren Verführungen erlegen. Und was sehe ich am alten Gill? Er hat sich inzwischen von der Zeitlichkeit seiner früheren Thesen überzeugen lassen. Und was macht der alte Gill? Schwupps errichtet er ein neues Gebäude: the social-constructivist paradigm for psychoanalysis. Und so erfinden sie in allen Himmelsrichtungen neue Namen, Begriffe und Grundtheorien für mich, bald scheint mir, als werde ich – noch vor meinem

Tod – einem dauernden Recycling und face-lifting unterzogen. Bald scheint mir, wir seien endgültig in der Epoche eines psychoanalytischen Manierismus angelangt, einer vorzeitigen Leichenfledderei, wo sich alle ihr Schäfchen aufs Trockene bringen möchten, um dann ihren eigenen Altar über der ergatterten Reliquie zu errichten. Warum wohl diese hektische Betriebsamkeit? Weil ich, Widerspenstige, mich nicht zähmen lasse, mich nicht einordnen lasse in die jeweiligen Einzelbedürfnisse meiner Fangemeinde: Bedürfnisse nach klinischer Anwendung, nach therapeutischer Opportunität, nach wettbewerbsgerechtem Verhalten im Markt der Techniken und der Theorien, nach politischen Bedürfnissen, nach philosophischer Originalität, nach Zeitwenden und Wendezeiten, nach Legitimationen jedwelcher Art.

Ich war gezeugt in einer Nacht, als mein Vater Sigismund sich mit Aufklärung besoffen hatte, und damit war ich ein für alle mal zur Zygote, zur Mulattin und Grenzgängerin zwischen dem Apollinischen und dem Dionysischen geworden. Pohlen und Bautz haben jetzt, 1991, in ihrem schwierigen, aber klugen Buch von diesem besoffenen Schwindelgeist meines Vaters erzählt:

„Das Übereinstimmungsverlangen Freuds mag seine besondere Faszination für Fließ darin gefunden haben, daß jener dem Okkultismus nahestand, was Freud von jeher angezogen hat und auch zuinnerst mit Jung verband. In der Verbindung zu beiden Männern zeigt sich die dunkle, romantische Seite Freuds in dieser Anziehung durch das Okkulte, das für Freud identisch war mit dem religiösen Interesse. Daß das Bedürfnis nach Mystik unausrottbar sei, diese Feststellung Freuds über die religiöse Sehnsucht des Menschen, weist auf die spezifisch jüdische Natur seiner Mystik zurück, deren chassidische Herkunft sich auch in Freuds Aberglaube und Numerologie zeigte. Die Freudsche Zerrissenheit zwischen den zwei Seelen in seiner Brust, der Gegensatz zwischen lüsterner Leidenschaftlichkeit, zarter, mit Humor gepaarter Sentimentalität, an denen Thomas Mann die Verwandtschaft mit der Brüderlichkeit der Romantik erkannte, und der anderen hellen, vernünftigen, fast vernünftelnden Seite, andere zu belehren und aus allem eine Lehre zu ziehen, diese beiden Seiten spiegeln den Gegensatz zwischen Dionysischem und Apollinischem. Die Verbindung der deutsch-romantischen Kultur mit dem Gesetz Mose, die apollinische Bändigung der dionysischen Erfahrung Freuds, wie sie auch Goethe eigen ist, kennzeichnet seinen psychoanalytischen Diskurs."[7]

Mein alter Freund Herbie – selten fühlte ich mich von jemandem so verstanden wie von ihm – hat schon 1955, in seinem mir gewidmeten Buch „Eros and Civilization" das Janusgesicht meines Charakters unter den Gegensatz Prometheus/Hermes vs. Orpheus/Narziß gestellt:

„Ist Prometheus der Kulturheld der Mühsal, der Produktivität und des Fortschritts durch Unterdrückung, dann müssen die Symbole eines anderen Realitätsprinzips auf dem entgegengesetzten Pol zu finden sein. Orpheus und Narziß stehen für eine sehr andere Wirklichkeit (wie Dionysos, dem sie verwandt sind: der Antagonist des Gottes, der die Logik der Herrschaft, das Reich der Vernunft sanktioniert). Sie wurden niemals Kulturhelden der westlichen Welt ... Die orphisch-narzißtischen Urbilder sind die Urbilder der ‚Großen Weigerung'; der Weigerung, die Trennung vom libidinösen Objekt (oder Subjekt) zu ertragen ... Der orphische und narzißtische Eros ist bis zum Ende die Verneinung dieser Ordnung (gemeint ist die unterdrückende Ordnung der zeugenden Sexualität) – die Große Weigerung. In der vom Kulturhelden Prometheus symbolisierten Welt ist es die Verneinung aller Ordnung: aber Orpheus und Narziß lassen in dieser Weigerung eine neue Wirklichkeit ahnen, mit eigener Ordnung, geleitet von anderen Prinzipien."[8]

So wie Marcuse waren es auch die anderen Schätzli der Frankfurter Schule, von welchen ich mich damals verführen ließ – nicht nur waren sie blitzgescheit, nein – sie hatten auch das mir entsprechende linke Denken ein Stück weitergebracht, und vor allem waren sie es, die dem bisherigen Götzen Aufklärung (eine Art Überich von mir) den Blues der Dialektik bliesen:

„Seit je hat (die Aufklärung) im umfassendsten Sinn fortschreitenden Denkens das Ziel verfolgt, von den Menschen die Furcht zu nehmen und sie als Herren einzusetzen. Aber die vollends aufgeklärte Erde strahlt im Zeichen triumphalen Unheils. Das Programm der Aufklärung war die Entzauberung der Welt. sie wollte die Mythen auflösen und Einbildung durch Wissen stürzen ...", und weiter: „Aufklärung ist die radikal gewordene, mythische Angst. Die reine Immanenz des Positivismus, ihr letztes Produkt, ist nichts anderes als ein gleichsam universales Tabu. Es darf überhaupt nichts mehr draußen sein, weil die bloße Vorstellung des Draußen die eigentliche Quelle der Angst ist."[9]

Ich entnehme diese Zitate und manche Anregung einer lesenswerten Arbeit meines klugen Kümmerers Robert Heim, „Vatermord und Dialektik der Aufklärung – Die vaterlose Gesellschaft als Modell einer psychoanalytischen Archäologie der Moderne"[10], sowie seinem Artikel „Habermas, Freud und die Rationalität", worin u.a. zu lesen ist: „Wird Freuds den aufklärerischen Gehalt der Psychoanalyse lakonisch zusammenfassendes Postulat in seiner die menschliche Kultur einschließenden Spannweite gelesen, so zehrt das Freudsche Denken mitunter von einer Überlieferung, die auf Kants Anthropologie zurückgeht."[11]

Ich habe mir zwar zeitweise meine noch verbliebenen Zähne an Robert Heims Schreibstil ausgebissen, aber ich muß sagen, einmal mit der nötigen Salivation versehen, war es das Kauen wert. Warum aber schreiben so viele ihre guten Gedanken in oft so schwieriger Sprache? Ist es Ausdruck ihrer eben doch noch vorhandenen Ambivalenz, gerade wenn sie luzid denken (was ja immer auch ein Stück Auflehnung gegen die idealisierten Altvorderen ist)? Nebenbuhler kleiden sich mit Vorteil dezent und diskret ... Oder gilt immer noch, was Heinrich Heine über den eben erwähnten Kant schrieb:

„Warum aber hat Kant seine Kritik der reinen Vernunft in einem so grauen, trockenen Packpapierstil geschrieben? Ich glaube, weil er die mathematische Form der Descartes-Leibniz-Wolfianer verwarf, fürchtete er, die Wissenschaft möchte etwas von ihrer Würde einbüßen, wenn sie sich in einem leichten zuvorkommenden Tone ausspräche. Er verlieh ihr daher eine steife, abstrakte Form, die alle Vertraulichkeiten der niederen Geistesklassen kalt ablehnte. Er wollte sich von den Popularphilosophen, die nach bürgerlicher Deutlichkeit strebten, vornehm absondern, und er kleidete seine Gedanken in eine hofmännisch abgekältete Kanzleisprache.“[12]

Heine war so sauer, weil er wußte, daß Kant –, wenn er wollte – auch ganz anders schreiben konnte. Z.B. dieses: „Aufklärung ist der Ausgang des Menschen aus seiner selbstverschuldeten Unmündigkeit. Unmündigkeit ist das Unvermögen, sich seines Verstandes ohne Leitung eines anderen zu bedienen. Selbstverschuldet ist diese Unmündigkeit, wenn die Ursache derselben nicht am Mangel des Verstandes, sondern der Entschließung und des Mutes liegt, sich seiner ohne Leitung einers anderen zu bedienen. Sapere aude! Habe den Mut, dich deines eigenen Verstandes zu bedienen! ist also der Wahrspruch der Aufklärung.“[13] Hei, wie liebte mein Vater diesen Satz! und wie oft hat er ihn mir als Kind schon immer und immer wieder vorgelesen. Aufklärung bedeutete damals den Triumph des Hellen über das Finstere, den Anspruch, hinter den Masken mystifizierender Verklärung die Fratzen der Wirklichkeit zu entdecken.

Es galt auch damals immer noch auch, was z.B. Heine[12] dazu sagte: „Mit diesem Buche (‚Kritik der reinen Vernunft‘) ... beginnt eine geistige Revolution in Deutschland, die mit der materiellen Revolution in Frankreich die sonderbarsten Analogien bietet ... Auf beiden Seiten des Rheines sehen wir denselben Bruch mit der Vergangenheit, der Tradition wird alle Ehrfurcht aufgekündigt. Wie hier in Frankreich jedes Recht, so muß dort in Deutschland jeder Gedanke sich justifizieren, und wie hier das Königtum, der Schlußstein der alten sozialen Ordnung, so stürzt dort der Deismus, der Schlußstein des geistigen alten Regimes ... Hört ihr das Glöckchen klingeln? Kniet nieder – Man bringt die Sakramente einem sterbenden Gotte ...“

Für meinen Vater – später auch für mich – war dieses Streben nach einer Herrschaft der Vernunft ein gewaltiger Antrieb. Nur – und darauf bilden wir Freuds uns etwas ein – haben wir die Sache ein Stück weitergebracht: Indem wir das Unvernünftige im Menschen nicht wie Kant und die Vielen vor uns als Domäne der Unmündigkeit, der Nachlässigkeit oder dann der romantischen

Sehnsucht definierten, sondern als unabdingbaren Teil des menschlichen Wesens überhaupt und der Herrschaft seiner Vernunft entzogen – das Unbewußte eben. Aber es scheint mir, gerade heutzutage im Zeitalter neuer Verklärungstendenzen, wichtig festzuhalten, daß mein Vater und ich (d.h. die Psychoanalyse) davon ausgehen, dieses Unbewußte sei – nicht nur in der Therapie – aufklärbar, aufzuklären. Erinnern sie sich?: „Wo Es war soll Ich werden. Es ist Kulturarbeit etwa, wie die Trockenlegung der Zuydersee ...“[14] Oder noch früher, in der Traumdeutung mit dem Vergil-Zitat: „Flectere si nequeo superos, acheronta movebo!“ (Wenn ich den Himmel nicht beugen kann, will ich die Hölle bewegen).[15] Das war die Hybris meines Vaters, ist auch die meine geworden: Alles des Menschen, auch sein Unbewußtes, der Vernunft und ihrer Verfügbarkeit zugänglich zu machen, es zu erschließen und trockenzulegen, wie die Zuydersee dem tiefen unheimlichen Meer abgerungen wird. So dumm, zu glauben, daß dies Bemühen immer auch gelänge, waren wir allerdings nie. Die anzuwendende Methode und das Paradigma der Erschließung – für meinen Vater schien es klar: die Wissenschaft. Welche? Auch darüber ließ er keinen Zweifel bestehen:

„Es ist unzulässig zu sagen, die Wissenschaft ist ein Gebiet menschlicher Geistestätigkeit, Religion und Philosophie sind andere, ihr zum mindesten gleichwertig, und die Wissenschaft hat diesen beiden nichts dreinzureden; sie haben alle den gleichen Anspruch auf Wahrheit, und jedem Menschen steht es frei, zu wählen, woher er seine Überzeugung nehmen und wohin er seinen Glauben verlegen will. Eine solche Anschauung gilt als besonders vornehm, tolerant, umfassend und frei von engherzigen Vorurteilen. Leider ist sie nicht haltbar, sie hat Anteil an allen Schädlichkeiten einer ganz unwissenschaftlichen Weltanschauung und kommt ihr praktisch gleich. Es ist nun einmal so, daß die Wahrheit nicht tolerant sein kann, keine Kompromisse und Einschränkungen zuläßt ... Von den drei Mächten, die der Wissenschaft Grund und Boden bestreiten können, ist die Religion allein der ernsthafte Feind. Die Kunst ist fast immer harmlos und wohltätig, sie will nichts anderes sein als Illusion ... Die Philosophie ist der Wissenschaft nicht gegensätzlich, sie gebärdet sich selbst wie eine Wissenschaft, arbeitet zum Teil mit den gleichen Methoden, entfernt sich aber von ihr, indem sie an der Illusion festhält, ein lückenloses und zusammenhängendes Weltbild liefern zu können, das doch bei jedem Fortschritt unseres Wissens zusammenbrechen muß."[16]

Zu Lebzeiten und im Empfinden meines Vaters war das Instrument der Aufklärung unbestritten, seine Reichweite aber in der Behinderung durch das gesetzlose Unbewußte als limitiert angesehen. Wie im Aberwitz der Psychoanalytiker nicht anders zu erwarten, gibt es zahlreiche Forscher, die im fast fanatischen Festhalten meines Vaters am Aufklärungsprinzip und in seinem gläubigen Kreuzzug gegen die Religion eine Neurosen-Überwindung seinerseits zu erkennen glauben – wie es im Laufe der neuesten Zeit überhaupt vermehrt Tendenzen gab, das *hinter* der Psychoanalyse steckende, ihren latenten Inhalt quasi, in den Vordergrund zu stellen und es als das Wahre der Psychoanalyse zu betrachten: ein neuer Jargon der Eigentlichkeit ist entstanden. Das kommt mir manchmal so vor, als fühle man sich mehr und mehr bemüßigt, jetzt, wo ich alt und im jüngelnden Sinne weniger schön geworden bin, meine eigentlichen und tieferen, inneren Werte vermehrt herauszustreichen ... Nichts macht alternde Menschen eigentlich so alt, wie die dauernden Komplimente, sie sähen so jung und gesund aus ...

Da finde ich den galanten Umgang mit meinem Alterungsprozeß, wie er von Freund Marcuse gepflegt wurde, um einiges erträglicher. Stellen Sie sich vor, hat der doch die Chuzpe, schon vor 20 Jahren (1963) einen Essay zu veröffentlichen unter dem Titel „Das Veralten der Psychoanalyse". Darin heißt es zum Schluß:

„So zieht die Psychoanalyse ihre Stärke aus ihrem Veralten: aus ihrer Insistenz auf den individuellen Bedürfnissen und Möglichkeiten, die von der gesellschaftlichen und politischen Entwicklung überholt worden sind. Was veraltet ist, ist deswegen nicht falsch. Wenn die fortschreitende Industriegesellschaft und ihre Politik das Freudsche Modell des Individuums und seiner Beziehung zur Gesellschaft haben hinfällig werden lassen, wenn sie die Kraft des Individuums, sich von den anderen abzulösen, ein Selbst zu werden und zu bleiben, untergraben haben, dann beschwören die Freudschen Begriffe nicht nur eine hinter uns liegende Vergangenheit, sondern auch eine neu zu gewinnende Zukunft."[17]

Natürlich könnte man sagen, solche Beschwörung meiner Werte seien nichts als Rationalisierungen, der Versuch, aus der Not eine Tugend zu machen. Die Not ist aber nicht mein Älterwerden, sondern das Ächzen meines Skeletts, das Quietschen meiner Substanz: die Krise der Aufklärung nämlich, oder wie man heute zu sagen pflegt: die Krise der Moderne insgesamt.

Aber sehen Sie – ob's Ihnen nun gefällt oder nicht – quasi genetisch, durch das Erbgut meines Vaters, aber auch weil ich selbst es nicht anders wollte, bin ich in der Essenz meines Wesens an den Geist der Aufklärung gebunden – mitgehangen, mitgefangen. Es ist nicht einmal die Frage meiner Wahl, ob ich mich zum Geist und zu den Methoden der Aufklärung bekenne – ich bin ein Teil ihrer selbst, wie immer sie mir auch einen Wendehals verpassen möchten. Die Aufklärung ein alter Zopf? Dann wird es mir nicht anders ergehen, als in der ‚Tragischen Geschichte' des Adalbert von Chamisso[18]:

s'war einer dem's zu Herzen ging,
daß ihm der Zopf so hinten hing,
Er wollt es anders haben.

So denkt er denn: „Wie fang ich's an?
Ich dreh mich um, so ist's getan –
Der Zopf, der hängt ihm hinten.

Da hat er flink sich umgedreht,
Und wie er stund, es annoch steht –
Der Zopf, der hängt ihm hinten.
(...)

Er dreht sich links, er dreht sich rechts,
Er tut nichts Guts, er tut nichts Schlechts –
Der Zopf, der hängt ihm hinten.

Er dreht sich wie ein Kreisel fort,
Es hilft zu nichts, in einem Wort –
Der Zopf, der hängt ihm hinten.

Und seht, er dreht sich immer noch
Und denkt: „Es hilft am Ende doch –"
Der Zopf, der hängt ihm hinten.

Die Frage kann also nicht lauten, wie unser schlauer Cupido Martin Kuster es formulierte: „Ist die Psychoanalyse aus der Aufklärung oder die Aufklärung aus der Psychoanalyse gefallen?" – sondern sie müßte lauten: „Kann die Psychoanalyse die postulierte Agonie der Aufklärung überleben?" Paul Parin, mein alter und unermüdlich-kritischer Vasalle, hat kürzlich in der „Psyche" eine Arbeit unter dem Titel „Die Beschädigung der Psychoanalyse" veröffentlicht und beklagt die scheinbar unaufhaltsame Minderung ihres gesellschaftskritischen Potentials. U.a. schreibt er:

„Wenn die Psychoanalyse, wie sie sich nun einmal entwickelt hat, so beschädigt ist, wie ich schildere, und so wenig imstande wäre, ihr Forschungsinteresse und das Instrumentarium ihrer Methode zu bewahren und anzuwenden, müßte man sich fragen, ob sie überhaupt noch in unsere Welt paßt oder ob sie überholt ist, ein romantisches Relikt wie die Postkutsche oder eine obsolete messianische Utopie."[19] Parin stellt zwar diese wichtige Frage, aber er beantwortet sie nicht weiter, vielmehr gibt er einer Resthoffnung Ausdruck, es möchten sich – trotz aller widriger Zeitwinden – Analytiker und Analytikerinnen finden, welche den gesellschaftskritischen Auftrag der Psychoanalyse, das eigentliche Wesen ihrer Aufklärung, weiterführen. Ich selbst glaube allerdings nicht, daß mein mögliches Veralten nur mit den sich ausbreitenden Unzulänglichkeiten meiner Liebhaber zu erklären ist – es könnte ja wirklich sein, daß ich als Satellit im System der Aufklärung tatsächlich ins Schlingern geraten könnte – ungeachtet der Blödheit meiner Freier. Und selbst wenn gewisse meiner Fans mich galant aus der Affäre ziehen möchten, indem sie mir quasi innerhalb der Aufklärung eine Immunität sichern wollen – so etwa Pohlen / Bautz mit der mir zugeschriebenen „Anderen Aufklärung"[5] – ich glaube, jede Krise des historischen Konzepts Aufklärung und Moderne betrifft mich zutiefst.

Die Krise der Moderne, jenes System also, das sich seit über 200 Jahren mit dem Impetus der Aufklärung wirtschaftlich, kulturell und zivilisatorisch zur Hegemonie entwickelt hat, wird u.a. durch folgende Argumente belegt:

1. Ausschwitz und der Holocaust.
Im Stammland der Aufklärung hat sich eine andere, mörderische Vernunft durchgesetzt – nicht etwa eine Unvernunft, wie gerne behauptet. Ihr standen große, der Aufklärung gegenüber kritisch gesinnte Geister, wie Heidegger und Jung, zu Patronage.

2. Der fatale und klägliche Zusammenbruch des Systems des realen Sozialismus – eines Systems, das beanspruchte, über die rationale Durchsetzung seiner von der Vernunft diktierten Analyse des historischen und dialektischen Materialismus, den Menschen und seine Gesellschaft zu befreien.
Diese Utopie, machtvoll in einer konkreten Praxis vorangetrieben, ist auf halbem Wege in sich zusammengestürzt, unter Hinterlassung fataler Trümmer. Mein kluger Vater hatte es übrigens vorausgesehen: „Und obwohl der praktische Marxismus mit allen idealistischen Systemen und Illusionen erbarmungslos aufgeräumt hat, hat er doch selbst Illusionen entwickelt, die nicht weniger fragwürdig und unbeweisbar sind als die früheren. Er hofft, im Laufe weniger Generationen die menschliche Natur so zu verändern, daß sich ein fast reibungsloses Zusammenleben der Menschen in der neuen Gesellschaftsordnung ergibt und daß sie die Aufgaben der Arbeit zwangsfrei auf sich nehmen. Unterdes verlegt er die in der Gesellschaft unerläßlichen Triebeinschränkungen an andere Stellen und lenkt die aggressiven Neigungen, die jede menschliche Gemeinschaft bedrohen, nach außen ab, stürzt sich auf die Feindseligkeit der Armen gegen die Reichen, der bisher Ohnmächtigen gegen die früheren Machthaber. Aber eine solche Umwandlung der menschlichen Natur ist sehr unwahr-

scheinlich. Der Enthusiasmus, mit dem die Menge gegenwärtig der bolschewistischen Anregung folgt, solange die neue Ordnung unfertig und von außen bedroht ist, gibt keine Sicherheit für eine Zukunft, in der sie ausgebaut und ungefährdet wäre."[20]
Ähnlich wie bezüglich der Krise der Psychoanalyse gibt es auch hier ernsthafte Rehabilitationsversuche: Der Niedergang liege nicht in der Sache selbst, sondern in der schlechten Anwendung durch die SachwalterInnen. Der eigentliche Sozialismus sei so wenig wie die eigentliche Psychoanalyse in Krise.

Obsiegt hat – wenigstens einstweilen – das System des Kapitalismus, welches es, trotz seiner ökonomischen Brutalität, verstanden hat, die Irrationalität des Menschen in sein Manipulationssystem miteinzubeziehen (Werbung, Konsum, Medien, Religion, Zwei-Drittel-Gesellschaft, Nationalismen, Ästhetik etc.).

Es sei übrigens daran erinnert, daß ich und meine Anhängerschaft sich in diesem System prächtig entfalten konnten, als Recycler und Entsorger seines Fall-out.

3. Die technologische Krise.

Unter dem Diktat einer aufklärerisch inspirierten Wissenschaft, Forschung und Technik ist die Zivilisation der Moderne an Grenzen angelangt, die zu mannigfaltigen points of no return zu werden drohen: ökologische Krise, Atom-Desaster, Gentechnologie, demographische Krise und Migrationsschübe, millionenfacher Hungertod, Machbarkeits-Diktatur etc. etc. Das System der Moderne verfügt weder über ethische, noch über systemadäquate Regulationsmechanismen, um seine Selbstzerstörung zu verhindern.

4. Die feministische Auslassung.

Die Aufklärung, so beweisen manche kluge und engagierte Mitschwestern, habe von Anfang an die halbe Menschheit ignoriert, sei also a priori ein Fragment. Auch ich, die Psychoanalyse, sei in diese Falle gepurzelt. Wohl gibt es manch edle Geister, die mich aus diesem Dilemma spitzfindig zu befreien suchen – aber der Webfehler bleibt.

5. Die Kritik der Postmoderne.
Wahrscheinlich bin ich zu alt bzw. durch Gewohnheiten zu sehr darauf angewiesen, meinen tapsiger werdenden Gang durch sichere Bahnen zu lenken, als daß ich wirklich den Begriff der Postmoderne verstehen kann oder will. Und möglicherweise weiß allein Lyotard, der diesen Begriff 1979 in seinem Aufsatz „La condition postmoderne: rapport sur le savoir"[21], lanciert hat, was er genau damit gemeint hat. Jedenfalls nagen die Intellektuellen noch heute emsig daran, wie die Ratten an einem scheinbar achtlos weggeworfenen Brocken happigen Käses. Und man hört irgendwo das Hämmern an der Kirchentür zu Wittenberg – es ist etwas – unwiderruflich? – in Bewegung geraten. Und ich glaube, Martin Kuster hat versucht, es mit diesem Zyklus aufzunehmen und uns zum Fraße vorzuwerfen. Tatsächlich ist es ja auffällig, wie die meisten ReferentInnen versuchten, uns zum herrschenden, bisherigen Konzept der Psychoanalyse etwas anderes zu offerieren, es aus den Fesseln des Angestammten zu befreien. Bei einigen – Kofman und Prokhoris – ist es ein anderes Fragen, bei anderen – Widmer und Passett – ein anderes Antworten, bei den Dritten – Cremerius und Galli – eine Kritik innerhalb des Bestehenden. Bei Rothschild – bescheiden wie immer – ein Versuch, sich in diesen Verführungen zu orientieren. Die Version von Dany Strassberg wird uns noch überraschen.

Bei der Zuhörerschaft bestehen Faszination und Irritation und der stete Zweifel, ob sich nun eigentlich mehr das Inhaltliche oder das Formale eingeprägt habe. Zentral ist offensichtlich eine Rezeptibilität dafür, daß sich die Bedingungen des bisherigen Denkens, auch des psychoanalytischen, in redundanten Bahnen und Bedingungen festgefahren habe. Der Diskurs der Moderne (dahinter die Aufklärung) erscheint oftmals als konservativ, süffisant, die bisherige Dominanz von kritischer Theorie und Ideologiekritik als konformistisch, lästig und die daraus hervorgehende Attitüde als moralistisch und defensiv. Gefragt wird nach dem Sprung aus den klassischen Bedingungen des Denkens, Anschauens und Interpretierens, nach dem originären Anderen, das nicht nur wiederum das Neue unter die Fittiche des Bisherigen nimmt. Mit den Mitteln von Hohn und Spott, dem Instrument der Dekonstruktion (Derrida) und mit intendierter Respektlosigkeit vor allem Kanonisierten sollen neue Visionen ermöglicht werden, die dem Fiasko der Modernen (vgl. meine Punkte 1- 4) die Chance eines grundsätzlich Anderen gegenüberstellen. Jede postulierte Wahrheit ist bereits Abbild, zwischen Gegenstand und Aussage klafft die Lücke des Scheins und dringt in die vermeintliche Objektivität ein. Die Textur (das Web-Prinzip) der Darstellung drückt dem Gegenstand seine vermeintliche Wahrheit auf. Hitler wird (bei Syberberg) zum Clown, Lenin zum Dadaisten, Ceaucescu zum Hauptdarsteller einer vollendeten Oper, alles ist Nachahmung, Schon-Dagewesenes, Kopie seiner selbst (der prachtvolle Sonnenuntergang ruft Entzücken und Erinnerung an eine Postkarte hervor ...).

Dazu Lyotard: „Eklektizismus ist der Nullpunkt zeitgenössischer Bildung. Man hört Reggae, schaut Western an, ißt mittags bei Mc Donalds' und kostet zu Abend die heimische Küche, trägt französisches Parfum in Tokio, kleidet sich nostalgisch in Hongkong, und als Erkenntnis tritt auf, wonach das Fernsehquiz fragt. Es ist leicht, für eklektische Werte ein Publikum zu finden. Indem die Kunst zum Kitsch wird, schmeichelt sie dem Durcheinander, das den Geschmack des Liebhabers beherrscht. Künstler, Galerist und Publikum gefallen sich in schierer Beliebigkeit; es ist die Zeit der Erschlaffung ... Wir haben die Sehnsucht nach dem Ganzen und dem Einen, nach der Versöhnung von Begriff und Sinnlichkeit, nach transparenter und komunizierbarer Erfahrung teuer bezahlt ... Krieg dem Ganzen, zeugen wir für das nicht-Darstellbare, aktivieren wir die Differenzen, retten wir die Differenzen, retten wir die Ehre des Namens."[22] Oder wie es Seyla Benhabib kurz und bündig formuliert: „Der faustische Traum von einer unendlich manipulierbaren Welt, die dem sich durch die Unterwerfung der Außenwelt entfaltenden Subjekt als bloße Materie zur Verfügung steht, hat sich als falsch erwiesen."[23]

Was hat das alles aber mit mir, der Psychoanalyse, zu tun? Nun, die Kritik der Postmoderne blieb eben nicht, wie anfänglich vermutet, auf die Gebiete von Architektur, Kunst und Literatur beschränkt, sondern sie drang ein in alle Bereiche von Darstellung und Interpretation, von behaupteten Wahrheiten und den darüber errichteten Modellen. Sie will alle Systeme, die mit dem herkömmlichen Begriff der Rationalität verknüpft sind, aus ihrer Selbstsicherheit verjagen – dazu gehöre auch ich, gehören wir alle. Das ist aber nur das Eine. Wichtiger scheint mir die andere Tendenz: auf den fahrenden Zug der Postmoderne aufzuspringen und als Fahrpreis, Mitgift sozusagen, das Unbewußte in die Ehe zu bringen. Denn, die Notion des Unbewußten an und für sich genommen, läßt sich mit dem Konzept der Textur verbinden, könnte der Ort der Dekomposition sein.

Wie auch immer: Nicht nur ich bin durch den fundamentalen Angriff der Postmoderne verunsichert, in meinem Bekenntnis zur Aufklärung mit in Frage gestellt. Es gibt auch viele meiner Anhänger, die sich damit schwer tun. Die einen wollen mir in meinen alten Tagen ein entsprechendes Face-lifting verpassen, die anderen fühlen sich echt bedroht. Im Schreiben der im Konfliktfeuer stehenden „Psyche"-Redaktion vom Dezember 91 heißt es unter dem Titel „Großverleger Klett/Stuttgart will PSYCHE kaputtmachen!" unter anderem: „Mit dem Ende der PSYCHE würde ein wichtiges Forum und Symbol der freudschen Aufklärung mit ihrer Therapeutik und der sie fundierenden Kulturkritik verschwinden. Es ist zu befürchten, daß außerdem ein Stück deutscher intellektueller Nachkriegskultur mit ihren aufklärerischen Impulsen einer postmodernen Anpassungspolitik zum Opfer fiele." Und Jürgen Habermas hat lautstark den Fehdehandschuh der Postmoderne aufgenommen und ihn, nicht ohne Moralismen, hinsichtlich der gesellschaftlichen Ethik, Lyotard ins Gesicht geklatscht (vgl. 24). Die Debatte ist hitzig, rührt an Fundamente der Aufklärung, der Linken, der Psychoanalyse. Hört ihr das Glöckchen klingeln? Kniet nieder – man bringt die Sakramente einem sterbenden Gotte.[12]

Enter mon ami Jacques L. Einer meiner schillerndsten Liebhaber, stets benieden von den anderen Höflingen und von einer wissenden Eloquenz, der man sich unterwarf, weil sonst sichtbar geworden wäre, daß man die Hälfte nicht verstanden hatte – so ging es wenigstens mir. Das Wenige, das ich wirklich verstanden hatte, war durchaus verführerisch, holte mich zunächst aus meiner langen midlife-crisis der ich-psychologischen Stagnation heraus. Seine Definition und Neuschau der Schizophrenie z.B. als Zerreissen der Signifikantenkette, die Vision des Subjekts, das in der Dialektik von symbolischen Codes und imaginären Identifikationen verstrickt ist – sie waren für mich eine aphrodysiakische Lyrik von größter Verführung (was ihn immer beleidigte, denn er wollte sie für bare Münze genommen wissen). Einmal fand ich in meinem Schlitzchen ein Zettelchen, worauf stand: „ceci n'est pas un vagin" – großartig! meinte er nun die Höhle selber (das Signifikat), meinen/seinen Begriff davon (den Signifikanten), den Zettel oder die Schrift, oder wie er behauptete, die Beziehung all dieser Möglichkeiten zueinander? Ich habe ihn überlebt, vieles von dem, was er mir erklärte, vergessen, sein Gestus aber bleibt mir unvergeßlich: es ist der Signifikant Lacan.

Die Postmodernen taten sich schwer an ihm. Sie riefen auf zur Befreiung von der Tyrannei des Signifikanten (Julia Kristeva[25]). Sein ehemaliger Leib-Schüler François Roustang bezichtigt ihn mit der ganzen Bitterkeit des verratenen Liebhabers des Hyper-Romantizismus, der szientistischen Ambivalenz und des Übertragungs-Mißbrauchs, dem auch er, Roustang, lange erlegen sei.[26] Foucault bezichtigte ihn und die Psychoanalyse als verstrickt in die Dispositive von Macht und Wissen, voll drauf und à jour gebracht in der systematischen „Diskursivierung" des Sexes, statt „den Fall einer Gesellschaft zu prüfen, die seit mehr als einem Jahrhundert lautstark ihre Heuchelei geißelt, redselig von ihrem eigenen Schweigen spricht und detailliert beschreibt, was sie nicht sagt, die genau die Mächte denunziert, die sie ausübt, und sich von den Gesetzen zu befreien verspricht, denen sie ihr Funktionieren verdankt" ... (man kann nicht umhin, zu konstatieren), ... „daß wir die einzige Zivilisation (sind), in der eigene Aufseher dafür bezahlt werden, daß sie jedem zuhören, der sich ihnen über Sex anvertrauen will."[27]

Zum Glück, denke ich manchmal, ist mein Schicksal, das Schicksal der Psychoanalyse, nicht alleinige Sache der Philosophen, obwohl ich mich im Laufe der letzten 30 Jahre nicht über ihr Interesse beklagen kann. Ob die Visionen des postmodernen Diskurses, ihre Interpretation der postmarxistischen, protokapitalistischen Gegenwart, eher als luzide Diagnose oder eher als raffinierte Provokation zu gelten haben, weiß ich letztlich nicht. Es gilt wohl immer noch und erstrecht was Adorno meinte: „Die Freiheit der Philosophie ist nichts anderes als das Vermögen, ihrer Unfreiheit zum Laut zu verhelfen."[28] Für mich, die Psychoanalyse, und mein Schicksal jedenfalls sind die Bedingungen der Zeit und die sich über sie durchsetzenden Interpretationsmuster keinesfalls ohne Folge. Und manchmal kommt es mir vor, als seien die immer wiederkehrenden Hymnen über meine Bedeutung, meine Rätselhaftigkeit, mein so undurchdringliches Anderssein für eine bald 100-jährige Frau nichts anderes als Schwanengesänge.

Welch andere Denkgemeinde – wenn nicht die religiösen – beglückwünscht sich denn so emsig über ihre Bedeutsamkeit? Wo sonst bedarf es denn der immerwiederkehrenden Versicherung der eigenen Erhabenheit? Weil wir verfolgt werden? Das war (vielleicht) einmal – wir sitzen längst am Herrschaftstisch. Weil wir uns dauernd gegen die vermeintlichen Unterminierungen von innen her, aus der psan. Bewegung heraus, zu wehren haben? Uns versichern müssen, daß wir die wahren (und die einzigen) Erben des Freudschen Patrimoniums seien? Da muß einem ja die Lessingsche Ringparabel in den Sinn kommen, deren Fazit dann lautet: „Wohlan! Es eifre jeder seiner unbestochnen, von Vorurtheilen freien Liebe nach!"[29] Und so ökumenisch verhält es sich ja auch: Die einen, an der Mühlebachstr., sind auf die orthodoxe Lithurgie eingestimmt, die anderen, an der Quellenstr., neigen zur synkopalen Improvisation mit lautstarken Solisten, wieder andere spüren dem Geheimnis der ersten kindlichen Rülpser und Plärrlaute nach, und die vierten forschen nach den geheimnisvollen

Rhythmen irgendwelcher Eingeborenen. Die Lieder der Arbeiterklasse sind inzwischen verstummt. In allen Variationen aber kommt immer wieder das Hymnische, Feierliche, das Selbstüberzeugende zum Zug. Ähnlich wie damals mutet es mich an, als wir (auch die Mädchen) zum 1. August in der Schule lernen mußten „Ich bin ein Schweizer Knaaaaabe und hab die Heimat lieb .....“ oder wenn sie im Militär das Klopfen der Blattern an den Füßen mit Marschliedern zu übertönen hatten: „Eine Kompagnie Soldaten, wieviel Leid und Freud’ ist das ....“ Die Hymnen der PsychoanalytikerInnen allerdings werden freiwillig – oder vielleicht doch aus einer inneren Not? – angestimmt. Mein Großvater, ein jüdischer Textilhändler, meinte: „Wenn sie deine Ware übermäßig loben, dann wollen sie nichts kaufen, wenn sie über die Ware lästern, dann wollen sie sie – aber billiger ...“

Berthold Rothschild, auch ein emsiger Scharrer vor meiner Tür, hat in einem Aufsatz zum Thema Psychoanalyse und Macht 1988 unter dem Titel „Sind die Idioten noch nützlich?“[30] für eine säkularisierte Psychoanalyse plädiert: „Sie (die säkulare Richtung) wendet sich gegen die in unseren Kreisen verbreitete Tendenz zur Sakralisierung der psychoanalytischen Theorie .... Sie empfindet Argwohn gegenüber der tendenziellen Selbstüberschätzung der Psychoanalytiker als Kultur- und Geistesträger par excellence, der Psychoanalyse als globaler Theorie, gegen die ubiquitäre Tendenz, alles und jedes – fernab von der Couch – zu deuten und unter die Fittiche des psychoanalytischen Verstehens zu nehmen ...“ Ich, die Psychoanalyse, muß sagen, mir gefällt dieser Ansatz – auch wenn er etwas gar bescheiden und asketisch anmutet, möglicherweise als Appell zur therapeutischen Genügsamkeit mißverstanden werden könnte. Die zu unserer grandiosen Theorie gehörende Praxis ist nun einmal das Analysieren, das Therapieren, was nichts mit Medicozentrismus zu tun hat (dieser tritt erst dann ein, wenn das Verstehen-wollen vom Heilen-wollen überwuchert wird). Und entgegen unserem großen Barden Pierre Passett neige ich zu weniger Triumphalismus: Denn der Weg zur lustvollen Erkenntnis ist mit Dornen gespickt: Langeweile, Überforderung, Widerstand,

Hilflosigkeit, Uninspiriertheit, Einfallslosigkeit, Anschiß, Ängste. Ganz banale Widerwärtigkeiten – keineswegs nur Gegenübertragungswiderstände oder Unanalysiertheit. Ich sage dies im Sinne der Sekularisierung: weil es zu einschüchternd, zu hemmend ist, wenn die Psychoanalyse als eine Art Spitzensport propagiert wird, zu einem Wettbewerb der Einfälle, der Deutungen, der Liebe gar. Neben den schönen Momenten des erkennenden Deutens und des deutenden Erkennens, neben dem ständischen Gesellschaftsspiel gibt es das Miasma der Begrenztheit, des noch nicht Gelesenen und Verstandenen, des Marktes, der verletzbaren Eitelkeiten, der Langeweile, der Lust auf Anderswo und Anderswas. Vielleicht müßte man einmal auch die Autosuggestion der AnalytikerInnen untersuchen – ähnlich wie dies Pohlen/Bautz[5] für die Suggestion in der Übertragung neu aufgerollt haben.

Als alte Frau mit einer enormen und reichen Erfahrung an Verführungen jeglicher Variation bin ich zwar froh und dankbar über unzählige Abenteuer, Schwärmereien und Liaisons. Aber ich finde mich heute noch am besten dort zurecht, erkenne mich, wo auch mein Alltag ist: in der therapeutischen Tätigkeit, in der klinischen Beobachtung, im Interesse für gesellschaftliche und kulturelle Vorgänge, soweit ich sie verstehe und etwas dazu zu sagen habe. Aber auch in meiner unentrinnbaren Verflechtung mit meiner Geschichte, mit den Gedanken und Texten meines Vaters – aber so wie sie dastehen und real überliefert sind in erster Linie, nicht wie man sie interpretierend umzuschreiben versucht. Lessing hat das treffend ausgedrückt:

> „Wer wird nicht einen Klopstock loben?
> Doch wird ihn jeder lesen? Nein.
> Wir wollen weniger erhoben
> und fleißiger gelesen sein."[31]

Ich weiß nicht, ob es wirklich stimmt, daß die Aufklärung am Ende ist – und selbst wenn, solche Transformationen erfolgen fließend. Ich weiß aber, daß ich mit dem Geist der Aufklärung und nicht mit jenem der Verklärung innigst verwachsen bin, und so wird ihr Schicksal in weiten Bereichen auch das meine sein. Ja, ganz vermessen möchte ich sogar behaupten, daß das Schicksal der Aufklärung auch von dem meinigen abhängt. Was wir gemeinsam haben, ist nicht nur die Neugier nach dem scheinbar Verborgenen, nicht nur die Lust, es aufzudecken und das Verschleiernde zu entblößen. Es ist auch das Bewußtsein, daß dieses Streben nie ganz und schon gar nicht ungebrochen gelingen wird, daß Erkenntnis uns nicht vor dem Scheitern bewahrt und daß das Erkannte sich oft nicht durchsetzen kann: aus neurotischen, aus narzißtischen, aus gesellschaftlichen und politischen Gründen. Es bleibt, bei aller Lust am Vorgang des Erkennens, die Wehmut des Ungrandiosen, das Unbehagen der physischen und psychischen Begrenztheit. Es bleibt die Gebrochenheit und der Pessimismus einer Welt gegenüber, die es nicht schafft, aus den noch so klugen Erkenntnissen mehr Gerechtigkeit, Leben und Lust am Leben zu generieren.

Vielleicht müssen meine unzähligen AnhängerInnen, FreierInnen, SchwärmerInnen sich damit befreunden lernen, daß ich sterblich sein könnte – ja, daß dieser Prozeß schon längst im Gange ist. Gelegentlich kommt es mir vor, als hätte man dies – unbewußt wohlbemerkt – schon längst geahnt. In solchen Situationen besteht die Tendenz, daß vermehrt nach Treue gefragt wird. Treue ist eine schöne Eigenschaft, wird sie aber zum vorherrschenden Antrieb, dann generiert sie oft Dummheit. Dummheit aber läßt sich hinter dem Drang zur Innovation, die sich nicht selber hinterfrägt, verbergen.

Vom großen Flaggschiff Sigmund Freud, wenn es nicht mehr so flott fuhr wie auch schon, sind sie in die zahlreichen Rettungsboote gerannt – everybody for himself heißt die Losung des Kapitäns, vor dem Kentern. Und nun schwimmen sie in ihren Booten davon – jedes eine nennt sich Psychoanalyse: die narrative, die hermeneutische, die orthodoxe, die gruppale, die Lacanische, die Winnicottianische, die Kohutsche, die Bionsche, die Kleinsche, die Sternsche, die eklektische, die feministische, die transkulturale, die ethonologische, die computerale – und irgendwo weit ab, in Seenot, das Floß der Medusa: die Plattform ... Außer Kohut und Alice Miller ist mir niemand bekannt, der oder die aufgrund ihrer Innovationen auch auf das Attribut psychoanalytisch verzichtet hätten, mögen sie sich noch so weit davon entfernt haben.

Ich wußte gar nicht, daß ich so viele treue Kinder habe, kann mich trotz zuverlässigem Tagebuch gar nicht an ihre Zeugungsnächte erinnern. Aber eben, vielleicht haben sie alle sich davongemacht, ihr Schäfchen aufs Trockene gebracht, weil sie sich sonst mit meiner möglichen Sterblichkeit hätten befassen müssen. Nicht nur mir, auch der Aufklärung wäre es wahrscheinlich besser bekommen, wenn wir uns schon früher und grundsätzlicher mit unserer Endlichkeit, unserer möglichen Vergänglichkeit befaßt hätten. Nicht etwa, weil wir sterben wollen oder uns resignativ auf den Tod vorzubereiten hätten. Sondern weil die Notion der Vergänglichkeit eine generative Potenz enthält, in die Abgründe zu schauen: Acheronta movebo ...

> Wo nicht Vergänglichkeit ist, nicht Anfang und Ende,
> Geburt und Tod, da ist keine Zeit – und Zeitlosigkeit
> ist das stehende Nichts, so gut und so schlecht wie
> dieses, das absolut Uninteressante ...[32]

Ui, die Zeit ist um, wir haben wieder einmal überzogen. Hat mir gut getan, dieses Tranch'chen. Wer weiß wann ich wiederkomme. Aber sicher ist, daß ich mich mal endgültig zur Ruhe hinlege, und dann könnt Ihr den alten Witz auf meinen Grabstein schreiben: „Hier ruh'n ihre Gebeine – zum ersten mal alleine."

Bibliographie

1 Freud, S.: *Zur Geschichte der psan. Bewegung*, 1914, *GW 10*/44.

2 Ellenberger, F.: *Die Entdeckung des Unbewußten*, 1973, Bd. 2/610.

3 Elrod, N.: *Sigmund Freud und die französische Revolution*, Zürich 1989.

4 Strenger, C.: *The classic and the romantic vision in psychoanalysis*, *IntJPsan* 70/1989, S. 593.

5 Pohlen, M. / Bautz, M.: *Eine andere Aufklärung* – Das Freudsche Subjekt in der Analyse, Frankfurt 1991 S. 459.

6 The Beatles: *The Beatles' Songbook*, München 1971/60.

7 Pohlen/Bautz: a.a.O. (5), S. 373.

8 Marcuse, H.: *Triebstruktur und Gesellschaft*. Frankfurt 1965/158 ff.

9 Horkheimer, M./Adorno, T.W.: *Dialektik der Aufklärung* (1944), Frankfurt 1969/ S. 9/22.

10 Heim, R.: *Vatermord und Dialektik der Aufklärung*, unv. Ms., 1991.

11 Heim, R.: Habermas, Freud und die Rationalität, *Psyche* 45/1991/561.

12 Heine, H.: *Geschichte der Religion und Philosophie*, 1834.

13 Kant, I.: Beantwortung der Frage: was ist Aufklärung?, 1784, in: (22).

14 Freud, S.: Neue Folge der Vorlesungen ..., 1933, *GW 15*/36.

15 Freud, S.: Die Traumdeutung, 1900, *GW* 2/3, S. 613.

16 Freud, S.: a.a.O. (14), S. 172.

17 Marcuse, H.: Das Veralten der Psychoanalyse, in: *Kultur u. Gesellschaft 2*, Frankfurt 1965/85.

18 Chamisso, A.v.: (1781-1838), in: *Deutsche Gedichte*, Stuttgart 1965/85.

19 Parin, P.: Die Beschädigung der Psychoanalyse in der angelsächsischen Emigration und ihre Rückkehr nach Europa, *Psyche 44*/1990/191.

20 Freud, S.: a.a.O. (14), S. 195.

21 Lyotard, J.F.: *La condition postmoderne: rapport sur le savoir*, Paris 1979.

22 Lyotard, J.F.: zit. in: *Das Verschwinden der Wirklichkeit* in: DU 11/91, S. 32.

23 Benhabib, S.: Kritik des postmodernen Wissens – eine Auseinandersetzung mit J.F. Lyotard, in: Huyssen/Schärpe (Hg.) *Postmoderne – Zeichen eines kulturellen Wandels*, Hamburg 1986, S. 103.

24 Praxis International: 4,1/1984: *Zur Debatte zwischen Habermas und Lyotard.*

25 Kristeva, J.: zit. in: Craig O. *Feministinnen und Postmoderne*, in: (23), S. 174.

26 Roustang, F.: *Lacan – de l'équivoque à l'impasse*, Paris 1986.

27 Eribon, D.: *Michel Foucault – eine Biographie*, Frankfurt 1991, S. 387/388.

28 Adorno, T.W.: *Negative Dialektik*, Frankfurt 1966/27.

29 Lessing, G.E.: (1729-1781) *Nathan der Weise*, 1779, III/7.

30 Rothschild, B.: *Sind die Idioten noch nützlich?* Journal (PSZ Zürich) 9/1988, S. 3.

31 Lessing, G.E.: *Sinngedichte*, 1753.

32 Mann, Th.: *Lob der Vergänglichkeit* (1952), in: Werke-Autobiographisches, Frankfurt 1968, S. 391.

Daniel Strassberg

Die Eule der Minerva.[1] Gedanken über den Umweg

„Aber da liegt die Frage gar nicht. Denn während wir so reden, wird die Sonne immer älter. Sie wird in viereinhalb Milliarden Jahren explodieren. Etwa die Hälfte ihrer Zeit hat sie schon gelebt. Sie gleicht einer Mitvierzigerin bei einer Lebenserwartung von achtzig Jahren. Mit ihrem Ende werden auch eure unbeantwortbaren Fragen zu Ende sein .... Dazu führt ihr aus: man kann ein so reines Ende gar nicht denken, denn Ende bedeutet Grenze, und man muß auf beiden Seiten einer Grenze stehen können, um sie zu begreifen .... Das ist wohl für jene Grenzen richtig, die Grenzen des Denkens sind. Aber nach dem Tod der Sonne wird es kein Denken mehr geben, welches wissen könnte, daß das der Tod ist .... Ich spreche von dem, was aus Euren Schriften verbannt ist, nämlich von der Materie. Von der Materie als einem Zustand der Energie, der sich beständig herstellt, auflöst und wiederherstellt."

Jean François Lyotard[2]

Teil I: Tradition und Interpretation

I.

Die Idee zu diesem Vortrag wurde in weinseliger Stimmung in einer Beiz geboren, im Strohhof, kurz nachdem ein Bankangestellter dort seinen Lebensweg in einem Amoklauf beendet hatte.

Martin Kuster erzählte mir, daß er im Rahmen eines Zyklus verschiedene Protagonisten unseres Seminars auftreten lassen wolle, die ihre Positionen vertreten sollen. Im Versuch, meine eigene Position in einem Schlagwort zu umschreiben, sagte ich, – den berühmten Satz Morgenthalers[3] paraphrasierend – ich sei der verspätete Gast der Psychoanalyse; eher einem dumpfen Gefühl folgend als einer klaren Idee.

Das erste Seminar, das ich damals an der Tellstraße hörte, wurde von Paul Parin gehalten und hatte die Angstlust zum Thema. Es war meines Wissens die letzte Lehrveranstaltung Parins an unserem Seminar.

Ich hörte noch das letzte der Traumseminare Morgenthalers, bevor er verstarb. Eine seiner berühmt-berüchtigten Supervisionen konnte ich nie genießen.

Zum Schisma der psychoanalytischen Gemeinde in Zürich, der Aufstand der Väter gegen die Großväter, kam ich zu spät, die Spaltung ist für mich ein Heldenepos geblieben.

Ich kam immer zu spät, nicht nur für die Psychoanalyse, auch den Zionismus, den Sozialismus und das Judentum sah ich nur noch bei ihrem Abschied und mußte mir ihre Legenden aus großen Zeiten erzählen lassen.

Wer zu spät kommt, den bestraft das Leben, sagte weiland Michail Gorbatschov, doch das Nach-Denken, das Denken danach, bleibt das Privileg der Zuspätgekommenen. „Die Eule der Minerva beginnt erst mit der einbrechenden Dämmerung ihren Flug.“[4] Denken kann nach Hegel erst beginnen, wenn es schon zu spät ist, wenn man in die Geschichte nicht mehr eingreifen kann.

Ich werde nicht meine Gefühlszustände vor Ihnen ausbreiten, da können Sie beruhigt sein, sondern ich werde versuchen, das Gefühl für alle großen, geschichtlichen Ereignisse zuspätgekommen zu sein, auf die Psychoanalyse rückbeziehen, und mich fragen, wie die Psychoanalyse über ihre eigene Geschichte nachdenkt; und, ob Nachdenken über Geschichte innerhalb der Psychoanalyse ohne ein Nachdenken über deren Ende überhaupt möglich ist. Anders gesagt, ich werde die Frage dieses Zyklus über das Ende der Psychoanalyse der Psychoanalyse selbst stellen.

Dieses Nachdenken über die Geschichte wird uns zum Problem der Tradition führen, zur psychoanalytischen Tradition und zur Psychoanalyse von Tradition, das heißt aber auch zum Problem der Generationenfolge, der psychoanalytischen Generationenfolge und der Psychoanalyse der Generationenfolge.

II.

Das moderne Verständnis von Geschichte geht von einem Fortschrittsgedanken aus: Der Druck der Verhältnisse zwingt immer wieder zur Aufgabe alter, überkommener Vorstellungen. Neue Vorstellungen und Werte nehmen deren Platz ein; Vorstellungen, die nicht nur die realen Gegebenheiten besser repräsentieren, sondern immer auch ein neues Stück Wahrheit entfalten. Jedes neue Wissen ist wahrer als das Frühere. Dabei spielt es keine Rolle, wie dieses Fortschreiten gedacht wird: Als Paradigmawechsel, wie bei Thomas Kuhn, wo Altes zugunsten von Neuem über Bord geworfen wird, oder als dialektischen Prozeß, wie bei Hegel und Marx: Immer wird Geschichte als Wachstum, als fortschreitender Prozeß der Entfaltung von Wahrheit begriffen. Dies bedingt natürlich, daß auch die Tradenten, die Träger des Wissens und der Geschichte kontinuierlich wachsen: Wir – als Gesamt einer Generation begriffen, nicht als einzelne – wissen mehr als unsere Väter, diese wußten wiederum mehr als ihre Väter; die Väter werden von den Söhnen überflügelt.

Eine Tradition aber, die sich auf eine Offenbarung, auf einen Heiligen Text, beruft, hat ein anderes Selbstverständnis.

Der Heilige Text enthält die gesamte Wahrheit von Anbeginn an. Geschichte verhüllt und offenbart gleichzeitig diese Wahrheit: sie verhüllt die Wahrheit durch die zunehmende Distanz zum Ursprung, wie ein Licht, das mit zunehmender Entfernung schwächer wird.

Die offenbarende Möglichkeit der Geschichte liegt in der Enthüllung des Sinnes der Wahrheit für jede Generation. Jede neue Generation kann und muß aus der unerschöpflichen Fülle des Heiligen Textes ihren Sinn konstituieren. Doch diese Entfaltung von Sinn enthüllt nicht nur, sondern zerstört auch Wahrheit; zerstört sie durch das Einzwängen der Überfülle der ursprünglichen Wahrheit in eine sprachliche, zeitliche und räumliche Konkretisierung.

Ich möchte dieses Problem anhand der jüdischen Tradition darstellen, nicht nur, weil ich sie besonders gut kenne; nicht nur, weil sie sich dieser Frage in besonderer Schärfe stellt, sondern auch, weil meine Biographie ganz wesentlich davon geprägt ist, ein Nachgeborener des jüdischen Volkes zu sein, was ich durch die Hinwendung zur psychoanalytischen Tradition ungeschehen zu machen trachtete, ehe ich zu spät bemerkte, daß ich – das Verdrängte kehrt wieder – auch ein Nachgeborener der psychoanalytischen Tradition bin.

Es geht mir nicht etwa darum, die jüdischen Wurzeln Freuds nachzuzeichnen, eine Unternehmung, die ich für ebenso abgegriffen wie uninteressant halte[5], sondern darum zu zeigen, daß Geschichtstheorien, die von einem Heiligen Text ausgehen, ähnliche Strukturen aufweisen. Weshalb ich die Psychoanalyse als eine Theorie auffasse, die sich auf einen Heiligen Text bezieht, wird, so hoffe ich, im Laufe meiner Ausführungen klar werden.

III.

Die vollständige Wahrheit wurde dem jüdischen Volk am Berge Sinai offenbart. Die Geschichte kann der Wahrheit nichts hinzufügen, sondern nur deren Sinn immer neu entfalten und immer wieder von der ursprünglichen Wahrheit zeugen.

Der Sinn der Offenbarung entfaltet sich im Kommentar. Die Gelehrten finden im Heiligen Text den Sinn für ihre Generation durch die Interpretation des Heiligen Textes. Die Summe dieser Interpretationen wird als mündliche Thora bezeichnet, deren größter und bekanntester Kodex der Talmud ist.[6]

Nach jüdischer Überlieferung ist nicht nur die schriftliche Thora am Berge Sinai offenbart worden, sondern auch alle späteren Kommentare. Der Kommentar, die Interpretation, ist dem Heiligen Text gleich ursprünglich.
Eine talmudische Erzählung illustriert dies in subtiler Ironie:

„Als Moses in die Höhe stieg [um die Thora zu empfangen], sah er Gott dasitzen und die Buchstaben der Thora mit allerlei Zierwerk versehen. Er fragte ihn, warum er sich nicht mit einfachen Buchstaben begnüge. Da sagte ihm Gott, daß dereinst ein

Mann, Rabbi Akiva mit Namen, über jedes Ornament einen Haufen von Interpretationen finden wird. Da sprach Moses: zeige ihn mir. Da sagte Gott: Wende Dich um. Da ging Moses und setzte sich in die letzte Reihe zu den Schülern Akivas. Er verstand aber [die Interpretationen], [die] vorgetragen wurden nicht. Er geriet in Bestürzung. Da fragten die Schüler Rabbi Akiva, woher er denn all dies wisse. Rabbi Akiva antwortete: Es ist eine Lehre, die Moses am Sinai überliefert wurde."[7]

Während Gelehrte der gleichen Generation unterschiedliche Meinung über eine Gesetzesinterpretation vertreten können, dürfen sie den Meinungen eines Gelehrten der früheren Generation nicht widersprechen, da talmudische Interpretationen mit dem Tod des Kommentators kanonisiert werden und fortan den Status einer Offenbarung haben.

Die einzige Möglichkeit, eine frühere Gesetzesinterpretation zu verändern, liegt in einer erneuten Interpretation, wobei diese nicht selten den Sinn der ersteren völlig auf den Kopf stellt. So reiht sich Kommentar an Kommentar, wobei jeder Kommentar seinen Vorgänger in gleichem Maße erschlägt wie kanonisiert.

Ist es unbillig, hier an Freuds „Totem und Tabu" zu denken?

„Sie haßten den Vater, der ihrem Machtbedürfnis und ihrem sexuellen Anspruch so mächtig im Wege stand, aber sie liebten und bewunderten ihn auch. Nachdem sie ihn beseitigt, ihren Haß befriedigt und ihren Wunsch nach Identifizierung mit ihm durchgesetzt hatten, mußten sich die dabei überwältigten zärtlichen Regungen zur Geltung bringen. Es geschah in der Form der Reue, es entstand ein Schuldbewußtsein, welches hier mit der gemeinsam empfundenen Reue zusammenfällt. Der Tote wurde nun stärker, als der Lebende gewesen war."[8]

Der tote Vater ist stärker als der Lebende: Dies ist das strukturierende Prinzip der jüdischen Tradition, wobei die Interpretation, wie die Totemmahlzeit in gleichem Maße Triumph über- und Unterwerfung unter die frühere Interpretation ist.

Das jüdische Verständnis von Tradition oszilliert zwischen drei Vorstellungen.

Zum ersten das Bild konzentrischer Kreise: Zaun um Zaun,[9] Interpretation um Interpretation, Gesetz um Gesetz wird um den Heiligen Text gebaut, um den Ursprung zu schützen. Aber diese Zäune zerstören den Kern auch, denn sie verändern ihn bis zur Unkenntlichkeit.

Eine talmudische Erzählung illustriert dies. Zwei Rabbiner diskutieren die Frage der rituellen Reinheit eines Ofens. Rabbi Elieser wurde trotz guter Argumente überstimmt, da sagte er:

„Wenn die richtige Entscheidung ist, wie ich es sage, so mag es dieser Johannisbrotbaum beweisen. Da rückte der Baum hundert Ellen von seinem Ort weg. Seine Gegner erwiderten: Man bringt keinen Beweis von einem Baum. Hierauf sprach er: Wenn das Gesetz meiner Ansicht entspricht, so mag dies dieser Bach beweisen. Da trat der Bach zurück. Sie erwiderten. Man bringt keinen Beweis von einem Bach. Hierauf sprach er: Wenn ich recht habe, so mögen diese die Wände des Lehrhauses beweisen. Da neigten sich die Wände des Lehrhauses und drohten einzustürzen. Da schrie sie Rabbi Josua an und sprach zu ihnen: Wenn die Gelehrten diskutieren, was geht Euch das an! ... Hierauf sprach er: Wenn ich Recht habe, so möge es der Himmel beweisen. Es erscholl eine Stimme vom Himmel und sprach: Was habt ihr gegen Rabbi Elieser? Das Gesetz ist stets, wie er es sagt. Da sagte Rabbi Josua: Wir achten auf keine himmlische Stimme, denn bereits am Berge Sinai hast Du in die Thora geschrieben, nach der Mehrheit ist zu entscheiden. Rabbi Nathan, so fährt die Geschichte fort, traf den Propheten Elias und fragte ihn, was der Ewige in dieser Stunde getan habe. Er erwiderte: Gott habe geschmunzelt und gesagt: Meine Söhne haben mich besiegt, sie haben mich besiegt.“[10]

Die zweite Vorstellung von Tradition ist die der absteigenden Kette: Der Jüngere ist unbedeutender als der Ältere, der Tote heiliger als der Lebende, der Frühere weiser als der Spätere, weil er dem Ursprung näher ist. Jede Generation ist die ihrer Väter an Weisheit unterlegen.

„Es sagte Rabbi Sira im Namen von Rabba bar Simona: Wenn die Ersten (Gelehrten) Söhne von Engeln waren, sind wir Söhne von Menschen. Wenn die Ersten Söhne von Menschen waren, sind wir Söhne von Eseln, aber nicht wie der Esel von Rabbi Chanina ben Dossa oder der Esel von Rabbi Pinchas ben Jair, sondern wie die andern Esel."[11]

Diese beiden Vorstellungen von Tradition haben etwas gemein: Sie zielen auf ihre Zerstörung hin. Die Zäune ersticken den Heiligen Text, die absteigende Kette nähert sich der Nullinie.

Unschwer erkennen wir die Parallele zu Freuds Todestrieb; beide, die jüdische Lehre und Freud, konzeptualisieren Geschichte als absteigende Linie, als ein auf das Verstummen hinzielendes Decrescendo. Doch während das Judentum dieses Konzept von der absoluten Wahrheit des Heiligen Textes herleitet, sieht Freud das Ende in der biologischen Verwurzelung des Menschen, in seiner Materialität, begründet.[12] Dennoch; die Parallelen sind frappierend. Der Trieb möchte abgeführt werden und ein Niveau der Nullspannung erreichen. Die vollständige Triebabfuhr wird dadurch verzögert, daß der Trieb entlang von Erinnerungsspuren an Repräsentanzen gebunden wird. Die Möglichkeit zur Bindung des Triebes an Repräsentanzen sind Folge der Urverdrängung. Der Trieb versucht dennoch immer wieder, sich seiner Bindungen zu entledigen und zur vollständigen Abfuhr zu gelangen. Doch die vollständige Entbindung der Triebe, also mit der vollständigen Aufhebung von Verdrängung, ist gleichbedeutend mit dem Tod. In letzter Konsequenz ist die psychoanalytische Definition des Todes die Aufhebung der Urverdrängung.

Im Judentum ist Geschichte die Zeit der verhüllten Wahrheit und damit die Zeit der Interpretation. Erst in der Endzeit wird die Wahrheit vollständig enthüllt, und die Interpretationen werden überflüssig. Damit endet aber auch die Geschichte. Sowohl das Judentum als auch die Psychoanalyse sehen im vollständigen Aufheben der Verdrängung/Verhüllung das Ende der Geschichte.

Neben den Vorstellungen von einer Tradition, die einer absteigenden Linie folgt, gibt es im Judentum eine dritte, unbewegte, statische, die die beiden anderen unterschichtet und subvertiert: Der Heilige Text wurde Moses mit all seinen Deutungen am Berge Sinai offenbart. Die Kabbala[13], die jüdische Mystik, sieht die schriftliche und die mündliche Thora als gleichzeitige, am Sinai offenbarte Interpretationen einer „ungeschaffenen“, nicht geschriebenen, nicht bekannten Urthora. Der Heilige Text und seine Interpretation sind in gleichem Maße nicht-ursprünglich und unveränderbar.

Dies stellt alles auf den Kopf. Glaubten wir bis jetzt, daß Geschichte sich in der Dialektik von ursprünglicher Wahrheit und Interpretation bewegt, zeigt sich in einem vertieften (und verspäteten) Nachdenken, daß die ursprüngliche, uns nie zugängliche Wahrheit in zwei gleich nicht-ursprüngliche Interpretationen zerbricht, deren Spiel von Verhüllung und Enthüllung auf eine dahinter liegende Wahrheit verweist. Dieser Verweis auf den nicht erfahrbaren Ursprung ist Geschichte.

IV.

Die Interpretation ist der Motor der jüdischen Geschichte, dessen Bewegung man so beschreiben kann: Die uranfängliche Überfülle der Wahrheit der ungeschaffenen Urthora findet ihre erste Konkretisierung, ihre erste Interpretation, im Heiligen Text. Doch diese erste Interpretation wird durch die gleichzeitige, zweite Interpretation der mündlichen Thora interpretiert, um den verborgenen Sinn wiederzufinden. Das kann aber nie gelingen, denn dadurch, daß jede Interpretation uns vom Ursprung entfernt, verhüllt sich uns die Urthora in der jeweiligen Enthüllung immer mehr. Die Interpretation treibt die Geschichte im Versuch, den Ursprung wiederzufinden, ihrem Ende zu.

In der Freudschen Traumdeutung finden wir eine entsprechende Bewegung. Der unbekannte, übervolle, – in der Freudschen Terminologie überdeterminierte – Urtraum findet seine erste Interpretation im Heiligen Text der Traumerzählung, schon ursprünglich entstellt durch die sekundäre Bearbeitung. Der Analytiker sucht in seiner Interpretation den latenten Trauminhalt, den Urtraum. Doch die Deutung ist nicht nur eine Annäherung an den Urtraum sondern, weil sie mit den Mitteln des Bewußtseins gegeben wird – Sprache, Logik, Zeit und Raum – eine weitere Entstellung. Beide Interpretationen des Traumes, der manifeste Traum und die Deutung des Analytikers, sind im Urtraum enthalten und in gleichem Maße nicht ursprünglich.

V.

Den Begriff des „Heiligen Textes“ hat Freud selbst in die Psychoanalyse eingeführt. Er empfiehlt in der „Traumdeutung“[14], einen Traum als einen Heiligen Text zu lesen. Was meint Freud damit? Zunächst sicher, daß wir im Traum nichts als sinnlos ansehen; daß allem, auch der kleinsten Einzelheit, eine Bedeutung beigemessen werden muß. Doch der Begriff des Heiligen enthält mehr: Jeder Traum enthält den ganzen Text, die volle Wahrheit des Subjektes – dies meint Freud, wenn er sagt, der Traum sei überdeterminiert.

Die Wahrheit des Traumes ist – auch das ist in der Metapher des Heiligen Textes enthalten – ursprünglich: Sie ist am Ursprung, in der Kindheit des Subjektes angesiedelt. Wie ein Heiliger Text enthält ein Traum eine ursprüngliche, vollständige Wahrheit.

Das Heilige ist aber nicht nur „wahr“ und „ursprünglich“, es ist auch mit einem Tabu belegt. Freud schreibt im „Mann Moses“:[15]

„Wir wollen von dem Verbotcharakter ausgehen, der so fest am Heiligen haftet. Das Heilige ist offenbar etwas, was nicht berührt werden darf. Ein heiliges Verbot ist sehr stark affektiv betont, aber eigentlich ohne rationelle Begründung. Denn warum sollte es z.B. ein so besonders schweres Verbrechen sein, Inzest mit der Tochter oder Schwester zu begehen, soviel ärger als jeder andere Sexualverkehr? Fragt man nach einer solchen Begründung, so wird man gewiß hören, daß sich alle unsere Gefühle dagegen sträuben. Aber das heißt nur, daß man das Verbot für selbstverständlich hält, daß man es nicht zu begründen weiß.“

Dem Heiligen Text haftet ein Tabu an; das Verbot, ihn zu berühren, ihn anzusehen, ihn zu befragen. Damit verschiebt sich die Bedeutung des Heiligen: Das unvermittelte Wort Gottes ist im Judentum keineswegs der Ort der Helligkeit, der uns das Leben erleuchtet, sondern viel eher der Ort des Todes.[16]

„Und das ganze Volk gewahrte die Donner und die Flammen und den Posaunenschall und den rauchenden Berg; und da das Volk dies sah, bebten sie zurück und standen von fern: Und sprachen zu Moshe: Rede du mit uns und wir wollen hören, und nicht möge Gott mit uns reden, daß wir nicht sterben."

Wenn Freud den Traum mit einem Heiligen Text vergleicht, so meint er dieses Tabu mit:

„In den bestgedeuteten Träumen muß man oft eine Stelle im Dunkel lassen, weil man bei der Deutung merkt, daß dort ein Knäuel von Traumgedanken anhebt, der sich nicht entwirren will, aber auch zum Trauminhalt keine weiteren Beiträge geliefert hat. Dies ist dann der Nabel des Traumes, die Stelle, an der er dem Unerkannten aufsitzt."[17]

Daß der Knäuel von Traumgedanken, den wir nicht entwirren können, keinen weiteren Beitrag zum Trauminhalt liefert, ist bloße Behauptung, denn wie sollen wir wissen, ob es keinen weiteren Beitrag liefert, wenn wir den Knäuel nicht entwirren können?[18] Doch wir akzeptieren dieses Verbot so selbstverständlich, ohne Begründung, wie das Inzestverbot.

So ist die Interpretation in doppelter Weise mit dem Heiligen verwoben: Die Fülle der Wahrheit des Heiligen Textes verlangt nach einer Interprtation, einer Konkretisierung in Zeit und Raum, gleichzeitig verbietet die Wahrheit des Textes jegliche Interpretation, weil sie am Tabu rüttelt, den Ursprung zu berühren; wie der Neurotiker, der das inzestuöse Objekt weder begehren noch von ihm ablassen darf.

VI.

Die zentrale Stellung der Deutung in der Psychoanalyse bedingt ihre eschatologische Sicht der Geschichte, denn nur der Heilige Text am Ursprung der Geschichte zwingt zur Interpretation, in gleichem Maße, wie er die Deutung verbietet. Ohne die Annahme eines Heiligen Textes wird Interpretation zufällig und beliebig, denn jeder andere Text läßt uns die Möglichkeit, *nicht* zu interpretieren, indem wir ihn als sinnlos, als uninterpretierbar erklären. Und das ist der Ort, wo sich der Widerstand gegen das Auftauchen des Unbewußten einnistet. Sowohl ihrem Gegenstand, dem Unbewußten, als auch ihrer eigenen Geschichte muß die Psychoanalyse deshalb mit einer religiösen Geschichtsphilosophie begegnen, um dem Widerstand, der im Argument der Sinnlosigkeit seine stärkste Waffe hat, paroli bieten zu können.

VII.

Es ist im Zuge der Postmoderne zur Mode geworden, die individuelle und kollektive Urgeschichte der Psychoanalyse zum Mythos, zu erklären, und dies mit starken Argumenten. Der Signifikant wandert in einem je individuellen Netz von Bedeutungen, einem Netz ohne Anfang und Ende. Der Wanderung des Signifikanten sind keine Grenzen gesetzt, außer daß er beim letzten Signifikanten, dem Phallus, halt macht. Doch diese Betrachtungsweise blendet einen wichtigen Aspekt Freudschen Denkens aus: daß nämlich die Wanderung des Signifikanten – die Verschiebungen, die Assoziationen – ihre Richtung durch die psychische Ökonomie, durch die Materialität des Triebes vorgegeben ist. Verschiebungen nehmen immer die Richtung psychischer Ersparnis. Ein Signifikant wird durch einen anderen ersetzt, wenn er für das Bewußtsein besser erträglich ist, wenn er leichter durch die Zensur geht, wenn er weiter von seinem sexuellen Ursprung weg ist. Wie in einem Halbleiter der Strom nur in eine Richtung fließen kann, kann die Signifikantenkette nicht umgekehrt werden, außer unter der besonderen Bedingung der analytischen Situation: Eine Schlange kann einen Penis darstellen, ein Penis niemals eine Schlange. Die menschliche Phantasie springt keinesfalls frei wie ein Böcklein von Stein zu Stein, wie es in der von Pierre Passett[19] zitierten Nietzschestelle heißt, sondern ist vielmehr wie ein Fluß, der von seiner Quelle ins Meer hinunterfließt und dort zum Stillstand kommt. Sie ist durch die materielle Gebundenheit des Menschen immer zwischen einem Ursprung und einem Ende eingesperrt.

Auch wenn der Gedanke, die analytische Situation als Ereignis als Spiel der Wahrheit zu verstehen – wie das Sabine Prokhoris[20] tut –, durchaus reizvoll ist, verbannt er doch einen Stachel psychoanalytischen Denkens aus der Theorie: Daß nämlich die Wahrheit ursprünglich ist und dennoch, außer im Tod, nie erreichbar und daß jeder Versuch, der Wahrheit durch Deutung näherzukommen, uns von der Wahrheit entfernt.

Die Ursprünglichkeit der Wahrheit, die für die Psychoanalyse konstitutiv ist, war Kritikern wie zum Beispiel Ernst Bloch[21] immer ein Dorn im Auge, weil sie jede Utopie, jede Aufklärung unterwandere. Wenn die Wahrheit des Subjektes in seiner Kindheit festgeschrieben ist, wo kann dann der Ort seiner wirklichen Veränderung, seiner Utopie sein. Diese in der Vergangenheit festgeschriebene Wahrheit des Subjektes, die übrigens auch Michel Foucault moniert, wenn auch aus anderen Gründen, ist der eigentliche Grund für das obligat unglückliche Verhältnis von Aufklärung und Psychoanalyse, und es wundert, wie wenig sich die Aufklärer unter den Psychoanalytikern mit dieser Kritik auseinandergesetzt haben.

Doch auch die französischen Neudeuter der Psychoanalyse versuchten, die Ursprünglichkeit der Wahrheit zu dekonstruieren und sie als Mythos zu entlarven, doch haben sie damit unwillkürlich auch das Ende dekonstruiert und die Verleugnung des Todes in die Psychoanalyse getragen.

Wenn wir den bisherigen Annahmen folgen, so taucht unvermittelt eine beunruhigende Frage auf: Wenn der Heilige Text am Beginn der Tradition steht und jede Interpretation, so sie keine Häresie ist, Wahrheit hinzufügt und den Text schwächt, muß man nach dem Tod der Tradition fragen: Gibt es den Punkt, an welchem sich die volle Wahrheit enthüllt hat und der Text stirbt?

Anders gefragt: Wenn die Psychoanalyse einem Traditionsbild der absteigenden Linie verpflichtet ist, erreicht diese einmal einen Nullpunkt, an welchem die Tradition notwendig aufhört?

Teil II: Väter und Söhne

I.

Die Geschichte wird durch den Mord am Urvater in Gang gesetzt.[22] Die Söhne der Urhorde hatten sich zusammengerottet, um den Vater, der ihnen jeglichen Besitz an Frauen und Göttern verweigert hatte, zu töten. Nachdem es keinem der Söhne nach vollbrachter Tat gelungen war, den Vater zu ersetzen, schlossen sie einen Gesellschaftsvertrag, verzichteten gemeinsam auf die Frauen der Horde und setzten an Stelle des ermordeten Vaters ein Tier, das Totemtier, das sie verehrten und nur einmal im Jahr anläßlich der Totemfeier töteten und aßen. Die Totemfeier war in gleichem Maße Wiederholung der Tat, wie auch Identifizierung mit dem ermordeten Vater, den die Söhne ja nicht nur gehaßt, sondern auch geliebt und für seine Stärke bewundert hatten.

Nicht etwa der Mord am Urvater ist der Beginn der psychoanalytischen Zeit, sondern die erste Totemfeier, denn wäre es einem der Söhne gelungen, den Vater zu ersetzen, hätte der Mord nichts in Bewegung gesetzt. Die Totemfeier war die symbolische Wiederholung des Mordes, die aber nur unter der Bedingung des Vergessens stattfinden konnte, des Vergessens – oder Verdrängens, wenn Sie lieber wollen – des Mordes selbst. Am Anfang der Geschichte steht das Vergessen des Ursprungs.

Während die Freudsche Therapeutik immer die Bedeutung des Erinnerns für die Heilung unterstrich, ist das Verhältnis der Freudschen Anthropologie zum Erinnern sehr viel kritischer. Im Mann Moses deutet er die Folgen des Erinnerns für die Geschichte an: Das Erinnern führt die Geschichte zurück zur Barbarei. Das jüdische Volk konnte sich in die Höhe der Vergeistigung aufschwingen, so Freud, weil es hartnäckig am Vergessen des Vatermordes, des Mordes an Moses, festhielt. Die Kreuzigung Jesu zeigt, daß sich das Christentum wieder an den Vatermord erinnert, denn wofür sonst als für den Mord am Vater kann der Sohn mit dem Tod bestraft werden? So gesehen stellt das Christentum einen Fortschritt in der Geschichte dar und macht das Judentum zu einem geschichtlichen Fossil. Doch dieser Fortschritt rückt das Christentum in die Nähe der polytheistischen Barbarei.

„Man könnte sagen, sie sind alle, schlecht getauft, unter einer dünnen Tünche von Christentum sind sie geblieben, was ihre Ahnen waren, die einem barbarischen Polytheismus huldigten.“[23]

Daß Fortschritt in die Barbarei führen kann, war 1939 beileibe kein rein akademisches Thema.

II.

Die beiden großen Vater-Mythen der Psychoanalyse, der Vater im Oedipuskomplex und der Urvater von „Totem und Tabu“, werden meist als identische gelesen.[24] Doch ein vertiefter Blick läßt erkennen, daß die beiden Mythen keineswegs identisch sind, sondern – um in der Freudschen Begrifflichkeit zu bleiben, in einem Verhältnis der „Anlehnung“ zueinander stehen.

Der Urvater, wie er in „Totem und Tabu“ beschrieben ist, steht jenseits des Rechts, er steht vor jeder symbolischen Ordnung; er beansprucht die absolute Macht für sich, eine Macht, die durch kein Gesetz legitimiert ist. Sein Tod erst setzt Recht in Gang. Die Unmöglichkeit, den Vater nach dessen Ermordung zu ersetzen, ist der Beginn des Gesetzes, der Legitimation von Macht. Dies ist, wenn ich es recht lese, die Quintessenz von „Totem und Tabu“.

Der Vater des Oedipus hingegen ist selbst dem Gesetz, dem Orakelspruch, unterworfen; er vertritt das Recht, in das er selbst eingebunden ist, seinem Sohne gegenüber. Durch die Verstoßung von Oedipus versucht er nur einer Ordnung, die jenseits von ihm liegt, Nachdruck zu verschaffen.

Wir erkennen die volle Schärfe des Unterschiedes, wenn wir die Folgen der Ermordung der Väter untersuchen:

Während die Ermordung des Urvaters Recht schafft, indem am Ort seines Fehlens das Gesetz des Inzestverbotes entsteht, hebt die Ermordung des Oedipusvaters das Gesetz wieder auf – Oedipus heiratet ja seine Mutter – weil es Oedipus wieder an die durch den Urvater leergelassene Stelle jenseits des Gesetzes rückt.

Geschichte ist also die Geschichte von zwei Morden: Die Verdrängung des Mordes am Urvater hinterläßt eine Lücke, in welcher eine gesetzliche Ordnung entstehen kann. Die Geschichte beginnt. Die Ermordung des oedipalen Vaters füllt diese Lücke wiederum, indem sie den Sohn an die Stelle des gesetzlosen Urvaters rückt und die Verdrängung wieder aufhebt. Die Geschichte endet. Diesen Prozeß in drei Schritten beschreibt Freud im „Mann Moses". Die Verdrängung des Mordes am Führer des jüdischen Volkes setzt die Geschichte der „hohen Vergeistigung" des Judentums in Gang, die Aufhebung der Verdrängung durch das Christentum beendet die Geschichte.

Das Verhältnis der beiden Väter, des Urvaters und des oedipalen Vaters, zum Sohne ist das eigentlich dramatische Dreieck des Freudschen Geschichtsverständnisses, ein Dreieck, in welchem die Frau, außer als obskures Objekt des Verbotes, keine Rolle spielt.

Es ist ein Dreieck jenseits und hinter dem oedipalen Dreieck, das Dreieck des Todestriebes, beinahe ebenso stumm wie dieser.[25]

Am Ende des „Wolfsmannes" blitzt diese Struktur des doppelten Vaters kurz auf. Freud überlegt sich, ob der Antagonismus zwischen dem realen und dem phylogentischen Vater nicht der Grund für die Entstehung einer Neurose sein könnte.

Die Analyse des Wolfsmannes hat ja die Angst vor dem kastrierenden Vater als Motiv der Verdrängungen des kleinen Sergeij ergeben. Doch war Sergeijs Vater ein liebenswürdiger, weichherziger Mensch gewesen, dessen Charakter keinerlei Anlaß für solche Befürchtungen bot.

Freud schreibt.

„Wo die Erlebnisse sich dem hereditären Schema nicht fügen, kommt es zu einer Umarbeitung derselben in der Phantasie, deren Werk im einzelnen zu verfolgen, gewiß nutzbringend wäre. Gerade diese Fälle sind geeignet, uns die selbständige Existenz des Schemas zu erweisen. Wir können oft bemerken, daß das Schema über das individuelle Erleben siegt, (...). Die Widersprüche des Erlebens gegen das Schema scheinen den infantilen Konflikten reichlichen Stoff zuzuführen."[26]

Der Vater ist in doppelter Weise repräsentiert:[27] als hereditäres Schema, welches der Tod des Urvaters hinterlassen hat, und als realer, oedipaler Vater. Geraten diese beiden Repräsentanzen in Widerspruch zueinander, so sind die Bedingungen für die Entstehung einer psychischen Krankheit geschaffen. Diesen Widerspruch kann man sich auf zwei Weisen vorstellen. Zum einen kann der Vater die Unterwerfung unter den toten Urvater verweigern und sich selbst als allmächtigen Gesetzgeber ausgeben – so geschehen im Fall Schreber –, oder er kann sich dem Gesetz unterwerfen, es aber dem Sohne gegenüber nicht vertreten, wie im Falle des Wolfsmannes.

Diese doppelte Repräsentation des Vaters bildet meines Erachtens die Kernstruktur des psychoanalytischen Geschichtsverständnisses: Am Anfang, am Ursprung, steht der allmächtige, allwissende Urvater, dessen Tod ein Nicht-Wissen, eine Verdrängung in Gang setzt. Dieses Nicht-Wissen wird durch eine Struktur, durch ein „Schema" repräsentiert, welche ihren Ursprung sowohl beinhaltet als auch verschleiert. Der Vater, der Sohn des Ur-Vaters, muß sich diesem Schema unterwerfen, und gibt so dieses *Nicht-Wissen* um den Mord am Urvater an den Sohn weiter.

Reik beschreibt gewisse Initiationsriten, die darin bestehen, daß der Vater den Sohn gegen das Monster, das den Namen des Großvaters trägt, verteidigt, sich aber gleichzeitig in der Rolle des Monsters, des Großvaters äußerst aggressiv gegen den Sohn benimmt.[28]

Geschichte ist nicht etwa die immerwährende Wiederholung des Ur-Vatermordes, sondern sie beruht darauf, daß der Mord am (oedipalen) Vater gerade keine Wiederholung des Mordes am Urvater wäre, sondern dessen Umkehrung: Daß der Mord am realen Vater das Gesetz, das durch die Verdrängung geschaffen wurde, aufheben und den Sohn an die Stelle des Ur-Vaters setzen würde.

III.

Freud nennt die Weitergabe von Nicht-Wissen vom Vater an den Sohn „Tradition“ und setzt diesen Begriff gegen den Begriff der Geschichte:

„Auf die Dauer machte es nichts aus, daß das Volk, wahrscheinlich nach kurzer Zeit, die Lehre des Moses verwarf und ihn selbst beseitigte. Es blieb die *Tradition* davon, und ihr Einfluß erreichte, allerdings erst allmählich im Laufe der Jahrhunderte, was Moses selbst versagt geblieben war ... am Ende der Entwicklung war hinter seinem Wesen das des vergessenen mosaischen Gottes zum Vorschein gekommen.“[29]

Und:

„Die merkwürdige Tatsache, der wir hier begegnen, ist aber, daß diese Traditionen, anstatt sich mit der Zeit abzuschwächen, im Laufe der Jahrhunderte immer mächtiger wurden, sich in die späteren Bearbeitungen der offiziellen Berichterstattung eindrängten und endlich sich stark genug zeigten, um das Denken und Handeln des Volkes entscheidend zu beeinflussen.“[30]

Während geschriebene Geschichte dem entspricht, was ich eingangs als unser Alltagsverständnis von Geschichte beschrieben habe, nämlich einen fortschreitenden, nach oben führenden Prozeß, besteht Tradition im Weitergeben von etwas Vergessenem, das wieder an die Oberfläche des Bewußtsein drängt. Das Ende der Geschichte ist das Zusammenfallen von Tradition und Geschichte, oder in Freudscher Terminologie: von materieller und historischer Wahrheit.

Für Freud stellte die Erkenntnis, daß Tradition fundamental Tradierung von Nicht-Wissen ist, kein geringes Problem dar, und zwar ihren Rückbezug auf die Geschichte der Psychoanalyse: Wenn er der Urvater der Psychoanalyse war – und als solchen hat er sich zweifelsohne gesehen – mußte mit seinem Tode eine Verdrängung der Psychoanalyse einsetzen, damit ihre Geschichte überhaupt weitergehen kann.

Den „Mann Moses und die monotheistische Religion“ verstehe ich als Auseinandersetzung Freuds mit der Aporie, daß nach seinem Tode nur die Wahrheit *oder* die Tradition gerettet werden kann, nicht beides.

Freud setzt Moses und die Atonreligion des Echnaton mit der ursprünglichen ganzen, ungeteilten Wahrheit des Monotheismus gleich. Doch diese Wahrheit fiel der Verdrängung anheim, als das jüdische Volk in der Wüste ihren Führer Moses ermordete. Der Mord an Moses wird durch die Verdrängung, die er bewirkt, zum Beginn der Geschichte des jüdischen Volkes. Die Geschichte endet mit der Aufhebung der Verdrängung durch das Christentum, genauer durch Paulus. Das Judentum wird zum geschichtlichen Fossil.

Freud schreibt im Mann Moses die jüdische Geschichte neu. Nicht die Offenbarung am Berge Sinai bezeichnet den Anfang der jüdischen Geschichte sondern der – nota bene in der Bibel nirgens erwähnte – Mord an Moses. Er wird so zum neuen Paulus des jüdischen Volkes, der die entscheidende Verdrängung, nämlich die Ermordung des Urvaters, aufhebt und so die Geschichte zum zweiten Mal zu einem Ende bringt: Nun hat das jüdische Volk nicht einmal mehr die Möglichkeit, als Fossil weiterzuleben.

„Der alte Gottvater trat hinter Christus zurück, Christus, der Sohn, kam an seine Stelle, ganz so, wie es in jener Urzeit jeder Sohn ersehnt hatte. Paulus, der Fortsetzer des Judentums, wurde auch sein Zerstörer."[31]

Der „Mann Moses" ist der oedipale Mord Freuds an der Vater-Religion, dem Judentum, er selbst wird zum Sohn, der das Unmögliche geschafft hatte und sich an die Stelle des Urvaters setzen konnte.

Daß er dafür nicht geringe Schuldgefühle hat, zeigen die dauernden Entschuldigungen, die dieses Werk durchziehen.

„Einem Volkstum den Mann abzusprechen, den es als den größten unter seinen Söhnen rühmt, ist nichts, was man gern oder leichthin unternehmen wird, zumal man selbst diesem Volk angehört. Aber man wird sich durch kein Beispiel bewegen lassen, die Wahrheit zugunsten vermeintlicher nationaler Interessen zurückzusetzen ...."[32]

Im Bezug auf das Judentum ist Freud der Sohn, der die Geschichte zu ihrem Ende gebracht hat, im Bezug auf die Psychoanalyse aber sieht sich Freud als den Moses-Echnaton, der der

Menschheit die Offenbarung des Unbewußten gebracht hat. Doch die Welt, aber auch die Welt der Psychoanalytiker wollte nichts von dieser Wahrheit wissen.

„Die Atonreligion war nicht populär geworden, war wahrscheinlich auf einen kleinen Kreis um seine Person beschränkt geblieben. Der Ausgang Echnatons bleibt für uns in Dunkel gehüllt. Wir hören von einigen kurzlebigen, schattenhaften Nachfolgern aus seiner Familie. (...) Die Atonreligion war abgetan, die Residenz des Echnaton zerstört und geplündert, sein Andenken als das eines Verbrechers geächtet ....“[33]

Was die Weisheit, aber auch den Zorn dieses Alterswerkes Freuds ausmacht, ist, daß er erkannte, daß der Widerstand gegen seine Lehre keineswegs akzidentell ist und überwunden werden kann, sondern daß ihre Wahrheit um der Entstehung einer Tradition willen verdrängt werden wird, verdrängt werden muß. Er erkannte, daß trotz – oder wegen – aller seiner Versuche, die Psychoanalyse zu institutionalisieren, seine Wahrheit vergessen werden wird. Ja, er erkannte, daß er selbst Opfer dieser Dynamik geworden war. Er selbst hatte die Wahrheit des Entwurfes, der Traumdeutung, zugunsten neuerer Wahrheiten vernichtet, als er die erste Topik durch die zweite oder die erste durch die zweite Angsttheorie ersetzte, also wenn er der gleichen Systematisierungen zum Opfer fiel, die er wenige Jahre zuvor noch Alfred Adler vorgeworfen hatte. Wie Moses, der midianitische Priester, zum Nachfolger von Moses, dem Ägypter, erkoren wurde, erkannte er, daß er sein eigener Nachfolger geworden war.

IV.

Freuds Denken legt in seinem ganzen Werk Zeugnis vom Versuch ab, dem Schicksal zu entgehen, sein eigener Nachfolger zu werden und sich dadurch selbst zu zerstören. Da Freud Geschichte immer vom Ende her denkt, – nicht vom Ursprung, wie immer behauptet wird – versteht er Geschichte als eine verzögerte, gebremste Bewegung auf das Ende hin.

Diese Verzögerung der Bewegung kennzeichnet auch sein Denken. Wenn er Gedanken nicht zu Ende denkt, wenn er auf halbem Wege stehen bleibt, wenn er unvollständig bleibt, wenn er einen Gedankengang abbricht und an einem anderen Ort wieder aufnimmt oder wenn er es seinen Schülern überläßt, seine Gedanken fertigzudenken[34], dann nicht etwa, weil er es selbst nicht vermocht hätte, sondern weil er wußte, daß dies den Tod seiner Wissenschaft bedeutet hätte.[35]

Das vielleicht beeindruckendste Beispiel für die Verzögerung, ja das Abbrechen von Freuds Denken ist seine Narzißmustheorie. Seine einzige umfassende Darstellung des Narzißmusproblems, seine Arbeit von 1914[36], läßt wesentliche Fragen offen: Was wird eigentlich narzißtisch besetzt? Ist es das Ich, ist es der Körper, und in welchem Verhältnis stehen das Ich und der Körper zueinander? Und: wenn das Ich durch die narzißtische Besetzung überhaupt erst entsteht, wie kann das Ich dann das Reservoir der narzißtischen Libido sein?

Freud läßt all diese Fragen offen, weil er darum wußte, daß ihn jedes Weiterdenken zu einer homogenen, systematischen Narzißmustheorie führen würde, wie er sie bei Alfred Adler bekämpft hat.[37] Er bricht sein Denken ab, um es zu retten.

Nun kommt Heinz Hartmann und führt das Selbst ein. Mit einem Schlag haben sich alle Probleme gelöst: Das Ich besetzt das Selbst. Doch dieser Schlag hat auch jede mögliche Vertiefung der Theorie erschlagen. Die Frage des Verhältnisses von Körper und Ich, die Frage von Ursprünglichkeit und Nachträglichkeit verschwinden für Jahrzehnte aus dem Gesichtsfeld der Psychoanalyse.

Teil III: Der Umweg

I.

Freud hat sich mit der Frage nach dem Ende der Geschichte vor allem in seiner Arbeit „Jenseits des Lustprinzips" von 1921 auseinandergesetzt:

„Wenn wir es als ausnahmslose Erfahrung annehmen dürfen, daß alles Lebende aus inneren Gründen stirbt, ins Anorganische zurückkehrt, so können wir nur sagen: Das Ziel alles Lebens ist der Tod (...) Eine lange Zeit hindurch mag ... die lebende Substanz immer wieder neu geschaffen worden und leicht gestorben sein, bis sich maßgebende äußere Einflüsse so änderten, daß sie die noch überlebende Substanz zu immer größeren Ablenkungen vom ursprünglichen Lebensweg und zu immer komplizierteren Umwegen bis zur Erreichung des Todeszieles nötigten. (...); es sind Partialtriebe, dazu bestimmt, den eigenen Todesweg des Organismus zu sichern ...“[38]

Das Leben als Umweg zum Tod, die Geschichte als Sicherung des eigenen Todesweges.

Die Libido nimmt in diesem Modell einen schwierigen, doppelten theoretischen Status ein: Einerseits ist sie die Kraft, die bindet und dadurch den Tod hinausschiebt, aber sie ist auch die Energie, die gebunden wird, weil ihre Abfuhr den Tod näherbringt. Diese Doppelgestalt der Libido bleibt – trotz der Strukturtheorie – der Stachel im Fleisch der Psychoanalyse: Liebe ist Verausgabung von Lebensenergie und führt zum Tod, Liebe verhindert aber auch die Entleerung und verzögert den Tod.

Das Ziel jedes Organismus, schreibt Freud, ist die Rückkehr zum Anorganischen. Dieses Ziel erreicht er durch Abfuhr von Energie, die in Form von äußeren und inneren Reizen dem Organismus zugeführt werden. Das Ziel des Lebens, der Tod, ist erreicht, wenn alle Spannung abgeführt ist, wenn die ursprüngliche Spannungslosigkeit vollständig wiedererlangt ist. Um den Tod nicht zu schnell zu erreichen und um den *„eigenen* Todesweg zu sichern“, wird eine rasche Spannungsabfuhr verhindert. Teile der zugeführten Energie werden gebunden und so der Abfuhr entzogen. Die Abfuhr wird verzögert, in einem Umweg, wie Freud sagt, abgeführt. Die Energie wird im Netz der Signifikanten gebunden, das die Verschiebung kleiner Energien erlaubt. Wird nicht-gebundene Energie abgeführt, das heißt wird kein Umweg eingelegt, entsteht Angst, Todesangst.

Beide Offenbarungen, die Psychoanalyse und das Judentum

mußten ihrer Theorie ein Anhängsel, – ein Supplement, um ein Wort Derridas zu gebrauchen –, beifügen, um den Stachel des immer drohenden Todes zu anästhesieren: Die Psychoanalyse fügte die Therapie an, das Judentum das messianische Zeitalter. Beide sind ihrer Theorie eigentlich fremd, ergänzen sie und stellen sie auf den Kopf.

Freud theoretisiert ja die Unheilbarkeit des Menschen, seine ursprüngliche Spaltung und die Tatsache, daß die Lüge, die Verdrängung, sein Leben ermöglicht und daß die Wahrheit den Tod bringt. Und doch hat sich die Psychoanalyse seit Anbeginn auf die Heilung von Kranken, auf die Aufhebung von Verdrängung gestürzt.

Die Heilung und der Heiland sind Figuren, die den engen Zusammenhang zwischen Tod und Wahrheit, der sowohl dem Judentum als auch der Psychoanalyse inhärent ist, zu verschleiern suchen.

II.

Das Konzept des Umwegs ist keineswegs ein marginales, sekundäres oder gar zufälliges Stück der Freudschen Theorie, sondern erweist sich bei sorgfältiger Lektüre als die zentrale Figur seiner Metapsychologie.

Die Freudsche Metapsychologie beruht – das ist offensichtlich und banal – auf Dualismen: Lustprinzip und Realitätsprinzip; Eros und Thanatos; Objekt und Narzißmus; Sexualität und Ich-Triebe, um nur einige zu nennen.

Auf den ersten Blick scheint es, daß es sich dabei um die antagonistischen Pole eines Paares handelt: Es scheint, als widerspräche das Realitätsprinzip dem Lustprinzip oder die Objektliebe der narzißtischen Besetzung. Doch bei genauerer Betrachtung ist das Realitätsprinzip aus dem Lustprinzip hervorgegangen und ermöglicht diesem zu walten, indem es das Lustprinzip verzögert, auf einen Umweg schickt, ihm den Weg verlängert. Das Realitätsprinzip ist der Gegner, der Antagonist des Lustprinzipes, indem er es zur Unkenntlichkeit entstellt, und gleichzeitig sein Diener, die Bedingung seiner Möglichkeit.

Genauso verhält es sich mit Thanatos und Eros: Der Todestrieb drängt auf die Rückkehr zum Anorganischen, zur Nullspannung. Die Sexualität stellt sich ihm entgegen, obwohl ja auch die Sexualität zur Spannungsabfuhr drängt. Der Eros ist eigentlich nichts als eine spezifische Form des Todestriebes, eine Ausgeburt, die sich gegen den Todestrieb stellt, indem er ihn auf einen Umweg schickt, seinen Weg verzögert.

Freud nannte ein solches Verhältnis ein Verhältnis der „Anlehnung". In den „Drei Abhandlungen zur Sexualtheorie" von 1905[39] beschreibt er, wie der Säugling in Anlehnung an das befriedigende Erlebnis des Saugens an der Mutterbrust lernt, an seinem Daumen zu Lutschen. Dieses Wonnesaugen ist dem Saugen an der Mutterbrust gegenüber zwar minderwertig, weil es keine vollständige Befriedigung ermöglicht, gleichzeitig aber vorzuziehen, weil der Daumen dem Säugling im Gegensatz zur Mutterbrust immer zur Verfügung steht. Das erste Befriedigungserlebnis des Brustsaugens ordnet Freud dem Bereich der Ich-Triebe zu, da es der Selbsterhaltung dient. Im Moment, da der Säugling die ursprüngliche Befriedigung durch eine sekundäre, minderwertige ersetzt, entsteht Sexualität. Sexualität geht also aus dem Überschuß der Ich-Triebe hervor, ersetzt diese und stellt sich ihnen im Laufe der weiteren Entwicklung entgegen. Gleichzeitig ermöglicht die Sexualität durch das Abführen überschüssiger Energie die Ich-Triebe. Diese Beziehung zwischen Sexualität und Ich-Trieben nennt Freud, wie gesagt, „Anlehnung"

III.

Freud denkt sowohl die individuelle als auch die kollektive Geschichte, mit Hilfe des Begriffes der „Anlehnung", als eine verzögerte Bewegung auf ein Ende hin, ein Ende, das in der Geschichte des Individuums die vollständige Abfuhr von Spannung, in der Geschichte des Kollektivs die vollständige Enthüllung der Wahrheit ist.

Kann man, so lautet meine Frage, mit der ich zum Schluß

kommen und zum Anfang zurückfinden möchte, dieses Prinzip der verzögerten Bewegung auf die Geschichte der Psychoanalyse selbst anwenden?

Zu Beginn des zentralen 7. Kapitels der Traumdeutung, berichtet uns Freud einen Traum, den ihm eine Patientin erzählt hatte. Die Patientin hatte ihn in einer Vorlesung über den Traum gehört und teilweise nachgeträumt. Die eigentliche Quelle blieb Freud aber unbekannt.

Ein Vater, dessen Kind gestorben ist, träumt, „daß das Kind an seinem Bette steht, ihn am Arme faßt und ihm vorwurfsvoll zuraunt: Vater siehst Du denn nicht, daß ich verbrenne? Er erwacht, merkt einen hellen Lichtschein, der aus dem Leichenzimmer kommt, eilt hin, findet den greisen Wächter eingeschlummert, die Hüllen und einen Arm der teuren Leiche verbrannt durch eine Kerze, die brennend auf sie gefallen war." Die Erklärung dieses Traumes, sagt Freud, sei einfach genug und auch der Patientin, die ihn Freud berichtet, eingefallen: „Der helle Lichtschein drang durch die offenstehende Tür ins Auge des Schlafenden und regte denselben Schluß bei ihm an, den er als Wachender gezogen hätte, es sei durch Umfallen einer Kerze ein Brand in der Nähe der Leiche entstanden."[40]

Wir sind verblüfft: Das Kapitel, das uns den Unterschied zwischen unbewußt und bewußt, zwischen manifest und latent erklären soll, wird durch einen Traum eingeleitet, der den Unterschied zwischen Bw und Ubw aufzuheben scheint.

Freud selbst sagt, daß der Sinn dieses Traumes unverhüllt gegeben ist und der Deutung keine Aufgabe stellt. Doch statt uns zu erklären, warum er ihn gleichwohl an den Anfang seiner Ausführungen über das Unbewußte stellt, fährt er fort:

„Ehe wir aber mit unseren Gedanken diesen neuen Weg einschlagen, wollen wir haltmachen und zurückschauen, ob wir auf der Wanderung bis hierher nichts Wichtiges unbeachtet gelassen haben", und lädt uns zu einem Umweg ein, den Umweg in die Theorie des seelischen Apparates, der uns endgültig Aufklärung über die Geheimnisse des Traumes geben soll. Doch dieser Umweg führt uns nicht zum Ursprung zurück, denn die theoretischen

Ausführungen des siebten Kapitels sind in keiner Weise geeignet, uns diesen Traum, der keine Erklärung braucht, zu erklären.

Die Quelle, der Ursprung des Traumes bleibt unbekannt, ist nicht zurückzuverfolgen. Was wir erfahren, ist eine sekundäre, tertiäre oder quartäre Bearbeitung. Als wolle uns Freud sagen, das Geheimnis des Ursprungs kann und soll nie entschlüsselt werden. Das wirkliche Geheimnis des Traumes, das der Deutung eine Aufgabe stellt, liege in der Wanderung, die er macht, vom unbekannten Träumer, zum Lehrer der Vorlesung, zur Patientin, zu Freud bis zum Leser der Traumdeutung. Jede dieser Stationen sind Interpretationen des Traumes, die nicht auf den Ursprung des Traumes verweisen, denn dieser ist ebenso klar wie unerreichbar. Die Deutungen verweisen auf die nächste Nacherzählung: Der Lehrer interpretiert ihn für die Patientin, die Patientin, durch ihr eigenes Nachträumen interpretiert ihn für Freud. Freud beschreibt und verschleiert hier gleichermaßen ein zentrales Merkmal der Deutung: Daß sie niemals auf einen Ursprung sondern immer auf ein Ende verweist.

IV.

Freud dachte seine Gedanken nicht zu Ende, verzögerte sie, schickte sie auf Umwege, weil er darum wußte, daß am Ende des Gedankenganges, der Gedankenwanderung, ein zwar wahrer, aber falscher Gedanke steht.

Dies war denn auch der Vorwurf, den er dem Adlerschen System machte:

„Die Adlersche Theorie war von allem Anfang ein „System", was die Psychoanalyse sorgfältig zu sein vermied. Sie ist auch ein ausgezeichnetes Beispiel einer „sekundären Bearbeitung", wie sie z.B. vom Wachdenken am Traummaterial vorgenommen wird. Das Traummaterial wird in diesem Falle durch das neugewonnene Material der psychoanalytischen Studien ersetzt, dies wird durchwegs vom Standpunkt des Ichs erfaßt, unter die dem Ich geläufigen Kategorien gebracht, übersetzt, gewendet und genau so, wie es bei der Traumbildung geschieht, mißverstanden. Die Adlersche Lehre ist denn auch weniger durch das charakterisiert, was sie behauptet, als durch das, was sie verleugnet."[41]

Die Adlersche Lehre war nicht etwa mangelhaft, sondern ihr Fehler lag in ihrer Vollständigkeit, ihre Verleugnung in ihrem Systemcharakter, denn jedes System, auch ein wahres entsteht immer zum Preise einer Verdrängung.

Freud versuchte zwar der Vollständigkeit seiner Gedanken zu entgehen, doch auch darin lag eine Verleugnung verborgen: Die Verleugnung der von ihm selbst entdeckten Tatsache, daß jeder menschlichen Regung, auch dem Denken, die Tendenz der Spannungsabfuhr innewohnt, daß jedem Denken die Systematisierung inhärent ist. Freud selbst konnte der Systematisierung, und damit dem Todestrieb, keineswegs entgehen. Das „Ich und das Es" als Systematisierung und Fehlinterpretation von „Jenseits des Lustprinzips ist das bekannteste, aber beileibe nicht das einzige Beispiel.

V.

Auch die Geschichte der Psychoanalyse nach Freud ist von der Aporie des Todestriebes gezeichnet: Auf der einen Seite – ich übernehme hier eine Unterscheidung des amerikanischen Literaturwissenschaftlers Harold Bloom[42] – finden wir starke Interpretationen, die zwar falsch sind und in der Häresie enden, Adler und Jung als Beispiele – aber den Freudschen Text erweitern und ihm Möglichkeiten eröffnen. Auf der andren Seite finden wir schwache Interpretationen, die zwar wahr sind, aber die Psychoanalyse bis zur völligen Banalität flachschlagen.

Vergleichen Sie nur einmal Freuds „Verneinung"[43] mit dem, was René Spitz über das „Nein" schreibt:

„Die willensmäßige Verwendung des Vorstellungsinhaltes der Verneinung in der semantischen „Nein"-Geste ist zweifellos die auffälligste Leistung der Frühkindheit. Sie spielt in den Beziehungen des Kindes zur Umwelt eine große Rolle. Und, was wichtiger ist, sie ist das manifeste Signal dafür, daß das Kind die Urteilsfunktion ausübt. Sie ist wahrscheinlich die erste Errungenschaft des mimischen oder sprachlichen Symbols eines abstrakten Begriffes."[44]

Banaler und tödlicher kann man Freud nicht treffen.

Mit der Geschichte der schwachen Interpretationen Freuds möchte ich mich nicht weiter beschäftigen. Sie ist mit dem, was wir den „Mainstream" der Psychoanalyse nennen, weitgehend identisch.

Interessanter und auch schwieriger ist die Geschichte der starken Interpretationen. Die Psychoanalyse kennt zwei Formen starker Fehl-Interpretationen. Auf der einen Seite stehen die Theoretiker, die Freud zu Ende dachten und damit den Umweg abkürzten. Sie brachten die Geschichte der Psychoanalyse zu einem vorzeitigen Ende. Freud hat schon im Entwurf gezeigt, daß die vorzeitige Abfuhr von Spannung subjektiv als Angst empfunden wird. Nicht anders verhält es sich in der Theoriegeschichte: Das vorzeitige Zu-Ende-denken Freuds löste institutionelle Angst aus. Diese Angst der Vorzeitigkeit wurde durch Ausschluß gebunden. So haben all diese Denker, die Freud zu früh zu Ende dachten, als Häretiker geendet. Die wichtigsten Beispiele sind Adler und Jung.

Die Adlersche Theorie des Minderwertigkeitskomplexes ist über weite Strecken, bis auf eine geringe Differenz der Terminologie, nicht von Kohuts Selbst-Psychologie zu unterscheiden. Hier wie dort ist die Homöostase des Selbstwertgefühls das oberste Regulationsprinzip der menschlichen Psyche, hier wie dort wird die Sexualität nur als eine von vielen Möglichkeiten gesehen, das Gleichgewicht des Selbst aufrecht zu erhalten.

Die Theorie des Narzißmus, die eine homogene, systematische Psychoanalyse ermöglicht hätte, verschwand so nach 1914, nach der „Einführung in den Narzißmus", aus der Psychoanalyse um 50 Jahre später in Chicago, nach langen Irrfahrten über den Ozean, wieder aufzutauchen.

Die Frage lautet also nicht, ob Kohut recht hatte oder nicht, sondern, ob das Wiederauftauchen der Homogenität in der Psychoanalyse nicht ein Zeichen der beginnenden Abenddämmerung ist.

Nicht anders bei Jung. Wenn Sie die Jungsche Einheitslibido neben der neutralisierten Libido von Hartmann lesen, gibt es nicht einmal mehr die terminologischen Unterschiede, die Ihnen helfen könnten, die Theorien eindeutig zuzuordnen.

„Diese differenzierte Libido ist nunmehr „desexualisiert .... Auf diese Weise gelangen wir zur Einsicht in gewisse ursprüngliche Bedingungen der Wirklichkeitsfunktion. Es wäre grundfalsch zu sagen, ihre Triebkraft *sei* eine sexuelle, sie *war* in hohem Maße eine sexuelle."[45]

Könnten Sie dieses Zitat zweifelsfrei Hartmann oder Jung zuordnen?

Der Jungschen Idee einer einheitlichen biologischen Urkraft, Libido genannt, konnte sich auch Freud, trotz aller gegenteiliger Beteuerungen, nicht entziehen. Lesen Sie nur einmal die „Einführung in den Narzißmus" oder den Fall Schreber daraufhin. So konnte Freud der Vereinheitlichung und Systematisierung seiner Gedanken institutionell begegnen, indem er Jung aus der Bewegung ausschloß, inhaltlich, indem er das Thema des Narzißmus für Jahre fallenließ. Doch auch diese Versuche erwiesen sich nur als Umweg. Unter dem Banner des Fortschrittes kehrte die Einheitslibido noch zu Lebzeiten Freuds, als Ichpsychologie verkleidet, in die offizielle Psychoanalyse zurück.

So haben alle großen Häresien später in die Psychoanalyse zurückgefunden und dort ihren Platz im „Mainstream" eingenommen. Ihre Schuld war einzig und alleine, daß sie die Theorie *zu früh* zu Ende gedacht hatten. Doch jetzt, da alle Häresien ihren Umweg absolviert und in die Psychoanalyse – als Ich- und Selbstpsychologie – zurückgefunden haben, muß man sich da nicht fragen, ob damit die Psychoanalyse nicht in einem Zustand der Spannungslosigkeit gefallen ist, der in der Sprache Freuds nur als Tod bezeichnet werden kann?

Daß die Psychoanalyse noch nicht am Ende ist, verdanken wir zwei anderen starken Fehl-Interpretationen des Freudschen Gebäudes. Diese haben den Freudschen Gedanken nicht zu Ende gedacht und den Umweg abgekürzt, sondern haben ihn falsch gedacht und einen neuen Umweg eingeleitet. Ich denke an Melanie

Klein und Jacques Lacan. Wenn ich sage, daß beide Freud falsch gelesen haben, so meine ich, daß beide wichtige Prämissen Freudschen Denkens vernachlässigt haben: Melanie Klein hat durch die Einführung der inneren Objekte den Freudschen Dualismus von Narzißmus und Objekt aufgehoben, Jacques Lacan hat durch die Priorität, die er der Struktur gegenüber dem Individuum verleiht, die Geschichtlichkeit des Subjektes unterwandert. Beide Fehl-Interpretationen haben der Psychoanalyse neue Brüche, neue Inkohärenzen, neue Spannungen ermöglicht und so die Geschichte der Psychoanalyse auf neue Umwege geschickt. Doch auch diese Umwege finden in den „Mainstream" zurück. Sogar an der Mühlebachstraße[46] kann man heute ungestraft die schizoid-paranoide Position, die projektive Identifikation, die symbolische Ordnung oder das Imaginäre im Munde führen. Neue Umwege sind nicht in Sicht.

Epilog

Geschichten kommen zum Ende. Nicht weil bessere gefunden werden, sondern weil sie auslaufen, weil sie an Spannung verlieren, weil sie keine Häresien mehr produzieren können.

Wenn ich jetzt, am Schluß auf meinen Text zurückblicke, erschrecke ich. Bin ich nun, weil ich das psychoanalytische Geschichtsverständnis als kreisförmiges und damit als religiöses identifiziert habe, ein Obskurantist? Bin ich, weil ich der Wahrheit einen Platz in der Dynamik des Todestriebes zugeordnet habe und nicht in der Dynamik des Fortschrittes, ein Antiaufklärer? Habe ich einen kleinen Baustein an das sich überall erhebende Gebäude des Fundamentalismus beigesteuert? Habe ich gar den ganzen Gedankengang nur entwickelt, um mich von meinen Vätern, den Aufklärern, abzusetzen? Ich kann diese Fragen selbst nicht beantworten, sondern nur mit einem Zitat unseres Urvaters Freud schließen:

„Ich glaube, es ist hier die Stelle, abzubrechen. Doch nicht, ohne einige Worte kritischer Besinnung anzuschließen. Man könnte mich fragen, ob und inwieweit ich selbst von den hier entwikkelten Annahmen überzeugt bin. Meine Antwort würde lauten, daß ich weder selbst überzeugt bin, noch bei anderen um Glauben für sie werbe. Richtiger: ich weiß nicht, wie weit ich an sie glaube. Es scheint mir, daß das affektive Moment der Überzeugung hier gar nicht in Betracht zu kommen braucht. Man kann sich doch einem Gedankengang hingeben, ihn verfolgen, soweit er führt, nur aus wissenschaftlicher Neugierde, oder, wenn man will, als *advocatus diaboli,* der sich darum doch nicht dem Teufel selbst verschreibt."[47]

Anmerkungen

1 Ich möchte an dieser Stelle José Brunner, Tel-Aviv, danken, ohne den dieser Text nie eine verständliche Form gefunden hätte.

2 Lyotard, Jean-François: Ob man ohne Körper denken kann; in: Gumbrecht H.U. (Hrsg.) *Materialität der Kommunikation*, Frankfurt 1988.

3 F. Morgenthaler: *Technik. Zur Dialektik der psychoanalytischen Praxis.* Frankfurt 1978.

4 G.W. F. Hegel: Einführung in die Rechtsphilosophie 126:140, zitiert nach S. Avineri: *Hegels Theorie des modernen Staates*, Frankfurt 1976.

5 Ein gutes Beispiel für die Sinnlosigkeit einer solchen Unternehmung: H.P.J. Stroeken: Der Einfluß von Freuds Judentum auf sein Leben und die Psychoanalyse, in: *Forum der Psychoanalyse* 7/Dezember 1991.

6 Der Talmud ist eine Niederschrift rabbinischer Diskussionen um Fragen der Religion, des Rechts und des Alltags, die in Palästina und Babylonien zwischen dem 3. Jahrhundert vor und dem 5. Jahrhundert nach unserer Zeitrechnung geführt wurden.

7 Babylonischer Talmud: Traktat Menachot 29b.

8 S. Freud, *GW IX*, S. 173.

9 In den „Sprüchen der Väter" sagten die Männer der Großen Synode (1:1): „Seid gemäßigt in der Rechtssprechung, schafft Euch viele Schüler und baut einen Zaun um die Thora."

10 Babylonischer Talmud; Traktat Baba Meziah 59b.

11 Babylonischer Talmud; Traktat Schabbat 112b.

12 S. Freud: Jenseits des Lustprinzips, *GW XIII*.

13 Vgl. Gershom Scholem: Offenbarung und Tradition als religiöse Kategorien im Judentum; in: *Über einige Grundbegriffe des Judentums.* Frankfurt 1970.

14 GW II/III, S. 518.

15 GW XVI, S. 228.

16 Exodus 20:15-16.

17 GW II/III, S. 530.

18 Vgl. Samuel Weber: *Freud-Legende*, Wien 1989, S. 77 ff.

19 Vgl. die Arbeit von Passett in diesem Band.

20 Vgl. Sabine Prokhoris in diesem Band.

21 Ernst Bloch: Gibt es eine Zukunft in der Vergangenheit?; in: Leonhard Reinisch (Hrsg.): *Vom Sinn der Tradition*, München 1970.

22 Vgl. Totem und Tabu, *GW IX*.

23 GW XVI, S. 198.

24 Vergleiche dazu: Slavoj Zizek: *Liebe Dein Symptom wie Dich selbst!*, Berlin 1991, S. 107 ff.

25 Franz Kafka beschrieb in seiner Erzählung: In der Strafkolonie (1914) dieses Dreieck in eindrücklicher Weise. Der Offizier läßt das Gesetz des toten Kommandanten auf den Körper des Verurteilten einschreiben, ohne daß es diesem gelingt, das eingeschriebene Gesetz zu entschlüsseln.

26 GW XII, S. 156.

27 Den „Kleinen Hans" (GW VII S. 243 ff.) kann man geradzu als dramatische Inszenierung dieser Struktur lesen.

28 Zit. nach J. Laplanche: *Problématique II.* Castration-Symbolisation. Paris 1980 S. 224.

29 GW XVI, S. 152.

30 GW XVI, S. 173.

31 GW XVI, S. 194.

32 GW XVI, S. 103.

33 GW XVI, S. 121.

34 Zum Beispiel die Arbeit von Ernest Jones über das Symbol.

35 Auch Sarah Kofman spricht (in diesem Band) von der Verzögerung im Denken Freuds. Doch sieht sie die Angst, von der Spekulation fortgetragen zu werden – und nicht die Todesangst – als Motiv für diese verzögerte Bewegung.

36 „Zur Einführung des Narzißmus" *GW X*, S. 138-170.

37 Vgl. dazu „Zur Geschichte der psychoanalytischen Bewegung“ *GW X*, S. 43 ff.

38 GW XIII, S. 40.

39 GW V, S. 29 ff.

40 GW II/III, S. 513 ff.

41 GW X, S. 96.

42 Harold Bloom: *The Anxiety of Influence*. Oxford 1973.

43 GW XIV, S. 11 ff.

44 René Spitz: *Nein und Ja*. Stuttgart 1978, S. 83.

45 C.G. Jung: *Wandlungen und Symbole der Libido*, S. 141.

46 Sitz des „Freud-Institutes“ des Zürcher Ablegers der IPA.

47 GW XIII, S. 63/64.

Autorinnen und Autoren

Johannes Cremerius, Jg. 1918, Dr. med., Prof.em. der Universität Freiburg, Lehranalytiker der DPV. Zahlreiche Zeitschriftenveröffentlichungen. Bücher: *Die Beurteilung des Behandlungserfolges in der Psychotherapie* (Springer, 1962); *Die Prognose funktioneller Syndrome* (Enke, 1968); *Zur Theorie und Praxis der Psychosomatischen Medizin* (Suhrkamp, 1978); *Psychoanalyse, Über-Ich und soziale Schicht* (Kindler, 1979); *Vom Handwerk des Analytikers* (Frommann-Holzboog, 1984).

Pier Francesco Galli, Jg. 1931, lebt und arbeitet in Bologna, Doktorexamen in Medizin (Chirurgie) 1955 in Neapel. Psychologiestudien in Mailand. Psychotherapeutische und psychoanalytische Ausbildung in Basel und Zürich. Leitet die Herausgabe der Zeitschrift *„Psicoterapia e scienze umane"* seit 1967 und die Schriftenreihen für Psychiatrie, Psychologie und Psychoanalyse in den Verlagen Feltrinelli und Bollati Boringhieri. Lehrt dynamische Psychologie im Fachbereich Psychiatrie an der Universität Verona.

Sarah Kofman, Jg. 1934, Philosophieprofessorin an der Sorbonne, Paris I. Veröffentlichungen: *L'enfance de l'art.* 1985 (1970); *Nietzsche et la Métaphore,* 1983 (1972); *Camera obscura, de l'idéologie,* 1973; *Quatre romans analytiques,* 1974; *Autobiogriffures,* 1984 (1976); *Vautour rouge* in *Mimesis des Articulations,* 1975; *Aberrations, le devenir-femme d'Auguste Comte,* 1978; *Nerval, le charme de la Répétition,* 1979; *Nietzsche et la scène philosophique,* 1986 (1979); *L'énigme de la femme, La femme dans les textes de Freud,* 1980; *Sacrée nourriture,* in: *Manger,* Yellov Now, 1980; *Le respect des femmes,* 1982; *Comment s'en sortir?* 1983; *Un métier impossible,* 1983; *Lectures de Derrida,* 1984; *Mélancolie de l'art,* 1985; *Pourquoi rit-on?* 1986; *Paroles suffoquées, 1987; Conversions, le marchand de Venise sous le signe de Saturne,* 1988; *Socrate(s),* 1989; *Séductions, De Sartre à Héraclite, 1990; Dun Juan ou le refus de la dette (avec J.-Y. Masson), 1991.*
In deutscher Übersetzung: *Schreiben wie eine Katze,* 1985; *Rousseau und die Frauen,* 1986; *Derrida lesen,* 1987; *Melancholie der Kunst,* 1987; *Erstickte Worte,* 1988; *Konversionen,* 1989; *Die lachenden Dritten. Freud und der Witz,* 1990.

Martin Kuster, Jg. 1946, Psychoanalytische Praxis in Zürich. Mitglied des Psychoanalytischen Seminars Zürich.

Peter Passett, Jg. 1942, Lic. phil., ist als Psychoanalytiker in eigener Praxis tätig. Mitglied des Psychoanalytischen Seminars Zürich. Veröffentlichungen: *Gedanken zur Narzißmuskritik; Die Gefahr, das Kind mit dem Bade auszuschütten,* in: *Die neuen Narzißmustheorien; Zurück ins Paradies?* (1981). Mitherausgeber von *Krieg und Frieden aus psychoanalytischer Sicht* (1983); *Die Aufhebung des Widerspruchs in der Bewegung. Eine Auseinandersetzung mit Fritz Morgenthalers metapsychologischen Reflexionen zur Sexualität,* in: *Sexualität* (1986): *Das obligat widersprüchliche Verhältnis des psychoanalytischen Denkens zum Zeitgeist.* in: *Psyche 3,* 45. Jg., März 1991.

Sabine Prokhoris, geb. 1957 in Athen, lebt als Psychoanalytikerin in Paris. Absolventin der Ecole Normale Supérieure in Sèvres, Agrégation in Philosophie, Mitglied des Collège de Psychanalystes. Zahlreiche Veröffentlichungen,u.a.:
La cuisine de la sorcière, Essai sur le mythe de Faust dans l'oeuvre de Freud et le travail de la citation de Goethe dans l'élaboration métapsychologique (Aubier 1988). *Der Lärm des Wahren,* in: *Foucault und die Psychoanalyse.* Zur Geschichte einer Auseinandersetzung (Hg. M. Marques), Tübingen 1990 (edition diskord).

Berthold Rothschild, Jg. 1937, Dr. med., Psychoanalytiker, Psychiater, Praxis in Zürich. Lehr- und Supervisionstätigkeit in der Schweiz und im Ausland (v. a. in Italien). Veröffentlichungen: *Seele in Not, Diagnose: Psychiater* (Fachverlag AG, Zürich); Co-Autor von *Die neuen Narzißmustheorien – zurück ins Paradies* (Syndikat); verschiedene Beiträge in der Zeitschrift *Widerspruch* (Psychoboom/Rassismus-Antisemitismus/etc.).

Daniel Strassberg, Jg. 1954, Dr. med., Psychoanalytiker in freier Praxis in Zürich. Lehrtätigkeit am Psychoanalytischen Seminar Zürich, u.a. zum Thema Deutung, Narzißmus, psychotisches Denken.

Peter Widmer, Jg. 1941, Psychoanalytiker in freier Praxis. Initiant und Mitherausgeber der psychoanalytischen Zeitschrift RISS. Leiter von Seminaren an den Psychoanalytischen Seminaren Zürich und Bern. Lehrbeauftragter am Konservatorium Zürich. Publikationen: *Subversion des Begehrens. Jacques Lacan oder die zweite Revolution der Psychoanalyse* (Frankfurt 1990); *Die Lust am Verbotenen und die Notwendigkeit des Überschreitens* (Stuttgart 1991); Zahlreiche Arbeiten in den Zeitschriften *Psyche, texte, RISS.*